高校管理类专业混合式教学学生满意度影响因素研究

郭玉坤　韩　冰　著

中国农业出版社
北　京

图书在版编目（CIP）数据

高校管理类专业混合式教学学生满意度影响因素研究 / 郭玉坤，韩冰著. -- 北京 ：中国农业出版社，2024. 12. -- ISBN 978-7-109-32948-5

Ⅰ. C93

中国国家版本馆 CIP 数据核字第 20253RC625 号

中国农业出版社出版

地址：北京市朝阳区麦子店街 18 号楼

邮编：100125

责任编辑：张　丽

版式设计：小荷博睿　　责任校对：吴丽婷

印刷：北京印刷集团有限责任公司

版次：2024 年 12 月第 1 版

印次：2024 年 12 月北京第 1 次印刷

发行：新华书店北京发行所

开本：700mm×1000mm　1/16

印张：14.75

字数：260 千字

定价：98.00 元

前　言

2024年9月10日，习近平总书记在全国教育大会上发表重要讲话，强调建成教育强国是近代以来中华民族梦寐以求的美好愿望，是实现以中国式现代化全面推进强国建设、民族复兴伟业的先导任务、坚实基础、战略支撑，必须朝着既定目标扎实迈进。随着“互联网+”技术日益成熟和互联网应用日益广泛，利用互联网技术助力高等教育实现高质量发展，已成为新时代背景下的必然趋势，这也意味着我国高校长期以来实施的传统教学模式正面临着创新与变革的机遇和挑战。“互联网+”教育模式不断深入高校教育改革，各高校的教学模式经历了由传统课堂式线下模式到在线模式再到“线上+线下”混合模式的演变，但混合式教学模式应该如何具体设计，仍未有定论。目前，实施混合式教学模式改革已成为各高校的普遍共识。混合式教学模式为教师提供了更加灵活的教学、组织与评价方式，使学生能更加便捷、自主、灵活地开展学习，有针对性地解决重难点问题。这不仅有利于更好地提升教育和学习成效，还有助于更好地体现以人为本的教育理念，有助于更好地实现立德树人这一根本目标，同时也是“以学生为中心”教育理念的集中体现。

混合式教学模式带来的优势以及如何更好地利用混合式教学，是现阶段高等教育领域研究的热点问题，其成效的影响因素研究也越来越受到关注。本书首先利用文献研究法梳理国内外学术界关于混合式教学的研究现状、存在的问题以及需要进一步研究的课题，再结合美国顾客满意度指数模型（ACSI）和中国顾客满意度指数模型（CCSI）的分析框架，构建测评国内民族院校管理类本科各专业课程混合式教学的学生满意度模型。其次，将问卷调查法与结构方程分析法相结合，以学生为主体进行混合式教学满意度问卷调查，利用SPSS26.0和Amos26.0软件进行实证分析和混合式教学学生满意度影响因素模型构建与修正，最终找出影响混合式教学学生满意度的主要影响因素。再次，基于理论和实证研究结论，以管理类专业必修课《微观经济学》的“导论”部分为例，对混合式教学模式进行具体设计。最后，对本书的研究结论进行了总结，并从十个方面提出改进现行混合式教学模式并提高学生满意度的相关建议。

本书得出的结论如下：①学生对混合式教学的满意度较高。混合式教学具有巨大的发展潜力和发展前景，将成为高等教育未来发展的主导教学模式。②影响学生满意度的主要因素有教师形象、学生期望、质量感知、价值感知、学习方式、学生适应性等，其中，影响效应最大的是质量感知。教师形象、学生期望、质量感知、价值感知、学习方式、学生适应性等通过影响学生满意度直接或间接影响学生对于混合式教学的忠诚度，其中，学生期望和质量感知对于学生忠诚度的影响较大。③通过对问卷数据进行统计分析得出，教师形象因子得分均值最高，而学生抱怨因子得分最低。④现阶段混合式教学在实践中主要存在师生培训不足、教学平台设计不合理、宣传不到位、线上学习氛围欠佳、学习任务和教学活动分配不科学、教学质量缺乏监管等方面的问题。对此，本书从改革理念、教学平台建设、教师激励、重构教学内容和教学流程、教学评价反馈体系、高校配套保障措施等方面，提出了完善混合式教学模式、提升课程教学成效、提高学生培养质量的对策建议。

与现有研究成果相比，本书的创新主要体现在以下几方面：一是研究视角的创新。本书尝试站在学生角度，通过构建学生满意度模型，对影响学生满意度的因素进行梳理和定量分析，为实施和优化混合式教学设计提供理论支撑，真正践行“以学生为中心”的教育理念。二是研究对象的创新。以往研究多是以某单一高校为研究样本，鲜有涵盖多个高校学生的研究成果，特别是研究我国民族院校本科学生混合式教学的成果尚处于空白。本书以六所民族院校管理类专业本科生为研究对象，研究结论更具代表性，更符合民族院校教学现状和实际情况，可以有效推动民族院校混合式教学的高质量发展，对其他高校同样具有参考价值。三是研究方法的创新。在研究混合式教学满意度的现有实证研究成果中，多是使用因子分析或回归分析，这类方法主要是研究各因素之间的相关性，但难以科学分析各因素间的内在影响机理，而结构方程可以有效分析各因素之间的影响关系，有助于更有针对性地完善混合式教学模式设计。四是研究内容的创新。现有研究成果中，缺乏理论研究和应用研究的融合研究，由此导致理论研究成果缺乏应用验证、应用研究缺乏理论支撑。本书首先对混合式教学成效的影响因素进行理论分析，然后利用问卷调查和结构方程模型，对各影响因素之间的相互关系进行检验，最后以《微观经济学》“导论”为例，对理论研究和实证研究结论进行了具体应用。本书以“理论＋实证＋应用”的逻辑思路，构建了管理类专业课程混合式教学模式研究的完整框架结构。希望通过剖析民族院校管理类专业混合式教学的实践经验，为中国高校混合式教学模式改革提供借鉴和参考。

著　者

2024 年 12 月

目　录

第一章 绪　论

第一节 研究背景与意义

一、研究背景

目前，我们正处在一个以全球化、信息化为特征的技术爆炸时代，人类生产生活的各个方面都离不开现代科学技术，新技术正通过各种途径深入影响着人类对世界的认知、对所见现象的思考以及处理问题的思维方式等。当人类学习并掌握了先进技术后，如何正确地对待和使用技术是一个需要深入思考的问题。如同其他领域一样，在新技术面前，高等教育也同样面临着新问题与新抉择：现代信息技术在高等教育领域扮演着什么样的角色？如何更好地实现技术与教育的深度有机融合[1]？

（一）在线教育已成为影响高等教育变革的新力量

在“互联网＋”时代，高等教育传统教学模式下的面对面单向灌输式课堂教学已经无法满足新时代大学生的学习需求。高等教育的环境正发生着显著变化，社会、技术和知识的力量共同将高等教育推向重要的转型关口。高等教育制度面临着是进行变革、适应发展还是停滞不前的抉择，这种压力正与日俱增[2]。

以互联网与信息技术为基础的在线教育形式发源于美国，1998 年以后在世界范围内逐步兴起。1994 年，互联网在中国起步；20 世纪末，中国教育界开始探索在线教育；2000 年，中国正式步入多媒体网络时代[3]。1998 年9 月，清华大学、湖南大学、浙江大学和北京邮电大学等被教育部批准为现代远程教育首批试点高校，自此开始，中国在线教育发展步入正轨。在现代信息技术、互联网技术以及教育技术创新的快速发展和推动下，自 2012 年起，中国高等院校在线教育进入快速发展时期，并对高等教育事业的发展产生了重大影响，因此 2012 年也被称为在线教育元年。在线教育的快速发展，使高等教育的教学形式由传统教学方式向网络化、多媒体化的现代化教学方式转变，高等教育办学方式也从以全日制教育为主向多形式、多规格、多层次教育转变，终身教育成为教育发展的大趋势。

慕课（MOOC）是在线教育发展的一项重大阶段性成果，自 2012 年进入慕课时代后，慕课用户数量和在线课程数量均呈现暴发式增长。包括中国在内的世界各国纷纷创建各类 MOOC 平台和 MOOC 联盟，吸引众多著名高校加入。伴随 MOOC 成为高等教育体系的重要构成部分，MOOC 可能引发的高等教育变革已成为在线教育与教育变革研究的焦点问题。随着 MOOC 技术、组织、平台的不断发展和完善，在线学习的新形式不断涌现，在线教育的应用范围持续拓展。正如克里斯托弗·梅内尔教授（2014）指出的，对于传统高校来说，MOOC 并不是传统教育模式的威胁或者替代品，而是一种颠覆性的延伸，是传统教育发展面临的一次巨大机遇。MOOC 不仅不会取代以校园为基础的传统教育模式，反而可以为传统校园教育创造全新的、更大的发展空间[4]。

《国家中长期教育改革和发展规划纲要（2010—2020 年）》指出，慕课建设需要结合中国实际情况，推动在线开放课程持续发展。各高校应通过持续性改革，积极适应学生不断发展的个性化、多样化学习需求，立足本校优势，构建具有自身特色的在线开放课程体系，让优质教育资源惠及更多学生。2019 年，教育部发布《关于实施一流本科专业建设“双万计划”的通知》，强调要从提升教师能力、改革教学方法、科学评价学生学习、强化激励机制等方面提出具体改革举措[5]。

教育部发布的《全国普通高校本科教育教学质量报告（2020 年度）》显示，2020 年，全国本科高校共开出 110 万门/1 719 万门次课程，在线学习大学生人数共计 35 亿人次，全国高校在线课程开出率达到 91%[6]。2020 年，教育部高等教育司司长吴岩在全国高教处长会暨高等学校教学指导委员会工作会议上指出：“我们不可能、也不应该退回到疫情发生之前教与学的状态。”[7]但这种在线教育的暴发式增长是在突如其来的疫情大背景下发生的，并不是一种正常增长形态，且疫情期间大量线上教学实践也证明，完全线上教育的实施效果并不理想，存在诸多弊端。伴随 MOOC 的兴起和快速发展，国内外学者对 MOOC 的质疑也越来越多，约翰·丹尼尔（2013）认为，面对 MOOC 热潮，我们应该保持理性，不应仅仅停留在技术层面，而应该更多地注重教育教学本身，以学生为中心，关注学生和教学质量[8]。Yousef 等人通过梳理慕课研究成果发现，慕课的实际运用效果并未达到预期效果。在在线教育实践过程中，学生学习体验不完整、缺乏有效评估与反馈以及课程辍学率高等一系列问题，引发了人们对慕课能否可持续发展的担忧[9]。毕经美（2016）通过研究认为，慕课未来的发展趋势是以翻转课堂为主要方式的混合学习[10]。本书认为，在对 MOOC 为高等教育发展带来的正向影响进行积极评价的同时，更应该运用“后 MOOC 时代”的思维去推动中国高等教育实现良性发展。

（二）开展混合式教学是教学改革实践的新思路

在线教育二十多年的发展事实证明，如果学习完全依靠在线教育，实际上是无法达到传统课堂教学效果的；同时，传统的面对面教学也无法适应新技术条件下的课程教学[3]。目前，教育信息化已进入一个全新的发展阶段，人们的思想观念也有了很大转变，其中最大的转变是从“以学生为中心”的传统教育思想转向以 B－Learning 为标志的混合式教育思想[11]。在信息技术与课堂教学高度融合的信息化教学过程中，教学方式更趋向于线上与线下相结合。混合式教学整合了传统面对面课堂学习与现代新技术在线学习的优势，既能克服完全传统教学或在线学习的弊端，又能满足高等教育的创新需求，被认为是 21 世纪新技术发展背景下，高等教育机构有效且风险较低的应对策略之一[12]。

在此背景下，高等教育面临的挑战是如何把面对面学习与在线学习的不同方法、特性融合起来。近几年，混合式教学模式将成为未来教育的必然取向，已成为国内外众多学者和教育从业者的共识[13]。乌尔里希·泰希勒（Ulrich Teichler）教授指出，后疫情时代为高等教育机构建构更具创造性的、线上线下有机融合的混合式教学提供了机遇[14]。在“互联网＋”时代，混合式教学必将成为未来高校课程教师教学和学生学习的主流模式[15]。2012—2017 年，《地平线报告》连续五年将“混合式教学”列为高等教育领域技术运用的关键词[16]。混合式教学是传统面对面教学与在线教学有机结合的产物，其基本原则是整合面对面口头交流与线上书面交流，结合二者优势实现教学方式创新，使教学方式、教学情境和教育目标相适应[17]。实施混合式教学的目的不是重塑和提升传统课堂，也不是为了让在线学习更容易被人接受，而是将两者的优势和可能性有机结合，充分发挥两者的优势，产生超越单个教学方式所产生的能量。混合式教学的本质是在教学过程中借助信息技术，以最有效的方式实现教学目标，为高校平衡在线教学与传统课堂教学提供最优的解决方案。混合式教学作为高校课堂教学改革的新思路与新成果，理论研究与实践研究成果日益丰富。国内外混合式教学经过近 30 年的发展和实践，业界已基本达成了共识，即混合式教学将成为未来高等教育的必然趋势和“新常态”。

（三）科学评价是混合式教学高效实施的保障

学生学习方式和学习成效本身发生的质的转变是评价混合式学习模式价值的重要指标[20]，结果将由学生的满意度和毕业生的成功率来决定[21]。现阶段，中国各高校混合式教学改革尚处于起步阶段[22]，一个专业的培养方案中往往只有部分课程实施了混合式教学，这导致难以凭借毕业生的成功率来对混合式教学的成效进行精准评估，但学生对混合式教学课程满意度的评价数据是可以准确获得的。学生满意度是衡量高等院校教学质量的重要指标，是“以学生为中心”教育理念的最直接体现[23]。在高等教育教学改革过程中，学生对混合式教学模式的满意度在一定程度上反映了本科教学质量[24−26]。因此，本书以“学生满意度”作为评价混合式教学模式成效的主要标准。

（四）开展混合式教学是民族院校提升人才培养质量的需要

学生是高等教育的服务对象，其对教学服务的满意度可以从侧面反映高等教育的教学质量和教育水平。研究学生满意度影响因素，有助于帮助高校改革和完善教学模式，从而提升学生培养质量，更好地履行教育责任[18]。同时，对目前各高校探索实施的混合式教学模式进行调查分析，有助于把握混合式教学现状、成效及存在的问题，从而为高等院校丰富教学模式和提升教育质量提供参考依据。

2020年9月1日，习近平总书记主持召开中央深改委第十五次会议审议《关于新时代振兴中西部高等教育的意见》，提出以中西部高等教育振兴支撑中西部经济振兴、文化振兴、教育振兴和人才振兴[19]。这为包括西南民族大学在内的中西部地区高等院校人才培养提出了新要求。西南民族大学1987年行政管理本科专业开始招生（1995年财务管理专业招生、1996年市场营销专业招生、1997年工商管理专业招生），经过近40年的发展，管理类专业构成日趋完善，培养模式日渐成熟。但各专业办学定位、培养目标、培养方式、培养成效等，与学校“四个面向”办学宗旨以及社会各界对更高教育质量的需求还存在一定差距，需要通过进一步深化教育教学改革，推动教学模式创新，以培养更多基础扎实、素质过硬的高级应用型管理人才。本书从学生满意度视角出发，设计了混合式教学模式满意度调查问卷，对国内几所代表性民族院校的管理类本科专业学生进行调查，分析当前混合式教学模式实施中存在的问题，探索如何利用混合式教学理论和模式丰富教师教学理念和教学方式、激发学生的内生学习动力和学习兴趣，改善教学成效、提升学生培养质量，以期对各高校相关专业课程体系设计与教学体系建设提供借鉴与参考。

二、研究意义

（一）为混合式教学模式改革提供理论支撑

5G技术为实现万物互联提供了技术支撑。混合式教学凭借其在全景式学习过程和沉浸式学习体验方面的优势，成为精准化教学和个性化教学改革的最优选择[27]。在教育信息化不断深入推进的时代背景下，本书从混合式教学的理论基础分析入手，力图通过多视角、多方位的研究，基于ACSI和CCSI模型，利用结构方程构建混合式教学模式学生满意度影响因素模型，对各影响因素之间的内在作用机理进行理论分析与实证检验，从而为混合式教学模式改革提供理论支撑。

（二）基于学生满意度实施教学模式改革是教育部的明确要求

2016年6月，《教育信息化“十三五”规划》提出“促进高校开展在线开放课程线上线下混合式教学改革”。2016年7月，《教育部关于中央部门所属高校深化教育教学改革的指导意见》提出，推动校内校际线上线下混合式教学，推进“以学生为中心”的教学方式方法变革。2018年3月，教育部发布《普通高等学校本科专业类教学质量国家标准》，明确提出了以学生为中心、以产出为导向和持续改进的改革原则，各高校需据此来修订人才培养方案。新时代，高等教育面临着新的教育环境和教育需求，各高校必须有一套根本性的、全新的教学方法和教学设计。同时，高等教育的“土壤”里已播下变革的“种子”，这个种子就是混合式教学方法。从有意义学习的视角出发，大规模的讲座式教学通常被认为是低效率的。如果我们不去探索并重新设计教学，不能将面对面学习和线上学习的优势和精华结合起来，高等院校将会在竞争中处于劣势。

（三）混合式教学模式适应了“互联网＋”时代教育发展新趋势

混合式教学意味着需要对课堂时间和课下时间的利用进行重新组织，以此来提高学生的学习参与度和学习自主性，增加学生基于互联网的学习机会，实现高阶学习目标[28]。混合式教学是高等教育跟进信息技术革命的一次契机，信息技术的快速发展为改造传统教学模式、创新教学生态、构建新型师生学习共同体提供了可能。通过实施混合式教学改革，实现传统课堂与数字化资源、线下教学与线上学习的有机整合，有助于提升课堂教学效率和质量。

（四）有助于实现教学模式由以“教”为中心向以“学”为中心转变

教育界人士包括学生越来越清楚地认识到，传统教学模式已不能满足以不断变化的知识和信息为基础的社会对高阶学习体验和学习成效的需求。大学的教育方式不能仍以信息传递为主导，高等教育需要其他力量作用于教与学的变革。推进本科教育“回归常识、回归本分、回归初心、回归梦想”，将“培养人”作为根本任务，这符合新时代中国本科教学改革的指导精神和要求[29]。混合式教学给我们提供了思考教育体验的新途径和新方法，让我们免于在线上学习和面对面学习之间做非此即彼的选择，也可规避各自的不足，这为实现大学教学成效最大化提供了有价值的途径。同时，混合式教学模式有助于引导学生实现自我管理、主动学习，激发学生的内生学习动力和求知欲，提高学习效率和学习成效，培养和提升学生的自主学习能力[30]。

（五）为下一阶段的培养方案修订和教学改革提供借鉴

2018 年，教育部出台的《关于狠抓新时代全国高等学校本科教育工作会议精神落实的通知》明确提出，要合理提升学业挑战度、增加课程难度、拓展课程深度，切实提高课程教学质量[31]，要求“淘汰‘水课’、打造‘金课’，切实提高课程教学质量”[32]。本书以管理类专业本科生为研究对象，对混合式教学改革现状、成效及存在的问题进行研究，通过课程体系建设、培养方案制定与教学管理等方面的探索，为各高校各专业尤其是管理类专业创新教学方式提供借鉴和参考。

（六）为教师进行教学模式创新提供借鉴

混合式教学具备改变高等教育的潜力，而当前随着技术的进步、社会需求的变化等多种因素的共同作用，高等教育已经到达教育变革的“时间窗口”。混合式教学有望在这个时期充分发挥其潜力，推动高等教育的变革。对于高校专业教师来说，改革传统教学方式、实施混合式教学是大势所趋。本书主要探讨混合式教学学生满意度影响因素及其相互作用机理，并不涉及具体教学内容。因此，从管理类专业混合式教学改革中总结出的共性规律，对于其他专业也是适用的。

（七）研究和实施混合式教学有助于实现多方共赢

混合式教学是教与学方面一项重要的、适应时代特征与需要的教学举措。对于高校来说，实施混合式教学改革，积极主动适应更灵活、互动的教育环境，有助于高校在日益激烈的竞争中胜出。对于学生来说，混合式教学除保留传统教学价值之外，还能接触更多前沿知识以及更优质的教学资源，并获得组织、沟通、表达、学习等多种能力的提升。对于教师来说，在混合式教学模式下，教学不再是教师单向输出的“独角戏”。新的教学模式、学生的参与和反馈对教师既是一种挑战，也是一种成长，可以锻炼和提升教师的自主探究式学习能力[14]。同时，混合式教学模式不仅可以作为教师的教研课题，还可以通过吸引学生参加其科研课题，取得更高质量的科研成果。特别是对于处于“职业倦怠期”的中年教师来说，混合式教学带来的挑战可以帮助教师重拾教学激情。总之，混合式教学对于教师、学生、高校、社会等各方都是有益的。

第二节 国内外研究现状

一、国外研究现状

混合式教学是我国常用的概念，国外一般使用的是混合式学习（Blending Learning）。尽管从字面上来看，两者存在明显区别：混合式学习是从学习者出发，侧重研究学生学习方式的混合；混合式教学则是从教师出发，侧重研究教师的教学行为，即教师通过教学设计，使学生发生了混合式学习行为。但这两个概念在本质上是一致的，都是通过研究学习者的学习规律，探寻如何取得更高的学习成效。因此，本书统一使用“混合式教学”这一概念，其涵盖了混合式学习概念。

混合式教学，最早由西方高校率先提出并付诸实践，西方国家在混合式教学方面的探索也远远早于我国。如 Arabasz 和 Baker（2003）实施的一项针对美国 274 所大学的在线学习互动调查发现，80%的本硕学位授予机构以及 93%的博士学位授予机构都开设了混合式课程[21]，而我国直到 2003 年左右才开始引入混合式教学理念。

国外学者针对混合式教学进行的大量相关研究，可以为中国的相关实践提供宝贵借鉴。首先，混合式学习是教育机构中一个新兴的研究和实践领域，它被定义为在线学习和面对面学习的有效合理结合，被誉为一种成功的教学模式。在“互联网＋”时代，教师和学习者都需要接受在线技术，使学习更具吸引力和趣味性，从而实现有效学习。对传统的、基于校园教学的高等教育机构来说，当在线学习不再被视为教学的补充，而被看作实施新教学方法所必需且有价值的要素时，教育的突破机会就出现了。2016 年发布的《地平线报告》认为，混合式学习的设计与应用是将来高等教育教学发展的重要趋势[33]。Grrison 等（2008）在高等教育面临挑战的背景下，探讨了混合式学习的变革潜力。在对混合式学习进行描述的基础上，讨论了其支持深度学习和有意义学习的潜力，并提出了实施混合学习模式的行动计划纲要。其研究结论是，混合式学习与高等教育机构在价值观方面是一致的，并且实践证明，混合式学习在提升学习体验的效率和效果方面具有积极作用[34]。Albrecht（2006）声称，学生对混合式学习有着较高的满意度[35]，其他学者的研究也显示教师对混合式学习表示认可[36]。Marquis 的调研证实了上述结论，指出 94%的大学教师相信混合式学习比单纯的基于课堂的教学更加有效[21]。Thorne（2003）认为混合式学习是从 E-learning 发展而来的，它是在线学习方式与传统学习方式的混合[37]。美国培训与发展协会（ASTD）的 Singh 和 Reed 认为，混合式学习是一种新型学习方式，是使用“适当”的技术手段，结合“良好”的学习个性，在“适当”的时间和空间将“准确”的技术和能力传授给“合适”的人[38]。信息技术的迅速发展以及过去的新冠疫情加速了在线课程在高等教育领域的应用。然而，对于在高等教育中使用混合式教学仍然存在争议，特别是在实践类相关课程方面。加里森等人（2019）认为混合式教学成为大众兴趣（直接吸引力）、需求（教育需求）与机会（通信技术的潜力）三者的有机集合[21]。Lam 等（2021）总结了在社会工作实践教学课程中使用基于反思的混合式教学法的经验，学生的积极评价和反馈表明混合式教学取得了成功[39]。Daskan 等（2021）认为混合式学习不仅有可能以一种有用的方式提供课程，而且有可能创造一个有效的学习环境。混合式教学将技术融入课堂教学，具有轻松获取各种资源、灵活性、教学效果、学习者自主性、无压力学习环境、参与课程内容、即时反馈、自我评估以及更多时间与学习者互动等多重价值。通过将在线材料与传统课堂教学相结合，混合式学习可以促进学习者学习并帮助实现教育目标。Daskan 等探讨了混合式学习的好处，以帮助学习者提高学习效果[40]。

其次，在混合式教学模式的研究中，Narissra 等（2017）以伊斯法罕大学为例，利用 SWOT 模型对混合式教学的实施情况进行了应用研究[41]。乔纳森·伯格曼等（2019）对翻转课堂与混合式教学进行了研究，指出翻转课堂是学生在课外利用空余时间完成自学内容，而将节省下来的课堂时间向集体或个性化活动倾斜。翻转课堂高效率地实现了混合式教学，可以根据每位学生的学习特征、学习进度、接受程度进行个性化教学，真正实现因材施教、有教无类[42]。Johan 等（2013）对混合式教学的具体方式进行了创新，从不同的驱动力出发，构建了面对面驱动、在线驱动等六种类型的混合式教学模式[43]。马扎诺等基于在美国收集的 200 多万个数据，对混合式教学模式下课堂教学时间分配进行了研究，发现用于新知识互动的时间占 58%，用于练习和拓展知识的时间占 36%，用于认知方面的复杂任务的时间占 6%[42]。Mokhtar Ben Henda（2020）提出了将一整套混合式教学指南作为 CONFTASIE 成员大学在其项目中建立学士、硕士和博士混合式学习系统的操作工具。该指南分为多个部分，对应于混合式学习系统的完整运作过程，包括了从实施战略的定义到结果的评估。该指南还涵盖了远程学习的概念和理论基础，针对如何在现有面对面课程中实施混合式学习的方法和程序给予了提示和建议[43]，这一指南也可以为中国高等院校完善混合式学习模式提供有价值的借鉴。加里森等人以探究性社群为框架，为混合式教学方法及其设计指明了一条可行的路线[21]。

再次，在混合式教学影响因素研究中，Negricea 等学者（2014）认为在选择使用哪种混合式教学模式时，应重点考虑：激发学生学习愿意，引导学生主动学习、合作探究，注重评价与反馈，为学生提供丰富的学习资料等[45]；Lin 等（2017）研究发现，与男生相比，女生的线上学习效果更容易受到学习者自身学习和社会经历的影响[46]；Osman Ahmed EI - Said 和 Eslam Ahmed Fathy（2016）认为在网上学习的时长和课程数量也是影响混合式学习效果的重要因素[47]。Futch L. S. 等（2016）认为混合式学习由于在时间、地点和情景等方面更具灵活性，因此显示出显著的优势。他们的研究结果表明，混合式学习实施的成功在很大程度上取决于与学习成就目标相一致的教学模式的选择；混合式学习的有效性需要政策支持、IT 基础设施的准备；利用信息和通信技术提升教师素质，也可以加快混合式教学成功实施的进程；在高等教育中，成功实施混合式教学的决定因素是教师掌握设计混合式教学模式的知识和能力[48]。

最后，在关于混合式教学的绩效研究方面，关于哪种教学方式效果更好的争论现在已经成为一个热门话题。混合式教学模式重新界定了教师的角色，特别是在管理和监控学习者的进度方面。Phillips K. F. 等人（2017）研究发现，混合式教学改进了传统教学模式，使知识获取更容易，促进了师生互动，提升了教师地位，增加了学校的效益[49]。乔纳森·伯格曼等（2019）认为混合式教学大幅提升了课堂时间的利用效率，在教师的帮助下，很多要求较高的复杂认知任务得以在课堂上完成[42]，这在传统教学模式下是难以实现的。Dziuban C. 等（2018）探讨了在信息通信技术日益相互交流的世界中，高等教育混合式学习的若干成果、影响和未来可能的方向。作者对面对面课程和在线课程的成功率和退学率与实施混合式学习的课程进行了比较，发现尽管混合式学习的出现早于现代教学技术，但它的发展将不可避免地与当代信息通信技术紧密相连[50]。Owston R.（2018）的研究也发现混合式学习比面对面学习或完全在线的课程学习更容易增强学习者的能力。混合式学习为学生提供了关于何时何地可以参与课程在线部分的选择和灵活性。这种方法似乎也与他们首选的学习方法一致，因为满意度往往高于完全在线或面对面的课程。与其他两种教学模式相比，混合课程的自我效能感更强[51]。Merete F. 等（2018）对迈阿密大学实施的混合式教学项目进行了长达 2 年的追踪研究，发现混合式教学显著提升了学生的沟通交流能力和创新能力，是一种十分有效的学习模式[52]。Helsa Y. 等（2021）采用系统文献综述的方法，对 2010—2020 年 Science Direct 数据库中的 25 篇论文进行了描述性调查分析，结果表明，混合式教学有很多优势，如提高学生思维技能，培养良好的认知能力，增强自我调节能力，提高发现与解决问题的能力，增强沟通技能，增加学生参与度，简化评估过程，提高计算思维能力和批判性思维能力等。52%的论文显示，混合式教学最显著的好处是提升学生的学习成果，这项研究揭示了支持教师实施混合式教学的重要性[53]。Rusly N. 等（2020）对私立大学学生使用学习网站进行基于网络的混合式学习的优势和局限性进行了实证分析，结果表明，这种新体验在拓宽学生对不同学习方法的看法方面具有明显的优势[54]。乔纳森等认为混合式教学创建了一种学习文化，可以引导学生更加成功[42]。

二、国内研究现状

近年来，伴随中国教育信息化的快速发展和教学改革的持续深入推进，越来越多的高校和教师从传统教学向混合式教学转型[55]。国内学者对混合式教学的研究大致可划分为三个阶段：第一阶段为 2005—2008 年，混合式教学研究处于探索阶段，相关研究的发文量很少，研究者以高校教育技术人员为主；第二阶段为 2009—2013 年，属于混合式教学研究的拓展延伸阶段，发文量明显增加，研究者范围延伸至专业教师；第三阶段为 2014 年至今，混合式教学研究进入系统深化阶段，发文量剧增，伴随 MOOC、小规模限制性在线课程（SPOC）在高校逐渐推广，带动了混合式教学的理论研究与应用实践[55]。

（一）混合式教学的概念

祝智庭、何克抗等学者是国内最早从事混合式教学模式研究的学者。祝智庭（2003）是我国第一个将“混合式学习”概念和理论引入中国教育领域的学者，他将混合式学习的实质总结为五个“适当”[56]。何克抗（2004）介绍了混合式学习的内涵，指出混合式学习是教育理论与教育技术进一步发展的标志，说明国际教育技术界的教育理念正在经历一场深刻的变革[57]。何克抗认为，混合式学习就是将传统学习方式与 E－learning 方式的各自优势有机结合起来，做到既发挥教师在引导、启发、监控学习过程方面的主导作用，又充分激发学生学习的主动性、积极性和创造性[58]。于歆杰（2019）对翻转课堂、混合式学习和混合式教学三个概念进行了比较分析，他认为，翻转课堂侧重教师对教学过程的设计；混合式学习侧重学生学习活动的混合；混合式教学是中国特有的概念，是指经过教师的教学设计，使学生发生了混合式学习行为[59]。

混合式教学理念的提出及实际实施成效，引发了教育界对混合式教学的关注和研究。通过梳理国内相关研究文献发现，国内学术界对混合式教学的研究主要围绕两个方面、三个维度、四个环节展开[60]。“两个方面”指的是混合式教学的理论研究与应用研究；“三个维度”分别指混合式教学的准备、实施和反馈；“四个环节”指的是混合式教学的设计、开发、实施与评价。总体来看，现阶段，从“两个方面”看，理论研究滞后于应用研究；从“三个维度”看，“实施”和“反馈”的研究多于“准备”；从“四个环节”看，对“实施”和“评价”的研究多于“设计”和“开发”；从研究对象看，对职业教育和高等教育的研究较多，对中小学教育的研究相对较少；对具体课程的研究较多，但对方法论的研究较少。

（二）混合式教学的准备

混合式教学的实施是一项系统工程，需要提前做好相应的准备工作，具体包括教学主管机构、教师、学生三类主体的准备[61]。混合式教学起源于西方，因此西方国家高等院校对混合式教学的研究与探索起步较早。例如美国专门设立了教育基金来鼓励实施混合式教学。目前，国内院校也大都设置了专项经费或基金项目来支持教师开展混合式教学，各级主管部门对混合式教学普遍持鼓励和支持态度。2013 年 4 月，我国成立了第一个 MOOC 联盟——东西部高校课程共享联盟，倡导开展以翻转课堂和见面讨论相结合的混合式教学。

混合式教学模式的实施效果在很大程度上取决于教师能否顺利实现角色转变，即从传统教学模式下的“教师为主、学生为辅”转向混合式教学模式下的“教师主导、学生主体”，混合式教学模式下教师在教学中的引导作用显得更为重要[61]。在混合式教学模式实施过程中，大多数教师认可混合式教学模式带来的便利以及取得的成效，但有时也会因技术、时间、精力、学生配合度等问题影响教师参与混合式教学改革的积极性。国内学者对混合式教学模式下教师需要具备的能力和素质进行了深入研究，提出了很多有价值的观点和建议，并构建了教师能力框架，主要内容包括：具有教学改革的意识，具备团队协作、持续改进、创新和沟通的能力[62]。还有学者指出，开展混合式教学需要教师具备一定的信息化素养与技术应用能力，并提出了相应的提升路径和措施[63]。从现有文献看，提升教师混合式教学能力方面的研究相对较少，特别是缺乏混合式教学具体方法的研究，这对混合式教学的有效开展造成了一定的负面影响。

关于混合式教学中学生行为和态度的研究大多以问卷调查的方式进行。结果表明，大多数学生对混合式教学持欢迎和支持态度，但也有部分学生仍偏好面对面的传统教学。线上教学无法全面替代传统教学，这是多数研究达成的共识[64][65]。Abrams（2005）发现，越来越多的证据表明在线环境缺乏面对面环境中的情感支持，因为面对面环境可以让参与者随意、即时地交流[66]。

（三）混合式教学的实施

依据不同学习方式的占比情况，混合式教学模式可大致划分为线下主导型、线上主导型和线上线下混合型三种类型。依据应用层次的差异，可划分为线上与线下的混合、基于学习目标的混合、学与习的混合、学习与工作的混合等。线上与线下混合教学属于较低层次和比较初级的混合教学方式，早期的混合式教学课程基本都是采用这一模式[67][68]。郑静（2018）通过调研发现，我国已有70%左右的高校不同程度地在实施混合式教学模式，但多数教师实施的是初级阶段的混合式教学，在线教学主要是作为课堂教学的辅助手段，传统教学模式并未发生根本性改变，教师无法有效监控和及时监测学生学习状况是实践中存在的最突出问题之一[69]。随着混合式教学的持续推进，“基于学习目标的混合”和“学与习的混合”两种类型实际实施效果较好[70][71]。对于高校来说，“学习与工作的混合”实现难度很大，这对教师的实践能力和行业经验提出了非常高的要求，这也是混合式教学的最高阶段[72]。究竟采用哪一种混合式教学模式更为合理，需要根据课程特点、学生特征、软硬件条件等来综合考虑[1][73]。罗映红（2019）基于现代信息技术，构建了“二维三位一体”的混合式教学模式，对混合式教学模式进行了创新[74]。

关于混合式教学策略的研究，有学者从“课前”“课中”“课后”三阶段进行了研究，认为在“课前”阶段应该通过设计有意义的学习互动来激发学生的学习主动性和学习热情；在“课中”阶段应实施翻转课堂，让学生成为课堂主角，教师负责答惑解疑；“课后”阶段应通过布置作业和练习以巩固和检验所学[75][76]。还有学者从前期准备、教学实操、教学评价等方面提出了实施混合式教学的具体策略选择[77]，认为在课前准备阶段，教师需要接受混合式教学技术的专业培训；在教学实操阶段，需要做好导学、线上线下教学衔接、直播课程、讨论交流等四个环节；教学评价阶段则需要构建包括评价主体、评价内容、评价方式和评价手段等在内的多维度评价体系[78]。

混合式教学离不开在线教学平台。现阶段，我国在线教学平台形式多样，超星泛雅、中国大学 MOOC、雨课堂、学堂在线、蓝墨云班课等线上教学平台的应用都比较广泛[79]。信息技术的快速发展为互联网与高等教育的深度融合提供了极大便利，优质资源共建共享成为现实。在线教学的快速发展正在倒逼教师教学方式和学生学习方式的变革与转型，传统课堂学习方式正在向混合式学习方式快速转变，线上线下融合的混合式教学模式正逐渐成为一种教学常态[80]。

虽然近几年混合式教学在中国高等院校实现了飞速发展，但混合式教学仍存在许多问题，如实施方式单一，线上教学优势难以充分发挥，学生线上学习监控困难，学生自由度过大等，这些都阻碍着混合式教学的良性发展[81][82]。马健云（2018）将混合式教学在具体实施过程中存在的问题归纳为四方面：一是教学资源保障不足；二是缺乏激励机制；三是评价机制缺失；四是教学管理制度和组织系统不健全[3]。

（四）混合式教学的评价

首先，国内学者对混合式教学的评价在理论分析和实证分析方面开展了大量的研究[83—86]。众多学者达成的共识是，混合式教学的顺利实施需要形成过程性考核与终结性考核相结合的多维度评价指标体系，但由于不同高校、不同学科、不同课程等具体情况的差异，在实践中究竟采用何种方法、选用何种比例来进行评价，仍未达成一致。

其次，混合式教学成效的评价标准也一直是学术界研究的重点。有学者围绕学习完成度和投入度来构建混合式教学形成性评价指标体系[5]；有的学者则是结合混合式教学设计和实施流程来构建评价体系[23]。从评价结果来看，混合式教学无论是在高等院校、职业院校还是中小学，在激发学生学习热情、实现教育资源均衡配置、提高学生出勤率和课程通过率、提升学习效率、培养学生自主学习能力等方面都取得了显著成效。

最后，国内学者针对混合式教学满意度进行了大量研究[3][23][87][88]。部分学者尝试采用结构方程模型进行研究[38][89]，也有学者采用其他模型如 IPA 模型进行研究[90]。结果表明，尽管我国混合式教学由于发展时间较短，仍处于粗放式发展阶段，但混合式教学模式依然获得广泛认可。学生和教师的满意度总体上呈乐观态度，相较于传统课堂教学模式，大学生更倾向于选择混合式教学模式[91]。但对于学生和教师来说，影响因素却各不相同。学生满意度高的主要影响因素是交互程度、学习效果、学习环境、学习资源等，满意度低的影响因素主要集中在课程任务和压力高于传统教学以及信息反馈不科学、不及时等方面；教师满意度高的主要影响因素是学生学习效率和成绩的提升、课堂参与度的增加等，满意度低的影响因素是信息技术和线上教学工具的应用、教学创新压力等。

三、研究述评

通过对国内外相关文献的分析和梳理发现，混合式教学的研究已经日趋成熟，并初步形成体系，但仍存在很多不足，需要进一步研究。首先，缺乏比较研究。现阶段研究成果多是集中于某一课程、某一专业或某一学校，缺乏对不同课程、不同专业、不同学校间的比较研究，这也导致不同研究成果的结论缺乏可比性。其次，研究方法的局限。现有研究多是基于某一课程的案例分析或基于问卷调查数据进行回归分析，回归分析主要是分析教学效果的影响因素，无法更深入地分析各影响因素之间的内在影响机理。再次，研究对象的缺憾。梳理现有研究可以发现，对于民族院校实施混合式教学的研究成果极少，而民族院校与其他高校相比，在实施基础、教学对象和培养目标等方面存在较为明显的差异，如民族院校生源学习基础差异大，如何更好地实现分类施教存在巨大挑战；民族院校学生回生源地就业的比例更高，适用于其他高校的混合式教学模式可能对民族院校并不适用。最后，主要影响因素的判定。目前，高校混合式教学存在课程质量良莠不齐、实施成效参差不齐的情况，这是教学实施存在缺陷导致的问题，还是混合式教学模式本身存在的局限性？混合式教学是否存在边界？是否适用于所有学科、所有课程？这些问题需要结合课程实践，从学生层次、教师水平、课程特征、技术环境等方面，深入探讨混合式教学模式的适用性。

本书以我国民族院校管理类专业混合式教学的开展情况为研究主题，研究民族院校混合式教学的实施现状、成效、影响因素以及存在的问题，并利用结构方程模型分析各影响因素之间的内在影响机理，目的是找出目前民族院校管理类专业实施混合式教学存在的问题，提出切实可行的对策建议，以更好地提升民族院校管理类专业培养质量，同时也为其他专业和其他院校教学方式和培养模式改革提供借鉴与参考。

第三节 研究内容、研究思路与研究方法

一、研究内容

（一）设计问卷，构建模型

本书借鉴在满意度研究方面应用最广的美国顾客满意度指数模型（American Customer Satisfaction Index，ACSI）和中国顾客满意度指数模型（Chinesse Customer Satisfaction Index，CCSI），站在学生视角结合所研究的几所民族院校管理类专业所开设的混合式教学课程的特点，构建混合式教学学生满意度模型，探究影响混合式教学学生满意度的各类因素及其内在作用机理。

（二）通过调查问卷数据统计和模型修正分析，得出研究结论

首先，在选取的民族类院校和其他高等院校中，以曾参与过混合式教学课程学习的本科生为抽样样本，发放设计好的调查问卷。其次，利用 SPSS26.0 软件对问卷数据进行筛选和整理，检验问卷的信度与效度，将有效数据使用结构方程方法构建模型并对模型进行修正。最后，基于实证研究所得出的结论，揭示目前混合式教学实施过程中存在的不足之处，提出有助于提高学生满意度的合理建议。

（三）提出管理类专业混合式教学具体模式设计

以学生满意度为最终评价标准，在前面研究混合式教学满意度影响因素及其内在作用机理的基础上，以管理类专业核心基础课程《微观经济学》为例，具体提出混合式教学的设计范例，为其他课程和专业提供借鉴和参考。

（四）提出关于混合式教学模式改革的政策建议

本书基于理论分析和实证分析结论，结合民族院校管理类专业现实情况，从教学平台、师资培训、教学设计、学生引导、课程测评等方面，提出加快推进混合式教学改革、提升学生培养质量的对策建议。

二、研究思路

本书的研究思路为先理论分析，后实证分析，再以《微观经济学》课程为例，探索混合式教学模式构建思路，最后提出完善混合式教学模式的对策建议（图 1－1）。

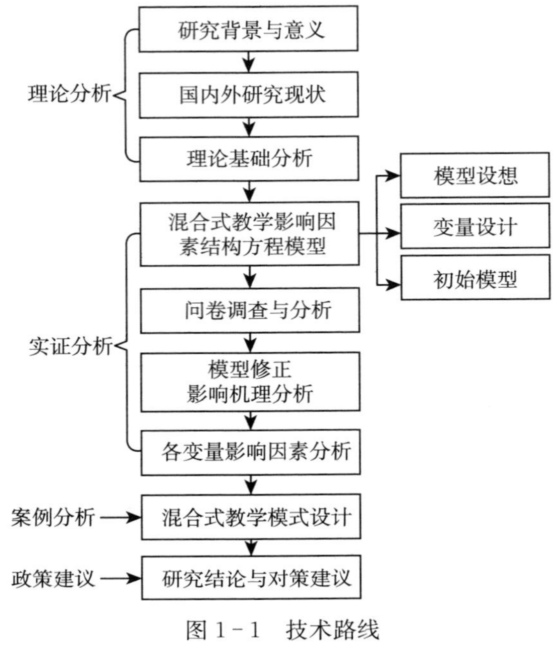

图 1－1　技术路线

三、研究方法

（一）文献研究法

文献研究法是学术研究中经常使用的方法之一。该方法是研究者在海量文献中找出符合研究主题的文献资源，并对筛选出的相关文献进行分析，发现该主题的研究进展以及存在的不足之处，进而推导出课题研究的切入点和核心内容[92]。本书通过对西南民族大学馆藏文献、中国知网（CNKI）学术期刊和硕博论文数据库、相关主题的公开出版物等相关文献资源进行检索，尽可能全面、翔实地获取混合式教学研究领域国内外学者的研究文献，对国内外研究现状、存在的问题进行梳理总结。从学生满意度视角出发，结合描述性统计分析法与结构方程分析法，对管理类专业混合式教学满意度影响因素及其相互作用机理进行研究。

（二）问卷调查法

为了更准确地掌握混合式教学相关信息，本书将经过科学设计的调查问卷通过面对面调查的形式发放给被调查对象，然后对问卷数据进行整理和分析，最终得出研究结论[93]。本书调查问卷设计围绕混合式教学的学生满意度模型，通过与相关领域的专家、实施混合式教学的师生进行访谈，以及对相关文献进行研究，整理本研究需要调查获取的信息，然后设计具体的调查问卷。

基于调查问卷获得的数据，通过使用 SPSS26.0 软件，对民族院校管理类专业课程混合式教学实施情况、取得的成效以及存在的问题进行描述性统计分析，并对模型变量的影响因素进行差异性分析。

（三）结构方程模型分析法

结构方程模型（Structural Equation Modeling，SEM）分析法是对研究假设是否成立进行验证，并对相关现象的实质进行解析的研究方法。结构方程模型可以分析潜变量的变化和显变量的变化之间的相互联系，在社会科学研究领域应用广泛。SEM 由测量模型和结构模型构成，其中，测量模型用于描述观察变量与结构变量之间的关系，结构模型则用于描述和验证各结构变量之间的关系。本书在研究中首先运用 SPSS26.0 软件对问卷数据进行初步分析；然后，基于理论分析、相关研究结论和初步的数据分析结果，构建混合式教学学生满意度初始假定模型；进而运用 Amos26.0 软件对构建的模型进行修正和验证，完成对结构方程模型结果的计算和检验。具体步骤为初始理论模型构建—模型估计—模型修正—重新估计—模型再修正—再重新估计模型，往复进行，直至构建出一个可以接受的模型，基本程序见图 1-2。

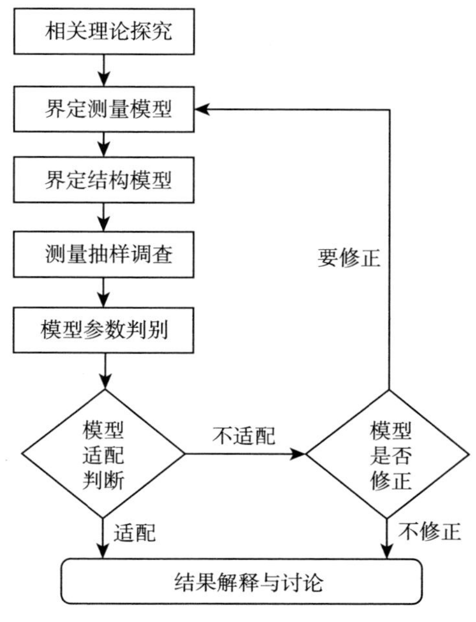

图 1-2　结构方程模型分析的基本程序

(四) 案例分析法

在对混合式教学学生满意度影响因素及影响机理进行理论分析和实证分析的基础上，本书以管理类专业核心专业基础课程——《微观经济学》为例，基于蓝墨云班课平台，以成果导向教育（Outcome Based Education，OBE）理念和 BOPPPS 理念为指引，对混合式教学模式进行具体设计。

第四节　混合式教学的概念与特征

一、混合式教学的概念

混合式教学的概念有广义与狭义之分，混合式教学在广义上包括教学理论、教学模式、教学媒体、教学方法等的混合；混合式教学在狭义上则专指线下课堂教学和在线教学的混合[94]。目前，国内外学者在研究中使用最为普遍的是狭义的混合式教学概念。如 Bonks 教授认为，为了避免概念的泛化，将混合式教学界定为线上教学与线下教学混合是比较合适的[95]。本书采用的也是狭义的混合式教学概念，通过两种教学组织形式的有机结合，由浅入深地将学习者的学习引向深度学习和高阶学习。明斯（Barbara Means）根据线上教学、线下教学的各自占比，将教学活动进行了进一步分类。按照明斯的分类，线上教学时间如果达到整个教学时间的 30%～79%，即称之为混合式教学；线上教学时间占比如果低于 30%，则称为网络辅助教学；线上教学时间占比高于 80%，则称为在线教学[96]。史隆联盟（Sloan Consortium）对课程类型给出了更细致的解释（表 1-1），提出当在线学习内容达到课程总内容的 30%～79%时，就可以认为该课程是混合式课程[12]，这一界定标准与明斯是一致的。

表 1-1　Sloan Consortium 对课程类型的划分

线上内容比例	课程类型	典型描述
0%	传统课程	不使用在线技术，课程内容通过口头或书写方式传递
1%～29%	网络辅助课程	以线上教学作为面对面教学的重要补充，采用线上系统提供教学资源、布置作业
30%～79%	混合式课程	采用“线下+线上”方式，较大比例的教学内容通过线上方式完成，重视在线讨论和面对面交流
高于 80%	在线课程	课程大部分甚至是全部内容通过线上方式进行，面对面交流很少

Tom Boyle 等（2003）认为，混合学习既包括传统的课堂学习，也包括网

络在线学习，它将结构化的学习和非结构化的学习以及自学和协作学习结合在一起，有效弥补了单一的传统学习和在线学习存在的不足，他们对将混合式教学的概念界定为线上与线下相结合的教学模式表示认可[97]。何克抗认为混合式学习是传统学习与在线学习的结合。

结合以上观点，本书在研究中将混合式教学概念界定为：混合式教学是在有机结合传统课堂面对面教学与线上教学两种教学方式各自优势的基础上，整合多种教学资源，采用不同的教学理论、教学策略、教学方法等开展教学活动，为师生提供更多的灵活性、个性化选择，从而更好地激发学生自主学习潜能的一种创新型教学模式。混合式教学需要重新考虑教学目的、教学策略和教学安排，没有统一的模式，但有统一的追求。从这个意义上说，混合式教学模式的设计应该是在遵循混合式教学基本规律的基础上，依据教学对象、教学条件、课程性质等的差异性，灵活设计具体教学方式，做到教学有法、教无定法。本书的核心目标就是探寻影响混合式教学成效的基本规律。

二、混合式教学的特征

在中国教育领域，混合式教学是 2005 年以后才出现的新概念[98]，但混合式教学并非是一个全新的教学理念和教学方法，它是随着教育信息技术的不断深入发展，逐步受到人们关注和重视的教学模式。混合式教学具有四大特征，使其相对于单纯的传统课堂教学或纯在线学习而言，具有更大的优势。

（一）综合性

不同于传统课堂教学和单纯的线上学习，混合式教学最大的特征在于它具有很强的综合性。混合式教学的综合性主要体现在两方面：一是教学理论基础的综合；二是教学要素的综合。就混合式教学的理论基础而言，混合式教学改革的指导理论不断被挖掘和提出，人本主义理论、建构主义理论、掌握学习理论等众多理论都对混合式教学的发展提供了有价值的理论支撑。虽然每种理论都有各自的优缺点，且不同理论的适用对象和环境条件也各有不同，但由于混合式教学的服务对象各异，众多适用性不同的理论反而提升了混合式教学的适用性和灵活性。就混合式教学涉及的各种要素来看，其融合了不同的学习环境、学习方式、评价方式、学习资源、教学工具等，构建了一种综合性更强、应用性更广的教学模式。

（二）实践性

混合式教学强调以学生为中心，注重培养学生利用理论知识解决实际问题的能力。传统教学模式以知识传输和知识获取为主要目标，在教学评价环节主要以学生的考试成绩作为衡量指标，容易忽视学生的实践能力。学习的最终目的不是简单地堆积知识，而是要能够将所学知识在实践中灵活运用。学生解决实际问题的能力是多种技能与思维方式的集合，传统教学模式在达成这一目标方面存在一定缺陷。相比传统教学，混合式教学更强调发挥学生的主体作用，重视学生主观能动性的发挥，因而更有利于培养学生的实践能力。一方面，混合式教学构建的教学环境更能激发学生的学习兴趣，通过学生自主探讨式学习，可以培养学生的独立思考能力，培养学生发现问题和解决问题的能力；另一方面，混合式教学涵盖了视频、图片、文字、案例、游戏等多种教学内容和呈现方式，这些多样化的教学形式能够有效地与学生现实生活中面临的实际问题相结合，为学生融会贯通、理解现实创造条件。

（三）互动性

互动性是课堂教学高质量发展的核心特征之一[99]。在传统教学中，教师是教学活动的主体，教学过程以教师的“单向输出”为主，也就是通常所称的“满堂灌”。相对应地，混合式教学更加重视通过师生间、生生间的良性交互来完成学习内容的传授和知识的建构。这种互动性首先体现在师生之间、学生之间。在传统教学中，教师是知识传授的主体，教师讲授占用了大部分课堂时间，学生的主要精力在于接受教师传达的知识，缺乏独立思考的时间，很少有机会与教师进行沟通。如果缺少向教师提问的渠道和时间，学生的很多问题是无法及时解决的，教学效果自然会受到负面影响。在混合式教学中，教学活动以学生为中心，教师角色由教学活动的主导者转变为引导者和解惑者，学生角色则由课堂上的被动接受者转变为课堂教学活动的主体，学生有更多时间表达自己的观点以及与教师沟通交流。混合式教学使用的线上教学平台，也为师生交流消除了时空障碍、提供了多样化沟通渠道和方式，可以实现随时、随地的深度交流。除了有助于教师、学生的互动外，混合式教学还有助于实现人机交互。在该模式下，网络、手机不再是教学的障碍，不再是课堂的“噩梦”。相反地，它们转化成了学习的重要辅助，为学生提供了更丰富、更前沿的知识资讯，大大提升了课前、课中、课后时间的利用效率。

（四）以生为本性

混合式教学强调线上、线下融合。在线上教学环节，借助整体性的知识框架、多样化的教学方式、系统化的知识单元，实现教学内容的线上提前学习和自主学习；在线下教学环节，主要考查学生对知识的掌握程度，减少在简单知识点上耗费的课堂时间，在课堂上可以集中突破教学难点，增加课堂讨论和案例分析的时间[27]。

综合分析三种教育模式——传统式教学、大规模在线开放课程（MOOCs）、混合式教学，可知三者的逻辑关系和各自优缺点，如表1-2所示。

表1-2 三类教育模式对比

传统式教学		MOOCs		混合式教学	
优点	缺点	优点	缺点	优点	缺点
面对面有助于师生之间互动	时间与地点受到限制	不受时间地点限制	高辍课率	教学资源丰富，教学方式多	技术门槛与实施成本高
教学者的主导性	单一步调	资源共享	交互性差	灵活学习，不受时空限制	要求学生具有较强的学习自律性和自我管理能力
有效掌握知识与技能	准备大量板书浪费时间，效率低	平台的交互性	反馈不及时	教学互动性增强，实现因材施教	需筛选和整合大量教学资源
遇见问题可以即时反馈	互动交流时间较少	平台的可控性	平台使用难度大	教学效率大幅提升，实现个性化培养	无法高效满足社交与情感需求

第二章　理论基础

本书研究的直接目的是优化高校管理类专业混合式教学模式的设计，终极目的是提升立德树人成效。为实现此目的，一方面，需要对混合式教学成效进行评价；另一方面，需要对教学成效影响因素及内在作用机理进行分析。因此，我们选择结构方程模型（SEM）作为研究方法。SEM 本质上是一种验证性方法，以理论为指导和引导，在理论分析的基础上构建假设模型。构建的假设模型必须建立在一定的理论分析基础上，这是 SEM 的重要特性之一。在 SEM 分析中，包含多个测量模型和一个结构模型，变量间的关系比较复杂。在建构假设模型时，变量间关系的研究需要具有充分的理论依据[100]。因为假设模型必须有其相应的理论基础，有理论基础的假设模型才能经得起检验。本章所列理论内容既是我们对混合式教学模式进行理论分析的基础，也是构建结构方程模型的基础。

第一节　混合学习理论

混合学习理论是进入 21 世纪之后，随着互联网、信息技术和在线学习的快速发展，在线上学习经验基础上，诞生的一种新型学习理论[101]。混合学习是将传统课堂学习与线上学习两种不同的学习模式与学习理念进行的有机结合，具体包括线上学习与课堂学习混合、正式学习与非正式学习混合、学生自学与教师指导混合。混合学习本质上是一种整合学习策略，以提升学习成效为目的，在学习中采用多种信息传递方式，最终实现以最小成本获得最大收益[102]。也就是说，混合学习的最终目的是通过优化整合多种学习方式来提升学习效率，取得 1＋1＞2 的效果。

混合学习由于有机整合了多种学习方式、学习策略、学习媒介、学习活动以及学习环境等，与传统学习方式相比，学习成效显著提升。因此，混合学习自出现以来得到了广泛应用，发展迅速。黄荣怀等（2006）用六个“适当的”

总结了混合学习的内涵，即混合学习为适应“适当的”学习风格，在“适当的”时间采用“适当的”技术，为“适当的”人采用“适当的”学习技术传递“适当的”技能，以达成与学习目标对应的学业成就[103]。

混合学习理论是混合式教学活动开展的基础，本书对混合式教学满意度的评价和混合式教学模式的设计，是在我国民族院校管理类专业已实施混合式教学的课程实践基础上进行的。因此，混合学习理论是本书的理论基础之一。只有深入理解混合学习的特征，才有可能构建科学的混合式教学满意度评价指标体系。由混合学习定义可知，大学混合式教学的有效实施，需要将线上学习与线下教学有机结合，同时也要结合教学理论、教学策略、教学资源等，以取得理想的教学成效。因此，在构建满意度评价指标时，需要考虑线上学习与线下教学的关系，线上学习与线下学习共有的特征以及各自不同的特点，以构建能综合评价混合式教学学生满意度的指标体系。

第二节　有效教学与有效学习理论

有效教学（effective teaching）理论起源于西方的教学科学化运动[104]。20世纪以前，“教学是艺术”是西方教育理论中占据主导地位的教育理念。受科学思潮的影响，以及随着心理学特别是行为科学的发展，人们逐渐认识到，教学不仅是艺术，同时也是科学，而且可以用科学的方法来研究。

有效教学的核心就是教学的成效，即什么样的教学方式是有效的？所谓“有效”，是指通过一段时间的教学后，学生所获得的具体进步或发展。教学“有效性”不够，并不是说教师教学不认真或者是没有完成授课内容，而是指学生学习没有达到预期的效果。如果学生没有学到东西，教师付出再多，那这类教学也是无效的。因此，有效教学的内涵包括三个方面：一是教学效果，即学生学到了知识和技能；二是教学效率，即学生在有限时间内学到了知识和技能；三是教学效益，即教学活动产生了价值[105]。

有效教学的根本目标是学生能够实现有效学习。有效学习是指学生在教师指导下，在学习活动中能够高效使用各类学习资源、运用各种学习策略进行主动学习，以最少的时间和精力取得最佳的学习效果[99]。

高等教育要实现高质量发展，不仅需要教师根据学生的身心发展特征开展教学活动，做到因材施教；还需要与时俱进，根据时代特征开展教学活动，确保学习过程充满乐趣、师生互动成为常态。在和谐互动的学习环境中，学生可以获得更多机会学习知识、掌握技能和发展思维，并主动思考如何学习，进而激发内生学习动力，产生浓厚的学习意愿，使整个学习过程更加富有成效。

第三节　八角模型理论

八角模型理论是由美国学者科恩提出的，该模型将混合式学习的相关要素概括为图 2-1 所示的八个维度，即机构、教学、技术、界面设计、评价、管理、资源支持和伦理[81]，分别对应混合式教学的计划、发展、传递、管理和评价等环节。按照教学要素八角模型，在学习环境创建过程中，多重因素在发挥作用，并且这些因素之间是相互关联、相互作用的。

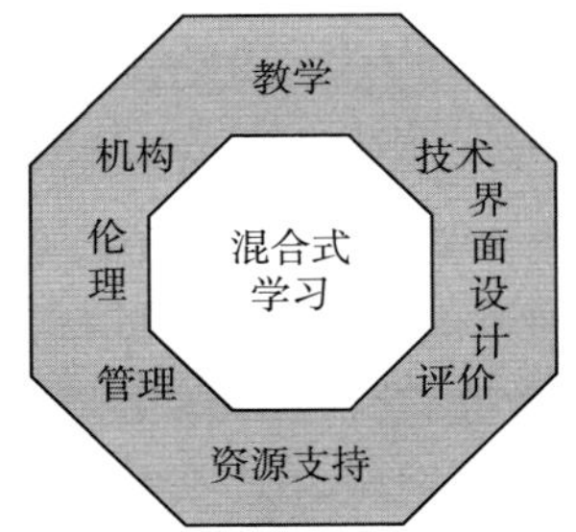

图 2-1　科恩的教学要素八角模型

八角模型的八个维度又包括若干子维度（表 2-1），为混合式教学模式的具体设计提供了思路。

科恩指出，在八角模型中，首先，在教学过程中需要提前对学生的个性特征及其学习目标、学习内容进行分析；其次，需要完善与学习相关的软硬件设施，为学生在线学习提供便捷、友好的用户界面设计；最后，在混合式教学中，应充分考虑学生差异化的文化背景，为他们提供平等参与学习的机会[81]。八角模型将线上与线下相结合，既可以对课程进行有效管理和评估，又可以提升学生的线上学习体验，从而实现教学效果的有效提升。

表 2-1　八角模型各维度的说明

维度	说明
机构	关注与混合式教学有关的行政、学术及学生服务问题
管理	线上+线下学习环境的维护和信息发布
技术	与线上学习有关的软硬件设施
教学	关注学习和教学，涉及内容分析、受众分析、目标分析、媒体分析、教学方法设计等
伦理	关注社会和政治因素对混合式教学的影响，如文化差异、地域差异、偏见、个体差异等
界面设计	线上学习平台的总体外观印象，包括页面和网站设计、内容设计、导航、易用性等
资源支持	为实施混合式教学提供在线支持和相关资源
评价	包括对教师、学生、教学服务及学习环境的监测评估

第四节　顾客满意度理论

满意指的是一个人对某人、某物或某事质量的主观评价，如果用数字来衡量这种评价，这个数字就是满意度。满意度就是“获得”与“期望”的比例，这个比例越大，则满意度越高，反之，则满意度越低[106]。顾客满意度（consumer satisfaction）是顾客对产品或服务的事前期望与消费后感受进行比较的结果[88]。如果消费后顾客的感受超过事前期望，那么顾客就会是满意的，反之顾客就会表现为不满意。

顾客满意度领域的理论研究始于20世纪70年代末，最初应用于商业领域。西方学者对满意度的研究已经从最初的概念和理论研究发展至现今比较成熟的实证模型研究。其中，美国顾客满意度指数（ACSI）模型是目前理论体系最完整、应用效果最好，同时也是应用范围最广的顾客满意度模型，在顾客满意度研究及应用方面最具代表性和影响力。除了被广泛应用于经济社会领域外，这一模型在欧美国家还被广泛应用于教育研究领域。ACSI由顾客预期、质量感知、价值感知、顾客满意度、顾客抱怨和顾客忠诚度等6个结构变量构成。其中，顾客预期、质量感知、价值感知是自变量，顾客满意度是因变量，顾客抱怨和顾客忠诚度是顾客满意度的结果变量[107]。基于ACSI模型，中国学者根据中国的实际情况，构建了适合中国情境的中国顾客满意度指数（CCSI）模型[108]。

菲利普·科特勒认为顾客满意是消费者在消费行为发生后，对消费品的评价等于或高于自己原先的期望时，所产生的一种态度[109]。Oliver（1997）将顾客满意度界定为顾客在消费过程中对需求满足程度的感知状态[110]。可见，顾客满意是一种心理满足状态。当消费者实现了自己购买产品或服务的初衷并达到了预期的期望时，便会感到身心的充实与满足。本书将学生看作购买学校教师教育服务的消费者或者是教育领域中的顾客，从而将顾客满意度理论模型应用于教育领域，研究哪些因素会对混合式教学的满意度产生影响。

第五节　期望确认理论

期望确认理论（expectation - confirmation theory，ECT）是由美国营销

学家奥立佛（Richard L. Oliver）提出的研究商业领域中消费者满意度的一个理论[111]。而期望确认模型（expectation－confirmation model，ECM）是韦伯（Weber）基于期望确认理论和技术接受模型（TAM）[112]提出来的一个用于解释信息系统持续使用行为的理论模型[113]。韦伯通过研究发现，用户使用某一产品后的期望确认度会影响他感知到的产品有用性和使用满意度，进而影响他持续使用该产品的意愿。感知有用性、期望确认度、满意度及持续使用意愿等各因素间的相互关系如图2－2所示。

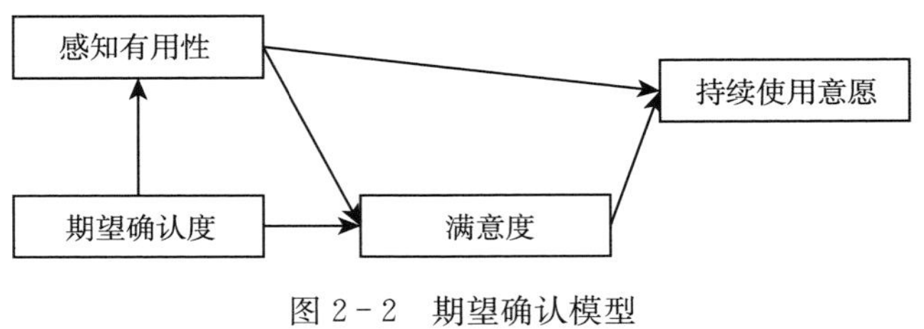

图2－2 期望确认模型

研究结果证明，期望确认模型在互联网产品持续使用意愿研究中具有较强的适用性[114]。因此，本书以期望确认模型为基本框架，结合具体研究情景，探讨大学生对混合式教学模式的持续使用意愿及其影响因素，对完善混合式教学模式具有一定的启示意义。

对于混合式教学而言，参与混合式教学的学生的期望确认度会影响其对该模式有用性的感知，进而影响其对该教学模式的满意度，从而影响其对混合式教学模式的使用意愿。如果感知到混合式教学模式的价值，也会直接影响对该模式的使用意愿。

第六节 需求层次理论

马斯洛认为人们实现自身不同层次的需求是需要动力的，而且在这些需求中，有些需求优先于其他需求。他提出了需求层次结构理论，将人类的需要由低到高分为五级层次，从下到上，依次是生理需求、安全需求、社交需求、尊重需求以及自我实现需求。这五类需求是决定个体行为的内在力量，需求层次越低，力量越大，潜力也就越大；不同层次需求的力量随着层次上升逐渐减弱；不同需求的满足是由低到高逐步实现的，高级需求出现之前必须先满足低级需求。

学生在学校接受教育的过程也是追求自我实现、提升个人价值的过程，体现出了需求层次理论中最高级的需求。与传统教学被动模式不同的是，混合式教学更加注重学生的主观感受，学生可以根据自身兴趣和需求选择适应自己的学习方式，获取契合自身能力的学习资源，充分发挥学生主体地位，从而引导学生发散与扩展思维，激发其对学习的兴趣，获得满足感和成就感。

第七节 学习风格理论

学习风格是指学习者相对稳定的个性化学习方式，被认为是影响教学成效的主要因素之一[115]。关于学习风格的概念，美国圣约翰大学的邓恩夫妇认为，由于个体特征的差异，每个学生都有适合自身的学习方式，且这种学习方式并不是一成不变的，会受到周围环境、生理特征以及心理倾向等因素的影响[116]。凯夫（Keefe）等人认为学习风格是学习者特有的认知、情感和心理行为，是学习者的知觉与学习环境相互作用后产生的相对稳定的状态[117]。桑新民（2000）认为学习风格是指学习者相对稳定的个性化学习活动方式[118]。谭顶良（1998）认为学习风格是学习者学习策略与学习倾向的总和[119]。综上所述，学习风格是学习者在学习过程中体现出来的学习状态、学习倾向和学习策略，是相对持续稳定的学习活动方式。

混合式教学模式为学生提供了多种学习方式，通过线上＋线下教学模式的有机结合，使得学生能够由浅及深循序渐进地学习，最后达到深度学习的效果。而由于个性化差异、发展阶段不同以及环境变化等因素影响，学生们会选择不同的学习方式获取知识。当学生找到适合自身的学习方式并能很好地适应后，会在身心上获得更高的满足感与成就感。因此，本书将构建学习方式量表，把学习方式指标纳入混合式教学影响因素研究中。

第八节 适应性理论

皮亚杰（Piaget）认为“适应”在本质上是个体与环境之间实现平衡的一种动态行为。他将适应分为两种形式：一种是同化，指个体不改变原有的认知结构，直接将新刺激纳入，这是一个量变的过程；另一种是顺应，指当个体原有认知不能解释新刺激时，就需要改变原有认知，以适应新刺激，这是一个质变的过程。因此，适应性是指人们在某种新环境的刺激下所做出的一系列反应，目的是达到与新环境的融合[120]。

复杂的事物往往不是单一存在的，它们通常与多方面同时有着密切联系，并且相互作用、互相影响，发展的结果会形成一种相互适应的平衡状态。适应性体现的，是复杂事物在系统环境里展现出来的积极互动和主动适应的过程。在本书中，我们认为学生学习方式的选择直接影响了学生适应学习的程度，且适应程度的高低也能反映出学生对某种学习方式的满意度。因此，本书还将构建学生适应性量表，将学习适应性指标纳入混合式教学影响因素研究中。

第九节　深度学习理论

在国外教育研究领域中，“深度学习”的概念最早由瑞典哥特堡大学的马顿（Marton）等率先提出。他们通过研究大学生的阅读行为，发现存在两种截然不同的学习过程：一种是机械式学习，以记忆和背诵为主，与已有知识的关联较少，学生是被动的，属于浅层学习；另一种是建立在理解知识基础上的学习，学习者能够表达自己的见解，能将新接触的知识与已有知识相联系，学生是主动的，这属于深度学习[121]。关于深度学习的概念存在三种界定：第一种是学习方式说。比格斯（Biggs）认为，学习中如果含有高水平或积极的认知加工过程，则该学习方式为深度学习，反之则为浅层学习[122]。第二种为学习过程说。认为深度学习是为了实现知识迁移而进行学习的一个过程，通过深度学习，个体能够将在某一情境下学习到的知识应用到其他情境中，这一过程就是知识的迁移过程。郭华（2016）认为深度学习发生的前提是教师能对学生学习过程进行积极的引导，并精心组织设计教学活动[123]；崔允漷（2017）则认为深度学习是在复杂的学习情境中，学生主动参与学习过程，实现有意义的学习[124]。第三种是学习结果说。认为深度学习是指学生通过学习掌握知识，能够解决将来在工作中遇到的一系列问题。这一概念是从学生应该具备的能力角度界定的，包括掌握学科核心内容、批判性思维、沟通交流、团队协作、学习能力、学术思维等方面的能力[125]。

本书认为深度学习是指学生主动参与的学习，通过这一学习过程，学生能够掌握所学专业课程的核心知识，具备批判性思维、开拓创新精神、团结协作能力、组织沟通能力等高级素养，并形成正确的价值观。对教师来说，学生实现深度学习，不仅需要教师对深度学习理论有系统的认知和把握，还需要教师在分析学生特征基础上，对课程学习目标、学习内容、教学互动、课程评价等进行精心设计和系统实施。

第十节　结果导向教育理念

结果导向教育（outcome－based education，OBE）理念是美国率先提出来的教育理念。20 世纪 60—70 年代，美国国民对美国在科学技术方面的贡献和表现并不满意，例如在人造卫星领域，美国是落后于苏联的。为此，人们开始反思美国的教育理念和教育模式。在此背景下，William G. Spady 在 1981 年提出了 OBE 理念，该理念迅速得到广泛重视和应用[126]，很快便形成了比较完整的理论体系。美国工程教育认证协会（ABET）全面接受了 OBE 理念，并将其贯穿于工程教育认证标准体系中。2013 年 6 月，中国被接纳为“华盛顿协议”预备成员国；2016 年 6 月，中国成为“华盛顿协议”第 18 个正式会员国[127]。

OBE 也被称作能力导向教育，指的是教学设计和教学实施始终以学生最后所取得的学习成果为目标，而学习成果的最重要体现就是综合能力的提升。OBE 理念的内涵包括五个方面：一是强调人人都能成功。按照 OBE 理念，所有学生都能在学习上获得成功，但采用的学习方法或成功实践先后可能存在差异。二是强调个性化评价。OBE 理念认为，应该针对学生个体差异制定个性化的评价方案，基于适时评价及时完善教学方案。三是强调精熟。OBE 理念认为，教学评价应以每位学生都能精准、熟练地掌握学习内容为前提，相信只要学习机会适宜，每个学生都能取得学习成果。四是强调绩效责任。OBE 理念认为，相比学生，学校在学习成效实现方面的责任更大。五是强调能力本位。OBE 理念认为，应以培养学生适应未来生活的能力为主，在制定教育目标时应列出具体的核心能力，每一核心能力都对应具体的课程，这就需要以结果为导向重新修订每个专业的培养方案[126]。

OBE 理念以结果为导向，以“学生能做什么”为目标，而不是以“学生知道什么”为目标，这在传统教育模式下是难以实现的。OBE 理念要求学生不仅能够解答拥有固定答案的问题，而且需要具备能够解决开放问题的能力，要求学生能够完成具有挑战性的任务，如发现项目存在的问题、提出项目建议、完成项目策划、负责实施评估项目进度等。相比传统教育，OBE 理念更加重视学生高阶能力的培养，如创新性思维能力、问题洞察能力、信息处理能力以及团队协作能力等。传统教育理念是以教师为中心的，而 OBE 理念则是以学生为中心，强调教师应通过示范、诊断、评价、反馈以及建设性介入等教学策略，引导和协助学生实现预定教育目标。从 OBE 教育理念的概念和特点可以发现，混合式教学模式的目标和 OBE 理念的目标是完美契合的，OBE 理念可以为混合式教学改革提供有价值的指引。

第三章　学生满意度模型构建

第一节　顾客满意度模型

顾客满意度是衡量经济产出质量的宏观指标，是国内外质量管理领域和经济发展领域学者们研究的热门话题。2012年，国务院颁布的《质量发展纲要（2011—2020年）》明确指出，将顾客满意度作为衡量产品质量和服务质量的核心指标[128]。在国内外诸多顾客满意度指数模型中，美国顾客满意度指数（ACSI）模型应用最为广泛，如图3-1所示。该模型由多个结构变量构成，各结构变量间的关系可以通过计算进行估计。利用该模型，可以解释消费者整个消费过程与整体满意度之间的关系，并能显示出满意度高低所带来的不同结果，从而赋予满意度前向预期的功能。

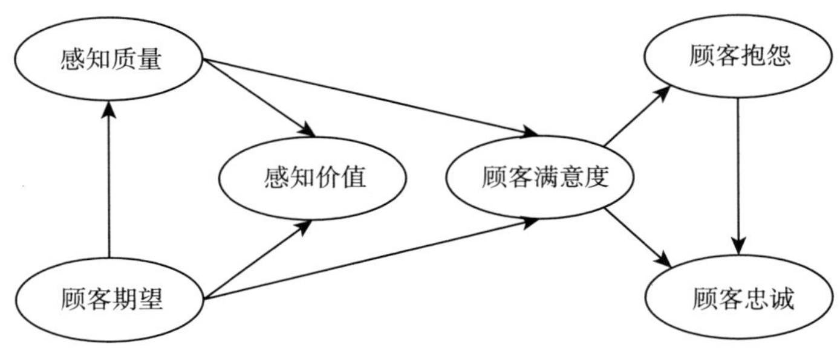

图3-1　美国顾客满意度指数（ACSI）模型

中国学者在ACSI基础上结合中国情境及消费者特点，构建了中国顾客满意度指数（CCSI）模型，如图3-2所示。该模型由6个结构变量组成，以顾客（用户）满意度为核心，预期质量、品牌形象、感知质量、感知价值是顾客满意度的原因变量，而用户忠诚是顾客满意度的结果变量[129]。CCSI模型更加符合中国实际情况及顾客特点，有助于更加直观地了解中国企业提供产品的不足之处，及时地分析顾客的潜在需求。

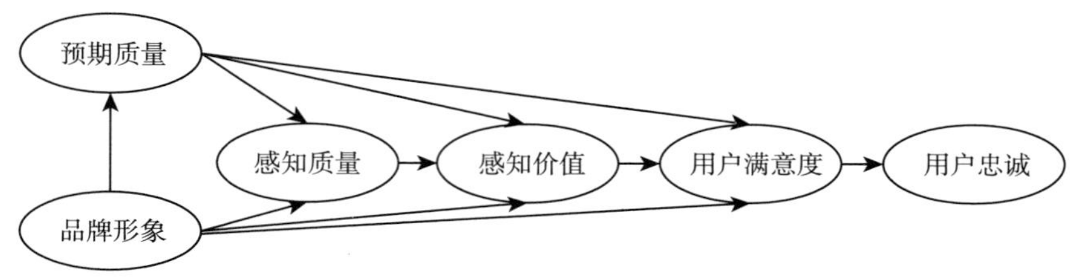

图 3-2　中国顾客满意度指数（CCSI）模型

第二节　混合式教学质量影响因素确定

一、模型的设想

教育行业是具有很强外部性的特殊服务行业，与其他行业不同的是，其创造的经济效益和社会效益大部分是隐性的。大学生作为高校教育的服务对象，相当于是教育行业的顾客。从这一角度看，顾客满意度模型是适用于高等教育领域的。我们可以用顾客满意度模型分析学生对不同教学模式的满意程度，并找出影响学生满意度的各类因素，进而有针对性地采取措施提升学生满意度。顾客满意度模型的使用必须充分考虑行业的差异和可能存在的影响[130]，这就需要在原始模型基础上进行变量的调整和路径的增删。本书以 ACSI 模型和 CCSI 模型为基础，结合现阶段我国高校管理类专业课程混合式教学的实际开展情况，对混合式教学成效的影响因素和顾客满意度模型进行适当地调整，提出本书研究的变量界定及相应假设，即混合式教学学生满意度结构方程模型的初始模型，包括六大影响要素：学生期望、质量感知、价值感知、学生满意度、学生抱怨和学生忠诚，这些要素在结构模型中属于潜在变量。

二、新增潜在变量设计

（一）教师形象

中国顾客满意度指数（CCSI）模型中的品牌形象这一变量，体现出产品的品牌形象往往会影响中国顾客的消费选择。王海忠等（2006）认为中国顾客由于好面子的性格和长期对名牌、老牌的信任，往往对良好的品牌形象具有归属感和依附感[131]。余承海等（2005）认为新时期高等院校教师的职业素养、形象个性等方面会影响学生对该教师教授课程的学习态度[132]。混合式教学的主要目的是推动教育开放式、多样化发展，提高教育质量和水平，而教师形象的好坏会直接影响学生接受教育的体验与感受，从而影响学生对混合式教学的满意程度。赵国栋（2010）曾在北京大学教学网案例研究中，构建了包括教师特点在内的混合式学习满意度模型[130]。因此，对本书而言，教师形象这一变量有必要被引入模型中，其会影响学生对混合式教学质量的感知。

（二）学生学习方式

混合式教学的优势在于有机融合传统课堂教学与线上教学的各自优势，形成“线上＋线下”教学模式，引导学生由浅到深地实现深度学习和高阶学习。因此，学生可以事先通过对课程的了解，对教师形象及其教学模式质量的感知来选择适合自己的学习方式，在学习后评估自身对该课程的满意度和适应性，然后再对自身的学习方案进行调整，从而形成最优化的学习模式，提高自身学习能力和学习质量。方旭等（2016）构建了慕课学习支持服务满意度评价模型，该模型包括导学、学习方式、学习设施、管理服务及促学等五个影响因子，研究发现，学习方式的标准化因子载荷最大[133]，也就是说，在众多影响因素中，学习方式的影响是最大的。因此，本书也将构建学习方式量表，了解学生是否习惯通过电子资料学习，是否争取达到在线学习时长，线下是否自主复习知识点以及是否积极参与了课堂讨论等，从而将学习方式因子引入混合式教学影响因素研究中。

（三）学生适应性

适应性是指个体在社会化过程中，通过改变自身或环境，实现与环境相协调的能力[134]。学生适应性是学生在学习过程中克服困难取得较好学习效果的倾向，其主要影响因素包括学习态度、学习方法、学习环境等。在高等教育中，教师形象、教学模式、学习方法使用等方面均存在一定差异，大学生需要进行自我调整以适应复杂多变的环境，这就对学生的学习适应能力提出了更高要求。田澜（2004）认为学生的学习适应性受学习态度、学习方式和学习环境等因素影响，应引导学生通过主动调整来适应内外部学习环境的变化[135]。冯廷勇等（2010）根据皮亚杰的认知发展理论及适应性理论，认为学习适应性是学习主体根据环境及学习的需要，通过调整自我实现与学习环境平衡的心理与行为过程[136]。从现有研究文献来看，很少有学者在研究混合式教学时将学生适应性纳入模型中，本书将学生适应性作为影响因素研究的因子之一，构建学生适应性量表测量研究对象对于传统教学和混合式教学两种教学方式的适应程度和接受程度，这也是本书的一个创新之处。

三、潜在变量的界定

（一）教师形象

教师是教学活动的主要参与者之一，他们的教学态度、教学方法、教学能力、学术水平等均会对混合式教学质量产生重要影响。教师形象是教师在教书育人过程中的精神风貌与行为方式的综合体现，主要通过内在精神和外显事物展现出来。内在精神包括教师的职业道德、人格品质、个性特征、敬业精神、创新精神、学术能力等，外显事物则主要体现为教师外貌、教师气质、教师着装等。因此，本书构建教师形象量表时考虑了4个指标，即职业态度、性格特征、学术能力、教学能力。在结构方程模型中，教师形象为潜在变量，4个指标为观察变量，下同。

（二）学生期望

学生期望是学生结合自身的学习兴趣，通过对教师性格特点、职业素养、课程特色与性质、教学平台等方面的全面了解，形成对课程内容与形式、学习资源、教学模式、教师形象及自身接受教学后的学习质量与效率所做的整体预期。基于理论与文献分析，本书认为在混合式教学研究中，学生期望主要包括期望开展更多混合式教学课程、期望教师继续引入网络教学平台、期望教师引入新的学习资源、希望教师完善教学设计等。

（三）价值感知

有学者从顾客角度提出“感知价值”概念，并将其界定为客户将感知到的获得与其付出的成本进行比较后，对产品或服务效用的整体性评价[137]。将这一概念引入管理类专业课程混合式教学研究中，可以将混合式教学的价值感知理解为学生接受混合式教学后对自身所获取的价值的感知与所付出成本感知的对比。本书选取价值的具体内容体现在量表中，包括混合式教学是否激发了我的学习积极性和主动性；是否提高了我分析问题和解决问题的能力；是否提高了我的自主学习能力；是否提高了我的创新能力；是否增加了与同学、教师的交流和沟通频率；是否帮助了我更好地掌握知识等。

（四）学生学习方式

学习方式是指个体在学习过程中表现出来的具有偏好性和稳定性的行为方式与行为特征，反映了学习活动中存在的个体差异，学习方式与个体的性格特征及长期养成的学习习惯密切相关。因此，不同类型的个体在学习方式上的选择往往存在差异。从外在形式上看，混合式教学是采用“线上”和“线下”两种方式相结合来开展教学，但对其具体设计没有统一的模式，核心目标是充分发挥“线上”和“线下”两种教学方式的各自优势来改造传统教学模式。因此，帮助学生找到适合自身的学习方式在混合式教学模式下显得尤为重要。本书构建的学习方式量表包括以下 5 个方面：通过浏览、阅读教学资料；争取达到在线学习时长的要求；通过自主复习梳理课程知识点；通过各类网络工具与教师、同学进行交流讨论；积极参与课堂问题讨论，进行线下交流。

（五）质量感知

质量感知的本义是指顾客对产品感知到的实际质量与预期质量的对比，比值越大则表示顾客对产品越满意，购买欲望也会更加强烈。混合式教学所提供的产品与经济学中的产品类似，其质量和服务在面向顾客时是一致的，不同的是顾客会因自身接受程度和感知能力的差异而得出不同的主观感受。对于质量感知这一因素，本书设计了 6 个方面进行研究：课程内容紧抓前沿、注重理论联系实际；平台课程内容丰富，信息量大；线上线下学习氛围好；线上资料清晰、合理；在线学习过程中，资料检索、学习导航、学习记录等体验良好；在线学习过程中，教师辅导到位，沟通及时。

（六）学生适应性

在本书中，学生适应性是衡量学生对混合式教学模式适应程度的指标。具体包括，学生能够制订并执行学习计划，能够自主选择学习策略和学习方法，能够有效控制整个学习过程，并且能够对学习进行自我评估。考虑到教师教学行为与学生学习行为的个性化特征，混合式教学打破传统教学的群体结构，将学习者看作独立个体，将其置于更加人性化、自由化的情境之中，帮助其找到更合适的学习方式并逐步适应，以达到深度学习的最终目的。随着信息技术的飞速发展和普及，线上学习已成为一种重要的学习方式，因此有很多学者关注到了网络学习环境下的学习适应性问题[138]，这些研究成果为本书的研究提供了有益借鉴。本书构建的学生适应性量表的内容包括：相比传统教学，我能及时掌握新的知识点；相比传统教学，我更能准时完成课后练习和课后作业；相比传统教学，我更希望接受混合式教学方式；我认为混合式教学模式下学习更加轻松；我认为混合式教学更能提高我的学习成绩。

（七）学生满意度

学生满意度的概念源自顾客满意度，在本书中，学生满意度是学习者将对混合式教学的期望和学习后的实际感受进行对比的结果。测量这一因素的指标主要包括：课程内容；教学平台的界面设计和功能设置；教学资源的丰富性；

教学设计、专业知识以及教学活动组织等；师生之间的交流。

（八）学生抱怨

对比顾客满意度可以得出，顾客产生抱怨是由于顾客不能从市场提供的产品或是服务中得到满足，所接受的产品或服务的质量没有达到预期。在混合式教学中，学习者产生抱怨有多种原因，包括对教师形象的不满、对教学方式的不满、对教学平台的不满等。学生表达抱怨的方式主要是通过语言，大致可以归结为三类：在平台讨论区表达不满；在社交平台（微信、QQ 等）进行转发评论；面对面告诉该课程教师或同班同学。因此，我们构建的学生抱怨量表包括上述三类指标。

（九）学生忠诚

在营销管理中，顾客忠诚是指顾客在购买或使用该企业产品时表现出来的在情感上的一种信任或忠诚的程度[139]。在混合式教学中，学生忠诚则表现为学生对该课程的教学方式感到满意并且产生依赖，希望继续使用该模式进行后续学习的状态。忠诚度还表现为顾客不受外界干扰依旧保持对一件事物的热情，甚至还会带动身边人和自己一起进行购买或消费[140]。因此，学生忠诚主要通过 4 个方面进行测量：对混合式教学发展前景的信心；是否建议更多的同学来参与混合式学习；是否会继续关注和参与混合式教学课程；是否如实反馈课程评价信息。

第三节　模型变量的假设

本书基于 ACSI 和 CCSI 模型，根据所研究的各高校管理类专业实施混合式教学模式的进展情况，选取包括教师形象、学生期望、学习方式、质量感知、学生适应性、价值感知、学生满意度、学生抱怨、学生忠诚等在内的 9 类主要影响因素，再结合相关理论与概念界定提出本书中各变量间路径关系的 16 个研究假设，如表 3－1 所示。

表 3－1　模型变量的路径研究假设

编号	假设命题
$H1$	教师形象能显著影响学生期望
$H2$	教师形象能显著影响学生对混合式教学的质量感知
$H3$	学生期望能显著影响学生对混合式教学的质量感知

（续）

编号	假设命题
$H4$	学生期望能显著影响学生对混合式教学的价值感知
$H5$	学生期望能显著影响学生对混合式教学的满意度
$H6$	质量感知能显著影响学生的学习方式
$H7$	质量感知能显著影响学生对混合式教学的满意度
$H8$	质量感知能显著影响学生对混合式教学的价值感知
$H9$	学生学习方式能显著影响学生对混合式教学的价值感知
$H10$	学生学习方式能显著影响学生对混合式教学的适应性
$H11$	学生学习方式能显著影响学生对混合式教学的满意度
$H12$	价值感知能显著影响学生对混合式教学的满意度
$H13$	学生适应性能显著影响学生对混合式教学的满意度
$H14$	学生满意度能显著影响学生对混合式教学的抱怨
$H15$	学生满意度能显著影响学生对混合式教学的忠诚
$H16$	学生抱怨能显著影响学生对混合式教学的忠诚

第四节　初始模型的构建

根据前面分析中选择的混合式教学学生满意度影响因素，以及对各变量之间相互关系的预先假设，可以得出本书研究的初始模型 M_0，如图 3－3 所示。在初始模型 M_0 中，对学生满意度产生直接影响的变量有学生期望、质量感知、价值感知、学习方式和学生适应性。学生满意度的结果变量则是通过学生抱怨和学生忠诚两个变量来体现，满意度越高学生忠诚度也越高；满意度越低则会引起相应的抱怨，进而对学生忠诚度产生影响。

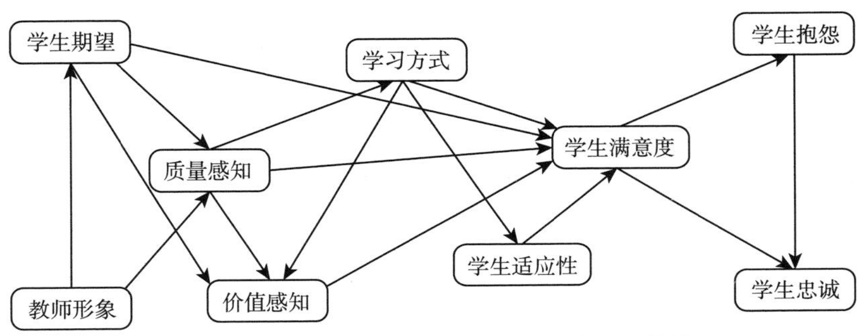

图 3－3　影响混合式教学中学生满意度因素的初始模型 M_0

第四章　问卷调查与分析

第一节　问卷设计

本书在参考已有满意度研究成熟量表的基础上，结合调研的民族院校管理类专业实施混合式教学相关师生、管理人员等的访谈，从教师形象、学生期望、价值感知、学习方式、质量感知、学生适应性、学生满意度、学生抱怨、学生忠诚等九个维度编制学生满意度量表，每个维度下设 3～6 个态度变量。问卷采用李克特五级量表（Likert scale）对态度变量进行计分。问卷的设置首先是课题组进行初步设计，然后邀请本研究领域的十余位专家对量表具体设计给出建议，课题组再对问卷内容进行第一轮修正和完善。接下来，在西南民族大学管理学院进行了预调研，针对预调研反映出来的问题，对问卷进行了补充完善。最终，本调查问卷共设计了 11 个大题项 63 个小题项，整个问卷分为三大部分。

第一部分是基本信息，目的是统计调查对象的个人基本信息以及对混合式教学的总体印象和态度。学生对混合式教学的满意度容易受个人主观因素的影响，因此，学生的年级、性别、民族、所学专业等都可能会在一定情况下影响他们对混合式教学的态度，在问卷中设置这类选项有助于进一步分析学生个体特征对满意度的影响。

第二部分是主体部分，即影响因子量表。量表将影响学生满意度的测评指标分为二级：一级指标，即潜在变量，共 9 个；二级指标，即观察变量，共 42 个。其中，一级指标包括教师形象、学生期望、质量感知、价值感知、学习方式、学生适应性、学生满意度、学生抱怨、学生忠诚等。每个一级指标又进一步细分为若干二级指标，二级指标共设计了 42 个问题。问卷中的具体观察变量均是学生对学习过程感知的描述，分别采用李克特五级量表法由低到高排列。如教学满意度，分为“很不满意”“不满意”“一般”“满意”和“很满意”；期望程度分为“很不期望”“不期望”“一般”“期望”和“很期望”；与事实的符合程度分为“完全不符合”“不太符合”“一般”“比较符合”“完全符合”，并分别赋以分值 1 分、2 分、3 分、4 分、5 分。学生根据自身具体实际感受作答，数字越高表示其对该选项的认可度越高，反之认可度越低。

第三部分是对混合式教学的建议与看法，既有客观题也有主观题。用于统计学生在接受混合式教学后所提出的建议，这有利于进一步补充、掌握现行混合式教学模式的优缺点，从而更好地改进教学模式。最后一题为开放式问题，学生可以畅所欲言表达客观题中没有涉及的内容，从而获取学生对改进和完善混合式教学模式的看法。

第二节　问卷调查实施

本书调查问卷的发放对象主要是国内几所具有代表性的民族类院校中曾参与过混合式教学活动的管理类专业在校本科生。在借鉴国内外学者研究的基础上，结合民族院校管理类专业混合式教学开展的实际情况，我们首先初拟了管理类专业混合式教学调查问卷，并在西南民族大学管理学院发放 200 份问卷，进行了预调研，然后根据预调研反映出的问题对调查问卷进行了修正完善。在本次预调研中，我们同时采用了线上调查和线下调查两种方式。通过预调研发现，与线下问卷调查相比，线上调查的误差较大，信度和效度均不够理想。为了确保调查结果更准确，我们决定将调查全部改为线下调查，这虽然会大幅增加调研工作量和工作难度，尤其是本书研究正值疫情期间，线下调研不可避免地面临更多挑战，但这可以确保调查结论更准确、更符合实际，也可以有效提升本书研究的实际价值。在正式调查阶段，我们选择了 6 所民族院校以及电子科技大学和山东财经大学开展正式问卷调查，调查时间主要集中在 2020 年 7—11 月。当时正值新冠疫情，跨校调研实施起来困难重重。对此，我们采取的调研方式是聘请各调研高校的本科生或研究生，两人为一组开展线下问卷调查。本次调查一共收回有效问卷 1 108 份。在结构方程分析中，如果要追求稳定的 SEM 分析结果，受试者数量最好在 200 人以上。从样本数量方面看，本书研究适合采用 SEM 模型[100]。

第三节　访谈设计与实施

为了更全面地掌握管理类专业混合式教学改革的相关信息，除问卷调查外，我们还进行了座谈访谈。座谈访谈以半结构式访谈的形式开展，访谈开始前，为把控访谈整体方向和进度，由访谈者事先准备访谈提纲，在访谈中根据实际进展情况进行适当调整。访谈主要围绕各高校管理类专业课程混合式教学实施总体情况、实施成效及存在的问题、为推进混合式教学实施采取的对策措施等问题展开。通过对相关学院领导、教务管理人员、任课教师以及学生代表的访谈，更加全面而深入地了解现阶段管理类专业混合式教学的实践现状及面临的困境，同时也为高校推进混合式教学更好发展收集了许多有价值的建议和意见。

第四节　调查问卷描述性统计

一、样本人口基本信息统计

学生作为高等教育的主要服务对象，学生的个体差异也是影响教学成效与教学满意度的主要因素之一，如个体偏好差异、所属专业差异、性别年龄差异等[141]。研究表明，学生年龄、专业、性别、课程属性等都会对课程期望和教学方式偏好产生影响[142]。

（一）学校及专业

图 4－1 展示的是被调查的大学生所在高校的分布情况，可以看出本书研究中问卷调查对象主要来自国内几所民族院校，包括西南民族大学、中央民族

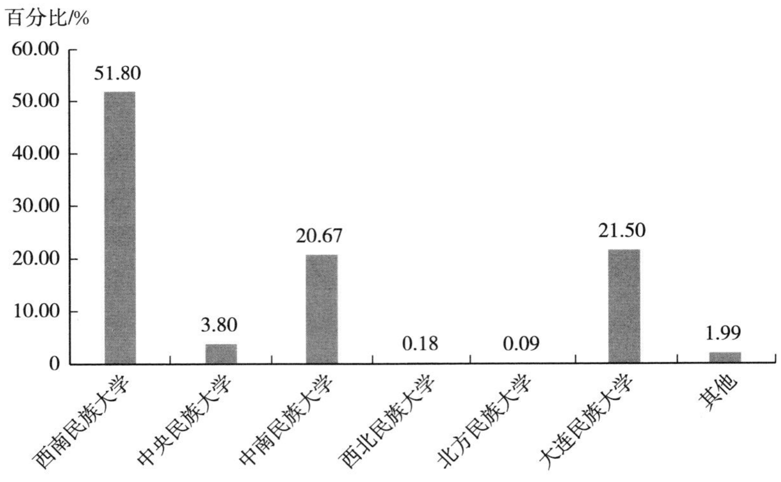

图 4－1　学生所在学校分布情况

大学、中南民族大学、西北民族大学、北方民族大学、大连民族大学和其他几所大学。其中，西南民族大学有 574 名学生参与本次调查，占比 51.80%，人数最多；其次是大连民族大学，有 238 名学生参与问卷调查，占比 21.50%；再次是中南民族大学，有 229 名学生参与问卷调查，占比 20.67%。

图 4-2 展示的是学生所在专业分布情况，主要有工商管理、人力资源管理、市场营销、会计学、财务管理、物流管理、公共管理、行政管理、双语行政管理及其他专业，覆盖了现阶段我国高校管理类本科大部分专业。

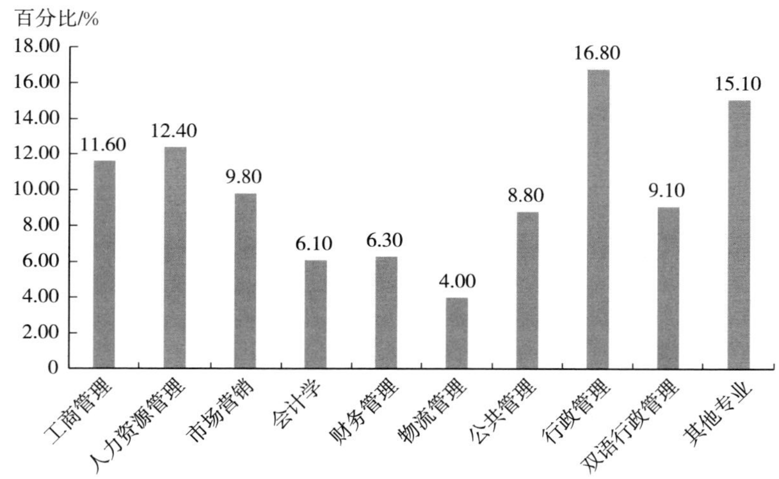

图 4-2　学生所在专业分布情况

（二）性别

利用 SPSS26.0 软件对回收的 1 108 份有效问卷进行频率分析，得出男生和女生的总人数和所占百分比。本次发放问卷的对象主要是 6 所民族院校的管理类专业本科生，且民族类高校管理类专业女生普遍占比较高。参与本次调查的男女比例是比较符合民族院校实际情况的，说明调查结果对民族院校管理类专业而言，在性别比例方面是具有代表性的（表 4-1）。

表 4-1　学生性别分布情况

类别	人数（人）	百分比（%）
男	279	25.2
女	829	74.8
总计	1 108	100

（三）民族分布情况

本书研究的主要对象为民族高校管理类专业本科学生，我国设立民族院校的主要目的是为少数民族地区和少数民族服务。因此，其生源构成中，少数民族学生的比例是远高于其他高校的，生源比例一般控制在六成以上。在本书的调查对象中，少数民族学生占比为 68.1%，汉族学生占 31.9%，这一比例与民族高校生源构成是高度吻合的。相对汉族学生来说，很多少数民族学生的汉语水平、前期教育环境和教育条件可能存在一定差异，这必然会影响到大学阶段教学模式的适应与选择。

（四）年级分布情况

如下表 4－2 所示，在本研究中，从调研对象构成看，大一学生最多，占 46.0%，其次是大二和大三学生，大四学生只有 4 人。一般而言，大一、大二和大三的课程会比较多，而在大四时期学校则将更多的时间交给学生自己去选择实习、工作或者研学，课程安排会很少。因此，我们在选择调研对象时也更倾向于选择大一到大三的学生。我们通过对不同年级进行对比分析，探寻混合式教学开展情况在时间维度的变化规律。

表 4－2　学生所在年级分布情况

年级	大一	大二	大三	大四
人数（人）	510	321	273	4
百分比（%）	46.0	28.0	24.6	0.4

二、所修课程情况

（一）所修课程的性质

图 4－3 为参与混合式教学的学生所修课程的性质情况柱状图。学生所修课程的性质主要分为通识必修课、通识选修课、文理基础课、专业必修课、专业选修课和其他课程。从图中可以看出混合式教学不仅应用于专业必修课，还应用于选修课，也反映出各高校教师正尝试着将混合式教学应用于不同性质课程的实际教学中。在调查的 1 108 名学生中，有 583 名学生的专业必修课应用了混合式教学模式，其次有 313 名学生所修的通识必修课采用了混合式教学模式。从整体上看，所调查的几所高校中采用混合式教学模式的必修课和选修课比例大约是 5∶1。

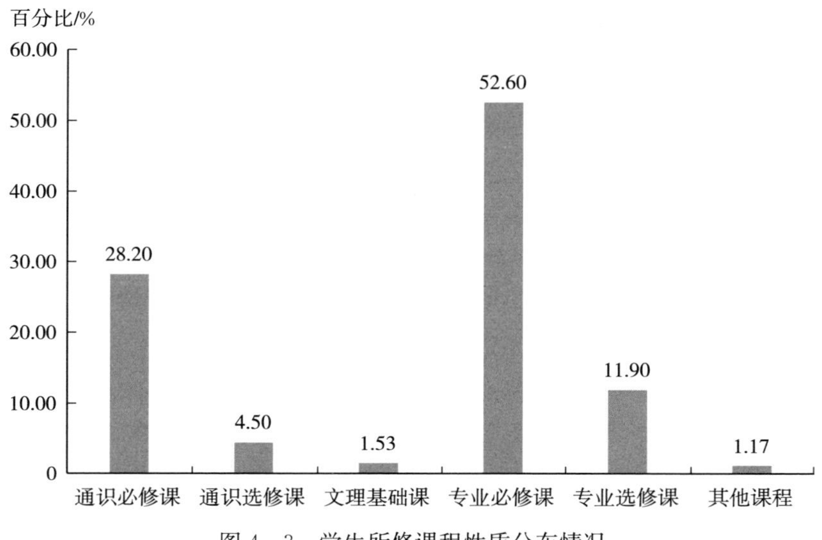

图 4-3　学生所修课程性质分布情况

（二）所修课程难易程度

在问卷中，我们将学生所修课程的难易程度由易到难划分为五个等级，分别是很容易、比较容易、一般、比较难、很难，学生根据上课后自身的主观感受进行选择。图 4-4 为参与混合式教学的学生所修课程的难易程度情况统计图。从图中可以看出，有 46.00％的学生认为自己所修的混合式教学的课程比较难，还有 31.80％的学生认为自己所修的课程难易程度为一般。从整体上

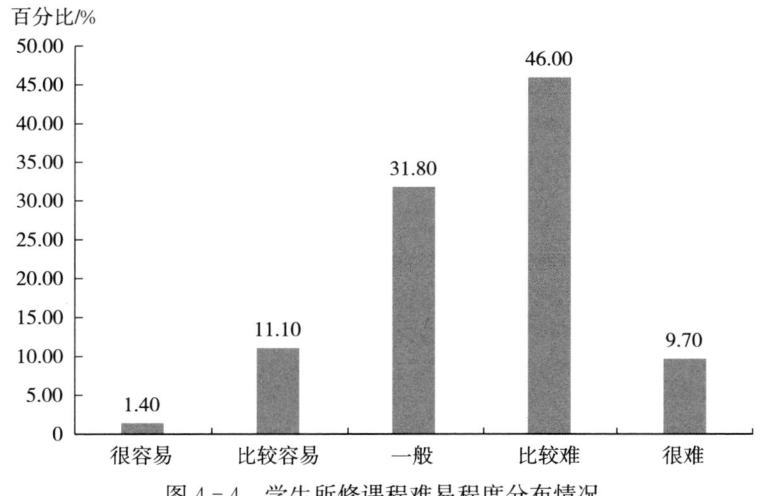

图 4-4　学生所修课程难易程度分布情况

看，现阶段，大学课程对于大学生来说是具有一定难度的。2018 年，教育部高教司司长吴岩指出，“金课”的标准是“两性一度”，其中，“两性”是高阶性和创新性，“一度”是指挑战度；相对应的，“水课”则指的是那些“低阶性、陈旧性和不用心”的课程[143]。从“金课”标准和现行课程难易程度看，现阶段，我国民族院校的师资条件、课程体系、教学基础等是具备建设“金课”的必要条件的。而混合式教学正是打造“金课”的重要方式之一，未来可以重点考虑如何借助混合式教学打造和建设“金课”。

（三）教师职称情况

表 4－3 是任课教师职称分布情况，虽然有超过四成的学生并不清楚任课教师具体的职称情况，但从调查结果不难看出，在采用混合式教学模式进行授课的教师中，大部分是教授，副教授和讲师的数量相当。教授数量占比高达 28.7％，说明我国民族高校在“教授为本科生上课”这方面执行的是比较好的，教授在本科教学方面投入了相对较多的精力，高职称教师更愿意去探索新的教学方式。

表 4－3　教师职称分布情况

职称	人数（人）	百分比（％）
讲师或助教	152	13.7
副教授	172	15.5
教授	318	28.7
不清楚	466	42.1

需要注意的是，有 42.1％的被访者表示对教师的职称不太清楚。这一方面说明，大学生对教师的职称情况并不敏感，他们更关注的可能是教师教学质量的好坏，而高职称并不必然等于高质量；但另一方面也说明，师生之间的熟悉程度有待进一步加强。我们在教学实践和调研中也发现，现阶段受互联网、多媒体、课程考核等多重因素影响，民族院校本科生对专业课程学习的参与度并不理想，学风建设亟待改进。曾有高校某公共基础课期末考试第一道题是判断哪位是自己本门课程的任课教师，令人吃惊的是，这一题居然有不少学生答错了。这乍听起来像是一则夸张的笑话，可这种情况在目前的大学校园里并不鲜见。

各个高校都制定有较为严格的学生守则，在守则中一般都有旷课达到多少课时被处分甚至开除的规定。如《中央民族大学学生违纪处分实施办法》规定："违反学校考勤管理规定，无故旷课者，视情节给予如下处分：（一）一学期累计旷课 16 节以下者，给予学院（系）通报批评处分；（二）一学期累计旷课达 16～23 节者，给予警告处分；（三）一学期累计旷课达 24～31 节者，给予严重警告处分；（四）一学期累计旷课达 32～39 节者，给予记过处分；（五）一学期累计旷课达 40～49 节者，给予留校察看处分；（六）一学期累计旷课达 50 节（含）以上者，可以给予开除学籍处分。"但可能没有一所高校对这一规定是严格执行的。调研中发现，高校教师极少有每次课都点名的，有的教师甚至一整个学期都不会点名。与西方高校"宽进严出"的学生管理体制相比，我国"严进宽出"的高校学生管理体制已经成为提升高校人才培养质量的重要障碍。

习近平总书记在北京大学师生座谈会上指出："要把立德树人内化到大学建设和管理各领域、各方面、各环节，做到以树人为核心，以立德为根本。""要把立德树人的成效作为检验学校一切工作的根本标准。"作为高校常规工作，学风建设是落实立德树人根本要求的主阵地和主渠道，人才培养质量需要以优良学风作为保障。

三、教学模式的选择情况

（一）学生喜好的教学模式

从图 4－5 可以看出，有 58.10％的学生选择"线上＋线下"相结合的教学模式，有 37.30％的学生选择传统的线下课堂模式，仅有 4.60％的学生选择"纯线上"课堂模式。这一数据说明，相比传统课堂教学和纯线上教学方式，大部分学生已经开始接受线上＋线下相结合的学习模式，这也符合"互联网＋教育"大时代背景下高等教育的发展趋势。

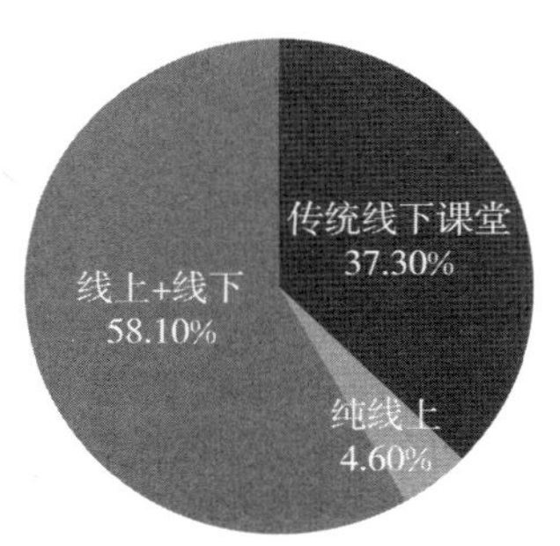

图 4－5 学生喜欢的教学模式分布

只有少数学生更偏好"纯线上"教学模式。究其原因，一方面，可能是"纯线上"模式在师生沟通方面不如线下模式便捷，学生在课堂上若有困难可能无法及时得到解决，导致学习效果较差；另一方面，"纯线上"教学模式对于学生的自学能力、自律能力等要求较高，在缺少教师监督的情况下学习效果很可能不如其他教学方式。而"线上＋线下"相结合的教学模式综合了两种模式的优点，既能够为学生提供精彩的课堂互动学习活动，又能帮助学生提高自学能力，从而更好地实现预期教学目标。

从这一调查结果也可以得出结论：在我国民族高等院校，实施“线上+线下”混合式教学已经具备了良好的学生基础，混合式教学有大量潜在的受众群体和旺盛的需求。同时，只有 4.6%的学生喜欢“纯线上”教学，这也说明了国内目前一种普遍的担忧——教师被线上教育取代，是大可不必的。同时也说明，新冠疫情期间，因缺乏前期准备而仓促上马的纯线上教学效果很不理想，绝大多数师生均对其实际教学效果表示质疑。疫情期间，作为临时应急措施的在线教学虽然在一定程度上弥补了传统课堂教学模式的不足，在特殊背景下发挥了重大作用。但不可否认的是，当我们全力推进在线教学时，也看到了该教学模式存在的许多局限[14]。

疫情期间，德国一份报纸刊登的一幅漫画生动形象地展示了在线教学的无奈：漫画的一侧，一位教授正在按照传统教学方式热情地对着电脑话筒开展教学活动；漫画的另一侧展现的则是学生听课时的各种滑稽状态——一个学生躺在床上，一个学生坐在马桶上，还有一个学生则是边听课边照看小孩[14]。类似场景在我国也是普遍存在的，甚至更为严重，这也是高校教师这几年在实施线上教学时普遍遇到的场景。同时，习惯了即时交互的面对面教学，少数学生可能难以接受这种失去了面对面情境的异步教学方式[144]。这对混合式教学改革的启示是，一项新型教学模式的应用和推广需要做好充足的前期准备工作，包括前期宣传、师资培训、软硬件支持等。同时，线上教育应该是无法完全取代传统课堂教学的，未来最可行的方式应该是“线上+线下”混合式教学。清华大学副校长杨斌教授曾说，“机器不能代替教育的美”。俞敏洪也说过，在未来 10 年内，教师教的七成内容会被机器取代[145]。但缺少人类教师的教学是不完整的，因为教学不仅是把课程知识点教给学生，更重要的是可以对学生进行知识融合、创造性思维、批判性思维、组织沟通、课程思政等多维度的能力训练，对于这些能力方面的训练，机器人是无法完全胜任的[146]。2020—2022 年，三年疫情期间，我国高校普遍开展的线上教学、线上+线下教学实践也印证了“机器教学、线上教学无法完全取代教师课堂教学”。

随着“互联网+”和现代信息技术在高校课程改革中的快速渗入，我们的教学方式也正在发生着重大变化，“互联网+”为我们的传统课堂注入了新的活力。但传统教学的即时交互性，师生间的感情交流、思想碰撞是互联网教学无法实现的，互联网教学不应该取代传统教学，而是应该通过“线上+线下”的教学方式改革，将互联网教学所具有的可视性、可移动性等独特优势发挥出来，使二者相互促进，引导学生提高学习自觉性，实现个性化学习，提高学习成效。

从图 4－6 中大一到大三学生（未统计大四学生是因为在本次调查中大四问卷数量很少，可能不具备代表性）对教学模式的选择可以发现两个规律性特征：一是纯线上教学遇冷，从大一到大三学生选择比例逐渐降低。我们的调研时间是 2020 年，因为新冠疫情，学生都有纯线上学习的经历，但纯线上教学选择比例很低，说明纯线上教学的效果是非常不理想的，遭到多数学生的吐槽和抵触。二是对于纯线下教学的选择比例，大三学生最高，大二学生最低，而大一学生居中，大一学生选择比例较大可能是因为原有学习惯性的影响，他们在以前的受教育过程中接受的多是传统课堂教学；大二学生选择最低，可能是因为在经历过大一的部分混合式课程后，对混合式教学的了解和兴趣增加，更愿意接受混合式教学；大三学生的选择比例最高，原因可能是混合式教学尚处于粗放发展阶段，缺乏科学设计，其教学效果受到一定的负面影响，造成大三学生对混合式教学的评价降低、信心不足，因此退而求其次地选择纯线下教学。鉴于有接近一半比例的大三学生选择纯线下教学，这需要各高校进行认真反思。如果只是将混合式教学当作响应上级号召的“应对”之策，搞成形式主义，而不是将其视作提升育人质量的根本性举措和战略性方向，那么混合式教学模式的低效是难以避免的。

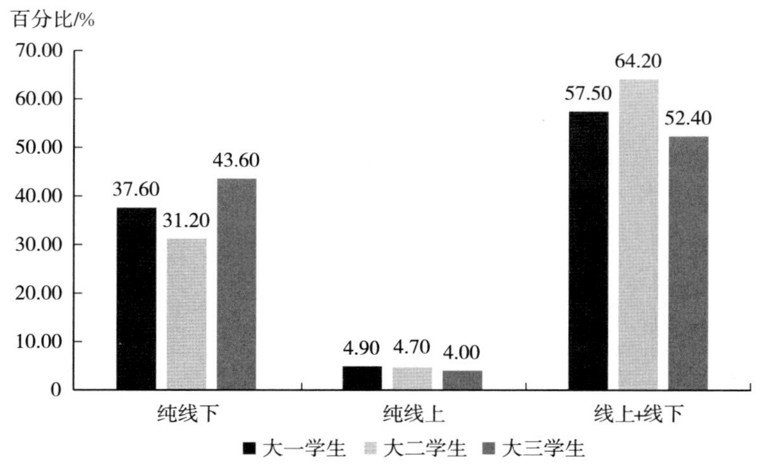

图 4－6　不同年级学生喜欢的教学模式

从图 4－7 可以看出，相比非民族院校（本书调查的主要是电子科技大学和山东财经大学的本科生），民族院校学生对于纯线下教学的选择比例偏高，而对于“线上＋线下”混合式教学的比例偏低。这说明，在教学模式创新方面，民族院校是相对滞后的，需要走出舒适区，积极采用新技术，实现教学模式创新，以更好地完成立德树人的建校初心使命。笔者从2020年开始在学院和学校担任教学督导，在日常听课中发现，有半数以上教师采取的仍然是传统授课模式，课堂互动较少，少数教师的课件仍停留在十多年前的水平。现阶段，很多教师的教学方法、授课模式已经无法适应新时代大学生的新需求。授课方式、课程内容没有与时俱进地进行升级，这可能也是学生学风恶化的一个重要原因，学风建设需要教师、学生、学校三方的共同努力，而不是一味地将责任推给学生。

从四个民族院校的对比来看，西南民族大学在教学模式创新方面，做的是相对较好的，该校学生选择传统的“纯线下”教学的比例最低，而选择“线上＋线下”混合式教学的比例最高。南京师范大学朱雪梅教授在2017年做的一项全国范围的调查中发现，对于“心目中最理想的教学方式”，有34.12％的教师选择了“线上学习与线下研讨相结合的混合式教学”，位居榜首[15]。结合本书的调研结果，可以得出结论：在“互联网＋”时代，有效融合传统课堂教学与线上教学各自优势的混合式教学必将成为高校教学实施的主导方式之一。

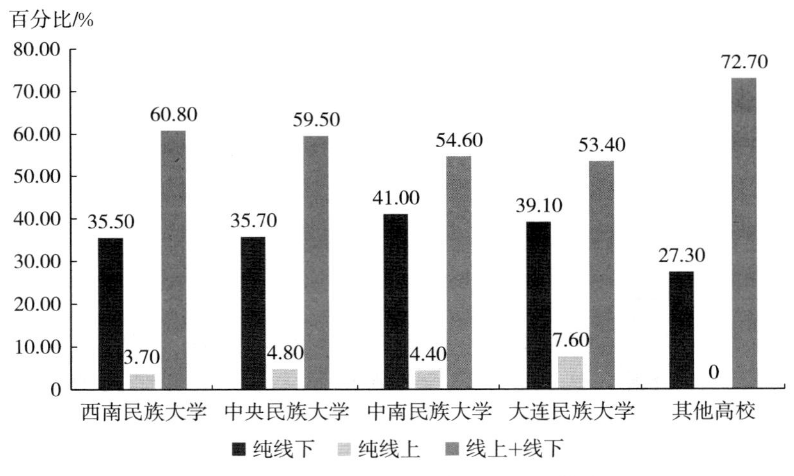

图4－7　不同高校学生喜欢的教学模式

（二）混合式教学实施情况

图4－8显示的是学生所修课程实施混合式教学的比例情况。可以看出，

有将近90%的学生认为采用混合式教学模式的课程不足一半，即使使用了混合式教学，也大多停留在比较初级的阶段。体现出混合式教学还有待扩大覆盖面并继续完善，让更多的课程都能尝试教学模式创新，使教学模式改革变得更加多元化。一般来说，混合式教学对师生均是一次挑战，特别是对教师而言，自己过去一直接受的是传统教育模式，教龄稍长的教师过去也一直在采用传统教学模式教学。如何实施混合式教学，对于教师来说是一个重新学习的过程，这需要付出大量的时间和精力。推广混合式教学，需要各个学校进行充分的宣传引导，并出台和实施相应的激励措施，形成全校开展混合式教学的积极氛围。

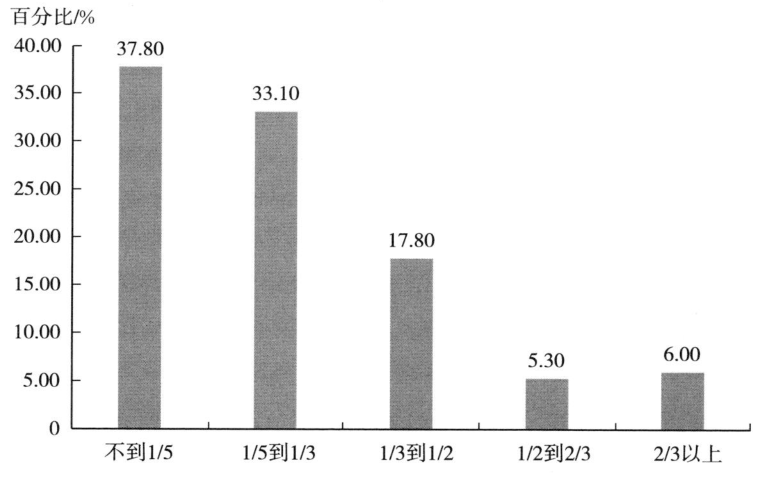

图4-8　学生所修课程实施混合式教学的比例情况

通过调研走访发现，现阶段，管理类专业混合式教学主要存在以下几个方面的问题：一是各高校重建设轻应用。经过近些年的快速发展，我国高等教育线上课程资源已经相当丰富了，对于新增课程资源的需求并不迫切。但从各高校的激励措施来看，依然是鼓励本校教师新建课程资源，而不是应用已有的国内外高质量线上资源，这造成了教育资源的巨大浪费。二是教师重立项轻建设。各高校均对混合式教学表现出前所未有的重视，各类教改项目相继推出，教师申报也非常踊跃，但由于混合式教学还没有一个公认的、统一的标准，导致结项验收较为随意，教师对此也就缺少应有的重视和投入，结果是混合式教学改革项目和课程实施效果并不理想。三是学生重线下轻线上。在现阶段混合式教学设计中，分配给线上平台的内容一般是课程内容相对简单、学生可通过自学完成的章节和知识点，或者是一些课后作业和练习，以及上课签到、点名等功能。学生对于线上平台的内容多持应付了事的态度，相应地造成线上资源和线上平台应用成效不理想，教师也就更不敢将重要学习任务交由线上，这进一步导致线上功能被弱化。

从图 4-9 可以看出，不同年级混合式课程的开设比例总体上是比较均衡的，未出现某个年级混合式课程开设比例明显增减的现象。原因可能是多方面的，一是目前混合式教学在各个高校都是处于起步发展阶段，学校对于教师开设混合式教学课程大多持鼓励态度，因此出现了遍地开花的良好局面，相信经过一段时间的实践之后，各年级之间的差异会逐步呈现；二是管理类专业属于应用性和实践性很强的专业，专业特点决定了比较适合实施混合式教学，目前开设比例还是相对较低的，未来开设比例应该会有大幅增加，理想的开设比例应超过一半。严格意义上的传统教学模式应该限制在少数几门课程，原因是不是所有课程都适合采用混合式教学模式。

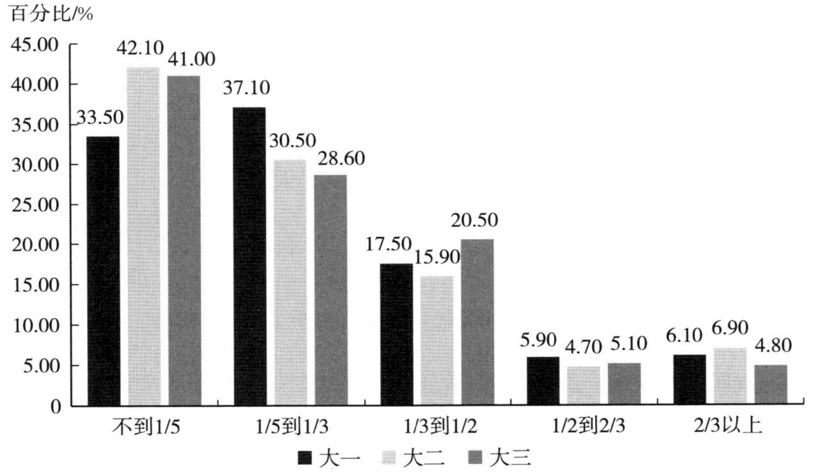

图 4-9 不同年级混合式教学课程开设比例

在调研中，我们发现了一个较为普遍的问题，目前很多教师在尝试使用混合式教学，但很多课程只是部分采取了混合式教学的形式，本质上还是传统教学模式。在当前实施的混合式教学中学生自主化并没有充分实现，课堂上仍然多以教师为中心，课程学习还是按照教师的规划完成的，学生参与程度不够，没有体现出学习者的主动性与主体地位，没有充分体现“以学生为中心”的原则标准，教师在课堂上仍处于主导地位。我们认为从传统教学模式到混合式教学模式的转变，中间难以避免存在路径依赖现象，需要有一个逐渐发展、演化、完善的过程，无法一蹴而就，毕竟现在高校教学的各个环节都是基于传统教学设计的。

从不同高校混合式教学课程的具体开设情况来看，各高校之间的差异性还比较明显。现阶段，教育部对于教学创新或混合式教学的实施仅是倡导性质的，并未进行强制规定。在目前高校的各类竞争性评比中，混合式教学所作的贡献主要集中在国家级、省部级一流课程或一流专业等领域，开设比例高低并不是一个重要指标，因此各高校对于混合式教学课程的开设也更多还是处于初步引导阶段。

从图 4-10 可以得出几个结论：一是民族院校混合式教学的开展相对滞后，表现是在开设比例超过 1/3 的选项中，民族院校均高于“其他高校”，其他高校开设比例最低也在 20%以上，而有的民族院校开设比例低于 1/5 的占比接近一半。可见，在混合式教学改革方面，民族院校已处于严重滞后的境地。二是民族院校内部差异明显，在四所代表性民族院校中，大连民族大学在推行混合式教学方面相对走在前列，而中南民族大学相对落后，作为唯一的 985 高校，中央民族大学在混合式教学改革方面并未体现出领先优势和示范带动作用。

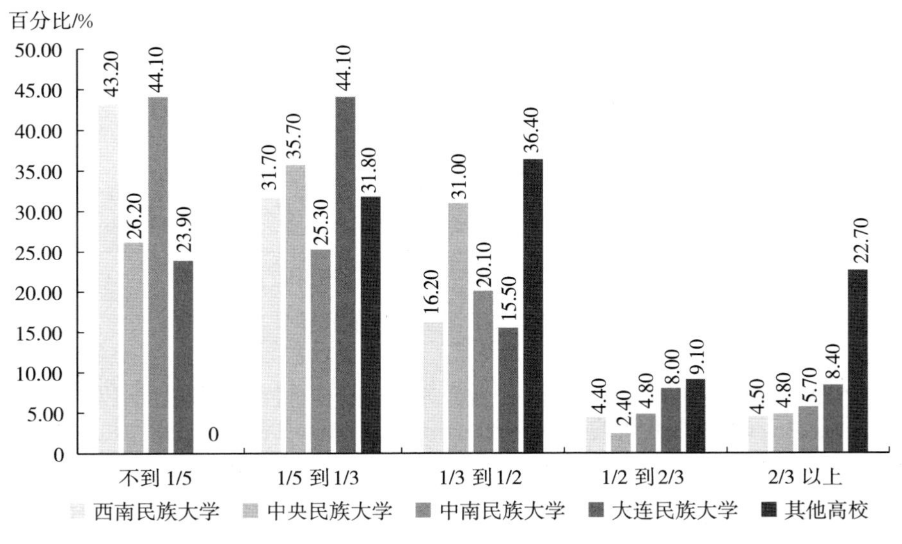

图 4-10 不同高校混合式教学课程实施比例

四、学生对混合式教学的看法与建议

（一）线下课堂活动安排

混合式教学是线上与线下相结合的方式，通过兼收两者的优势来达到提高时间利用效率、提升学生学习积极性和学习能力的目的，进而实现提升教学效果和培养质量的最终目标。因此，混合式教学需要对线上教学和线下教学两个板块的内容进行科学设计，形成两者的有机结合。从被调查学生的选择来看（图 4－11），学生对线下课堂教学活动的需求是比较多样的，传统满堂灌的教学方式已经无法有效满足学生的多样化需求。“教师讲授”依然是最重要的课堂教学环节，有超过 80％的学生选择，有些比较激进的教师尝试采取大部分或完全以翻转课堂的形式进行课程教学，这是否合理或者是否适合多数课程需要进一步实践和思考。至少从我们的教学实践和访谈来看，适合全部内容采用翻转课堂方式的课程占比是极少的。

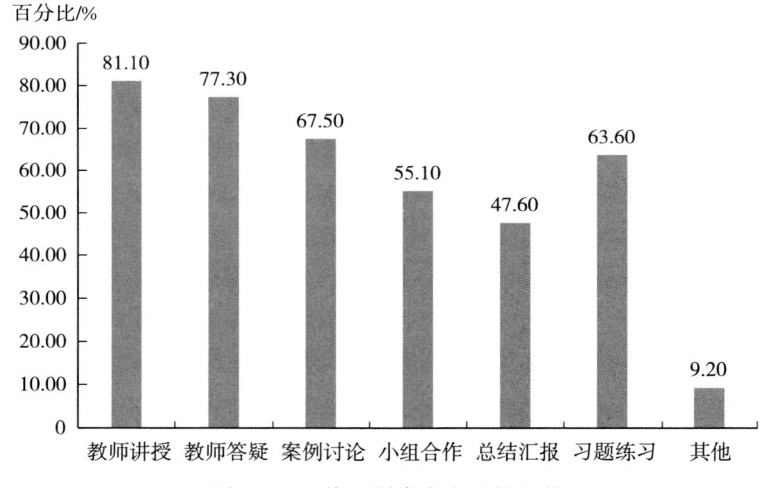

图 4－11　线下课堂应注重的环节

“教师答疑”排在第二位，有 77.30％的学生选择。与传统教学模式相比，线上学习由于缺少师生间的双向沟通，学生对学习内容可能会产生更多疑问，通过线上教学可以接触到不同教师的讲解和见解，学生提出的问题也会更多。对学生和教师来说，在新的教学模式下，都面临着更多新的挑战。对于学生来说，线上教学为学生提供了接触外部资源的广阔空间，在吸收知识、解决疑惑的同时，收获也会更多，但这需要学生在学习过程中保持强烈的求知欲，并具备发现问题和解决问题的能力。对于教师来说，在传统课堂教学模式下，教师的掌控力更强，是整个课堂的主宰。然而在混合式教学模式下，教师一方面会面临更多线上教师的竞争挑战；另一方面，随着学生接触面的增加，学生的疑问和问题会大量增加，作为教师如何更好地解答学生提出的问题，是一个巨大的挑战。但这对教师来说，也是一件好事，线上资源的压力使得教师不能再故步自封，可重新激发教师的学习能力和职业活力，真正实现教学相长。

“习题练习”占比为63.60%，排在第三位，说明很多理论知识需要通过练习才能理解得更深入、更透彻，也说明学生目前并不排斥课后作业或习题，或者说是希望能够适当增加。目前，我国各高校为了降低课程教学安排和考核的随意性，确保教学质量，将很多课程设置为“三统课”，即统一教学内容、统一教学进度、统一命题考核，但各任课教师仍然具有较高的自主权。为了减轻自身压力，很多教师会选择尽量少布置作业甚至不布置作业，这必然会对最终的教学质量产生负面影响。在混合式教学模式下，很多线上教学平台提供了便捷的线上习题和考核方式，这在一定程度上有助于解决学生练习和巩固问题，但要从根本上解决这一问题，还需要各学校出台相应的约束性制度安排。

从线下课堂活动选择最多的三项内容来看，这三项活动均带有浓厚的传统教学模式的痕迹。一是说明混合式教学是线上教学与线下教学的有机融合，作为一项教学模式创新，是汲取各类教学模式的优势，并不是完全排斥传统教学，传统教学模式下一些有价值的教学活动依然是可以借鉴和汲取的；二是学生大多是从传统教学模式走过来的，还未完全摆脱过去教学模式的影响，路径依赖现象依然存在，也导致学生对“案例讨论”“小组合作”“总结汇报”等典型的参与式学习活动的选择不是太高，这也说明了混合式教学尚处于起步阶段，模式转换和新模式的适应需要一个过程。混合式教学模式的适应主体不仅仅只有学生，还包括教师、教学管理人员以及学校等。我们认为，如果混合式教学模式要实现高质量运行，首先是教师要能熟练掌握和运用该模式。适应和应用混合式教学模式是一项庞大的系统工程，不是下载个App，上传点课件、视频和习题，就意味着实施了混合式教学。

“案例讨论”比例也超过了60%，这说明管理类专业是应用性很强的专业，学生已不满足于教材理论知识的传授，盼望有更多应用性教学。就我们的调研来看，案例教学在各高校还大多处于教师自己摸索的阶段，仅有少数教师在专攻案例教学以及参加教学竞赛、比赛等，系统化的案例教学尚未成为管理类专业课程教学的主要方式。在缺乏相应激励机制的背景下，出于理性考虑，教师也会选择相对轻松的传统授课方式，将节省下来的时间和精力用于科研，这对于高校教师来说是一个理性选择。

“小组合作”和“总结汇报”的比例也达到一半左右，说明学生对这些活动是持支持态度的，这两部分内容都有助于提升学生的综合素质。对于习惯了传统教学方式和被动式学习的大学生来说，主动学习、团队合作是一个不小的挑战。但在混合式教学模式下，学生的锻炼机会更多，这对学生综合素质的培养是大有裨益的。

（二）线上教学活动安排

从图 4-12 可见，被调查学生回答“线上学习过程中，你觉得比较可取的学习活动是什么?”时。有 81.90%的学生选择“通过视频、资料自主学习”，这是目前线上学习最主要的教学安排，也是学生接受度最高的方式。“案例分析”排在第二位，占比 68.80%。结合前面课堂教学安排的选择，我们可以发现，案例教学不管是线上还是线下，都是管理类专业学生最倾向的教学方式之一，各高校在培养方案制定、教学方案设计等环节应该将案例教学放在更加突出的位置。目前，我国正大范围大力度推广混合式教学，但不能将混合式教学误解为仅是线上与线下的简单结合，混合式教学应该是多种教学方式的混合使用，核心目的是提升教学质量和学生培养质量。对于管理类这种应用性很强的专业来说，案例教学应该作为主要的教学方式之一。这也要求学校应首先加强对教师案例教学技能的培训，案例教学应该有一套相对标准化的流程，而不应该是任由教师自行低效率摸索。

“讨论交流”占比 63.80%。大多数线上教学平台都提供了讨论交流功能，这为学生畅所欲言、顺畅发表个人见解提供了更多机会，也使得师生沟通更为顺畅。如何用好这一板块，也需要教师之间加强沟通交流。联通主义认为，当学生与其探索的信息发生联结，或通过学习社群与同学进行联系时，学生的学习过程会变得更加有效，同时学习社群可以助力学生达到高阶学习效果[147]。因此，通过构建学习社群，为学生与同伴或教师的沟通交流提供平台，是提高教学满意度、提升教学质量的有效方法[87]。

“在线测试”的比例也超过 50%，说明学生对于线上测试是能够接受的。受技术限制，目前教学平台在线测试的形式基本上是以单选题、多选题、判断题等客观题为主，对于计算、画图、简答、论述等相对复杂的测试方式并不适合，线上平台也没有显示出明显的优势。这一方面需要各教学平台进一步加强

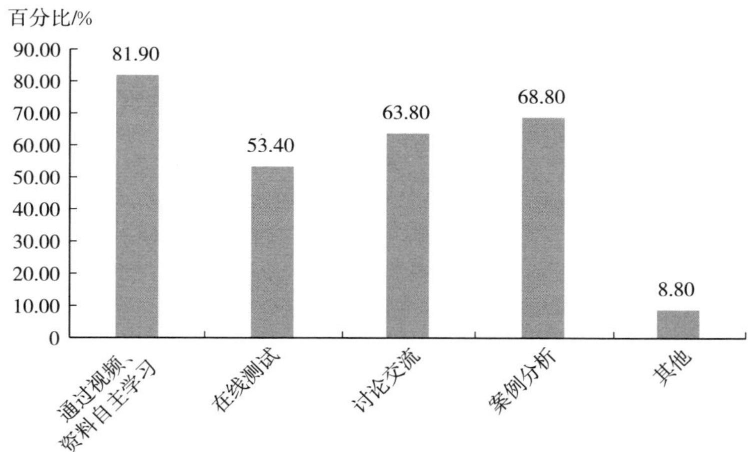

图 4-12 线上教学活动安排

研发，优化其功能设计，为用户提供更多测试方式选择；另一方面，教师不能将课程测试环节完全交由线上执行，应该将线上与线下相结合。虽然信息技术越来越发达，但这并不意味着教师就可以做甩手掌柜。教师必须是学生学习的积极参与者与推动者[148]，采用混合式教学模式，绝不意味着教师的解放，应该说，相比传统教学模式，混合式教学模式下教师应该是压力更大、更忙碌的，教师需要清晰地认识到这一点，学校管理方也需要明白这一点。

根据我们的调查，有的高校为了鼓励教师创新教学模式，对于首次采用混合式教学方式的课程，在计算任务量时会采用一定的系数，如 1.3 或 1.5。但从第二学期开始，便不再采用系数计算。从实践来看，如果师生都是首次使用混合式教学模式，双方都处于探索阶段，新型教学模式是难以在一开始就达到最佳效果的，可能在第二学期或第三学期时，效果才能真正显现。如果学校只鼓励第一学期的创新式使用，对于后续使用不采取继续支持的态度，那必然会打击部分教师的积极性。调研中我们发现，教师申请使用混合式教学方式的原因多种多样。有的是为了提升教学效果而选择创新教学方式；有的是为了给枯燥的传统教学注入一丝新鲜空气，这部分教师多是教龄较长的，进入了职业倦怠期，想通过创新教学方式的形式重振教学激情；有的是因为在混合式教学模式下，有部分课时可以选择线上教学，这使得教师上课拥有了一定的灵活性；有的是因为线上平台布置、批改作业更加方便；有的则表示线上平台的使用，使得师生沟通克服了时间和空间的障碍，有助于强化沟通交流，进而提升教学成效。

（三）线上学习时间安排

从表 4-4 可以看出，对于教师布置的线上学习任务，学生们的学习时间安排是非常分散的，占比最高的为“根据任务内容，每天安排时间重复观看”，但比例也仅有 31.0%，不到 1/3。有 26.4%的学生是“在一周时间内找碎片时间完成”。目前很多课程视频的制作还是以传统课堂方式进行的，每部视频 40 分钟左右，这并不适合利用碎片时间学习，课程视频的制作需要以需求为导向，根据学生的学习习惯和特点来制作，如按知识点以短视频形式呈现，这样效果可能会更好。“马上安排时间集中学习”的比例仅有 10.0%。另有 21.2%的学生则是“有时间就学，没时间就不学”，学习效果是无法保证的。

在我们的调研中也发现，为了完成规定的线上学习任务，很多学生会选择“挂机学习”“无声视频”，用一个闲置手机放着视频，虽然有观看记录，但却没有实质性的学习效果，这也是线上教学部分饱受争议的主要原因之一。秦超、王昕（2020）的调研也发现，从总体上看，能认真进行线上学习的学生是少数[144]。线上学习流于形式，这一问题必须引起各方的高度重视。

表 4-4　线上学习时间安排

时间安排	百分比（%）
马上安排时间集中学习	10.0
根据任务内容，每天安排时间重复观看	31.0
在每周课堂教学前，赶时间集中完成	11.4
一周时间内找碎片时间完成	26.4
有时间就学，没时间就不学	21.2

（四）每周线上学习时长

在混合式教学中，线上教学采用哪种方式最为合适？目前并没有形成一致的结论。有的学校规定混合式教学课程可以选择 20%～30%的课时使用线上教学，学生不需要到教室上课；有的学校规定课程教学还是以传统方式安排为主，线上课程和线上平台作为辅助。但无论采取何种模式，课下时间肯定是要占用的。为了减轻学生学习负担，教育部将本科生规定学时进行了压缩，这样一来大多数课程被压缩了 20%左右的课时。很多课程的课程内容是一个完整的体系，且是后续课程的基础，这就要求必须完成课程内容的教学，在课时压缩的约束下，很多教师被迫选择混合式教学，将部分课程内容转变为线上教学。从图 4－13 可以看出，多数学生能够接受的课外学习时间是 1～2 小时，也就是 2 课时左右的时间，如果多数课程采用这种方式，对学生来说，会造成不小的负担。混合式教学绝不仅仅是课下观看线上视频，小组作业、调研、讨论等都是可行的教学方式。正如前面所提到的，目前 40 分钟左右一节课程视频的安排方式，是很难取得理想的学习效果的，因为很难保证学生会有 40 分钟的完整时间段静下心来观看学习视频。

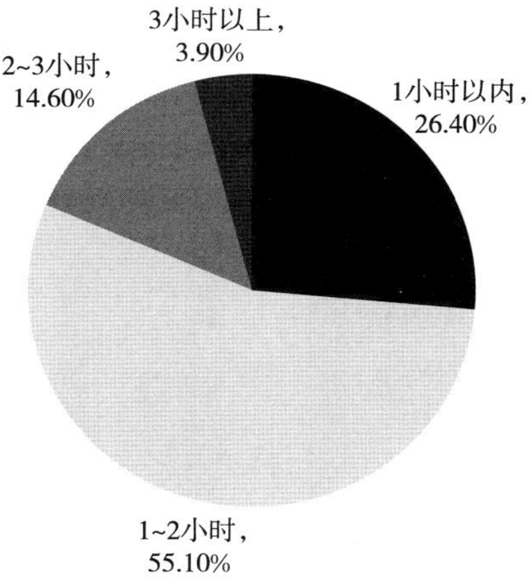

图 4－13　每周课外学习时间选择

（五）学习平台上的有效资源

对于线上学习平台哪些资源对学生的帮助最大？从图 4－14 可知，排位前三的分别为“课程视频”“教学课件”和“参考资料”，占比均超过了 70%，这三类资料也是目前教师通过线上平台最广泛提供的。“课后练习”比例为 62.60%，说明线上平台为课后练习提供了极大的便利，这些课后练习一般在提交后即可看到结果，有些还附有解析，比传统作业方式反馈更及时。“答疑”由于不是适时的，有些提问可能会因为教师没有注意或没有时间而未能及时回复，对学生的帮助是较小的，这也回应了前面提到的，为什么学生希望增加课堂答疑时间安排。“答疑”“讨论”需要及时反馈，而这两个教学环节线下完成比线上完成效果更好。“教学计划”占比也较高，达到 48.2%，有近一半的学生选择，说明学生对于教学计划是有要求的，他们期望能够对一学期的教学安排有清楚的掌握，以便于他们自己安排学习计划。目前，需要改变任课教师过于自主甚至散乱的教学状态，课程开始前必须要科学制定教学计划，并在教学过程中严格执行，课程结束应认真总结，即加强课程的课前、课中和课后管理。

李炜（2018）认为，实施混合式教学模式的障碍在于优质教学资源的研制、开发与共享，以及教师的教育思想和教学理念仍停留在过去[149]。现阶段，我国高校中大部分教师的受教育经历都是在传统教学模式下完成的，而接受并践行新的教育理念和教育方式不是短时间就能实现的。但秦超、王昕

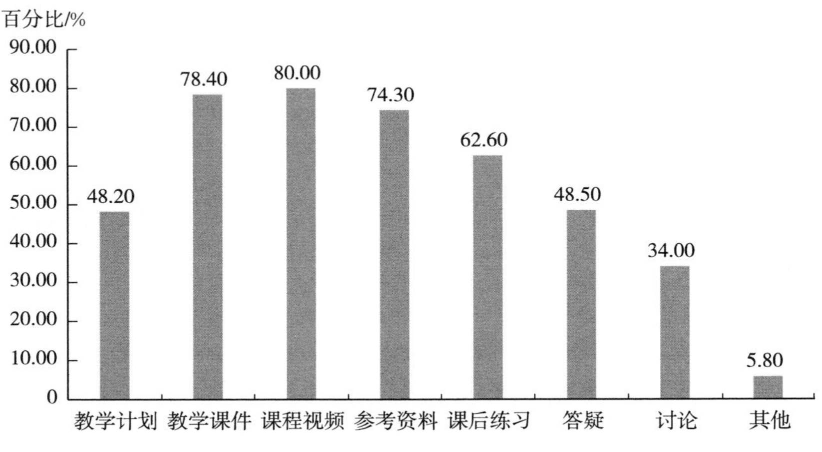

图 4-14　线上平台的资源选择

(2020) 的研究显示，这两个难点已经在一定程度上得以缓解。近年来，随着我国对慕课建设投入的不断加大，线上课程资源的数量和质量都得到了大幅提升。除了自建线上资源外，高校还可以通过购买或共享的方式获得高质量的网络课程资源。对于大多数课程来说，教师不必再亲自去录制所有的授课视频，他们可以在现有视频的基础上，选择性地补录部分视频内容，这大大减少了教师的时间和精力投入。随着全社会对混合式教学重视程度和投入的增加，创新教学方式已成为我国教育界的共识，教师在教学思想和教学方法上，也在与时俱进，教学资源和教师观念已不再是实施混合式教学的主要障碍。秦超等(2020) 研究发现，学生自主学习意识和能力、交流协作能力不足是影响混合式教学效果的主要原因[144]。这一研究结论与本书的研究结果是相符的。其他学者的研究也印证了这一结论。如鲍宇等 (2020) 的研究表明，在实施翻转课堂方式教学时，学生在课堂上的参与度与教学效果呈正相关关系[150]，如何实现多数甚至全部学生都能积极参与教学活动，需要师生双方共同的努力。李志河等 (2018) 针对翻转课堂教学成效的研究发现，沟通交流是达成深度学习的主要影响因素之一[151]。

陈珂 (2021) 研究发现，信息化教学平台功能的社交属性有助于营造良好的学习气氛和提升学习效率。为了提升混合式教学成效，并锻炼学生的沟通能力，应在教学平台现有的签到、答题、互评、讨论、点赞、分享等功能基础上，将社交媒体工具的使用贯穿教学全过程[152]。

（六）混合式教学过程中存在的问题

从图 4－15 可以看出，混合式教学可能存在的各类问题中，只有“师生互动少”占比超过半数，为 50.50％，这说明学生对混合式教学的满意度是比较高的，问题主要集中在师生互动方面。“线上交流过少”占比 41.20％，而这也属于“互动”范畴。师生互动是教学过程中的关键教学行为，互动质量对学习质量和教学质量具有重要影响[153]，教学的本质就是师生之间的互动[154]。国外学者的研究也证明了师生之间的良好互动对学生的学习动机和学业成就存在重要影响[155]。对于教师而言，师生互动会占用其课余时间，教师积极性不高是可以理解的。如何激励教师加强与学生在平时的互动，需要出台相关政策加以引导。

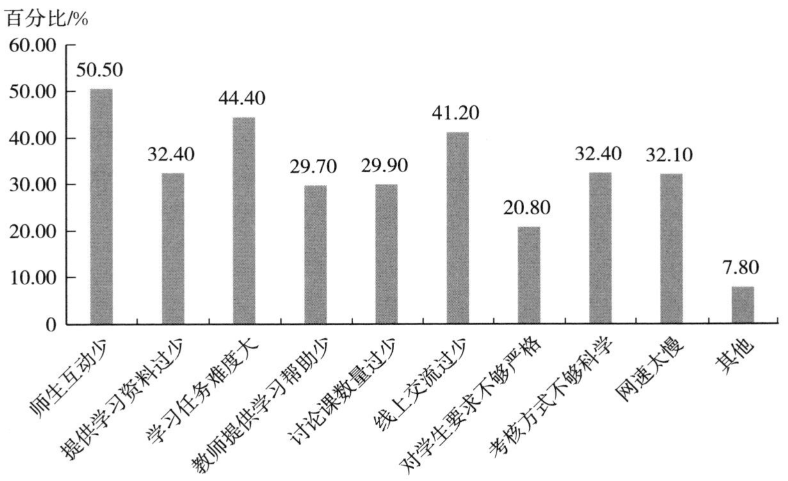

图 4－15 混合式教学存在的问题

“学习任务难度大”排在第二位，占比高达 44.40％。现阶段，很多课程线上教学采用的是国家级精品课程、名校名师主讲课程等，这些课程并没有针对学生特点进行分类，统一性有余，但差异性和针对性不足。例如，调研中有不少学生反映“自己根本跟不上节奏，不少知识点掌握不了，太难了。”“考核方式不够科学”占 32.40％，也接近 1/3。评估对于任何教育体验都是至关重要的，但也是一项极具挑战性的工作，评估的复杂性在于它必须与预期成效、学科性质以及学生的需求和能力相符。调研发现，现阶段线上评估的问题主要集中在线上平台，评分的很大权重是基于线上学习积分的，而积分往往侧重数量而不是质量，这必然会对部分认真学习的学生造成打击。“网速太慢”占比也达 32.10%，混合式教学是一个系统工程，要求学校的硬件设施也得跟上教学需求。在教学实践中，经常发生网络卡顿、掉线、无法连接、信息延迟等因网络硬件问题影响教学的现象。

（七）参与混合式教学存在的困难

从图 4-16 可以看出，学生对参与混合式教学持否定态度，其主要原因并不是混合式教学模式本身不科学，事实上，占比最高的是“缺乏自控力”和“缺乏计划性”，这是当前大学生普遍存在的能力缺失，这一特点也被很多学者的研究所证实。在认可教学内容和教学形式的前提下，学生的自律能力和自律程度决定了混合式教学的学习成效[152]。调研中，有学生反映“课下自己看视频很容易走神，效果很差”“课堂互动常常是少数几个同学唱主角，不少同学是在混时间”。即便是在有教师监督的课堂教学场景中，学生有时也存在注意力不集中、自觉性和主动性较差等问题，甚至在课堂上睡觉、玩游戏、刷剧等，在课堂上尚且如此，可以想象在缺乏监督的课后网络学习中会是什么样的学习状态。我们认为恰恰应该通过混合式教学的锻炼，培养学生的自控力和计划性，这些品质不仅在大学期间有用，对于之后毕业参加工作也是不可或缺的。

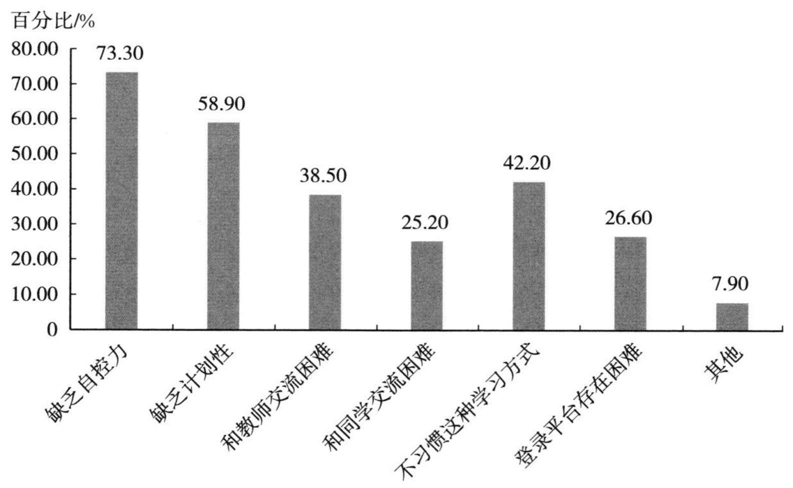

图 4-16　学生参与混合式教学存在的困难

有 42.20%的学生表示“不习惯这种学习方式”。混合式教学对于大多数学生来说是新型的教学方式和学习方式，有一个学习、接受和习惯的过程，这是很正常的。其实，不仅学生要去适应新的教学方式，教师同样也面临着学习和适应问题，新的教学理念、教学流程、教学技术等都需要重新适应，特别是对于年龄较大的教师而言，存在的困难可能比学生还要多。因此，至少在现阶段，混合式教学需要推广，但全面铺开是不太现实的。“和教师交流困难”占比也较高，跟自控能力和计划性一样，混合式教学的开展可以锻炼这方面的能力。沟通能力作为管理类专业学生重要的必备素质之一，混合式教学提供了绝佳的锻炼平台和机会。一方面，通过翻转课堂、课堂讨论、小组作业等教学方式可以锻炼学生的协作能力和沟通能力；另一方面，通过线上平台提供的“讨论”“头脑风暴”等功能，还可以锻炼学生的异步沟通能力。

有超过 1/4 的学生选择“登录平台存在困难”，说明一方面线上平台的设计存在优化的必要，另一方面学校需要提供更优质的软硬件配套服务。调研中发现，有的线上学习平台存在运行不稳定、速度慢、操作卡顿、兼容性差、操作复杂、设计不合理等问题；有的平台则是采用先免费使用的方式进行推广，等用户达到一定量后开始收费，导致教师被迫转换平台，造成资源和精力的极大浪费。所以学校或教师在进行系统选择时，需要进行多维度的考查。总体来讲，混合式教学存在的困难更多是主观方面的，而这些方面恰恰是学生需要锻炼的，是综合素质提升的需要，大力推广和实施混合式教学对于目前的高校来说，是必要的，也是可行的。

第五节 问卷信度和效度检验

一、问卷的信度分析

本书使用 SPSS26.0 软件对通过调查问卷收集到的数据进行分析，并通过因子分析对问卷数据的信度和效度进行检验。信度（reliability）即可信性，是指测验结果的一致性、稳定性和可靠性，问卷信度越高，测量结果的标准误越小；效度（validity）即有效性，是指测量工具能够准确测出所需测量事物的程度。信度分析又称可靠性分析，是一种测度某一评价指标体系是否具有一定的稳定性和可靠性的分析方法[156]。

对于李克特量表，信度分析常用的方法有克朗巴哈 α 系数、折半（split-half）信度系数等[142]。本书在研究中选择使用克朗巴哈 α 系数进行问卷信度检验[157]。一般来说，克朗巴哈 α 系数值为 0～1，数值越高表示量表的信度越高。一般经验是，如果 α 系数>0.9，意味着量表的内在信度很高；如果 0.8<α 系数<0.9，意味着量表的内在信度是可接受的；如果 0.7<α 系数<0.8，

意味着量表设计存在一定问题[156]。本书共回收有效问卷 1 108 份，利用 SPSS26.0 检验问卷的信度，各量表的信度分析结果如下所述。

（一）教师形象量表信度分析

如表 4－5 所示，教师形象量表克朗巴哈 α 系数为 0.938，系数高于 0.9，可信度水平较高。具体指标包括“我对该课程教师的职业态度”“我对该课程教师的学术能力”“我对该课程教师的教学能力”和“我对该课程教师的性格特征”，且量表中不管删除哪项指标，克朗巴哈 α 系数都会减小，说明教师形象量表中包含的 4 项测量指标是合理的，因此暂不考虑指标的增删。

表 4－5　教师形象量表信度分析

α 系数	二级指标	删除该指标后的克朗巴哈 α 系数
0.938	我对该课程教师的职业态度	0.915
	我对该课程教师的学术能力	0.916
	我对该课程教师的教学能力	0.916
	我对该课程教师的性格特征	0.928

（二）学生期望量表信度分析

如表 4－6 所示，学生期望量表包括“我期望学校开展更多的混合式教学课程”“我期望教师在教学中继续引入网络教学平台”“我期望教师在教学中引入新的学习资源”“我期望教师进一步完善教学设计”四个指标。量表的克朗巴哈 α 系数为 0.879，是可接受水平。且量表中不管删除哪个指标，克朗巴哈 α 系数都会减小，说明 4 个测量指标是合理的，暂不考虑指标的增删。

表 4－6　学生期望量表信度分析

α 系数	二级指标	删除该指标后的克朗巴哈 α 系数
0.879	我期望学校开展更多的混合式教学课程	0.846
	我期望教师在教学中继续引入网络教学平台	0.831
	我期望教师在教学中引入新的学习资源	0.833
	我期望教师进一步完善教学设计	0.867

（三）价值感知量表信度分析

从表 4－7 可见，价值感知因子的克朗巴哈 α 系数为 0.956，高于 0.9，表示信度很高。删除各指标再检验克朗巴哈 α 系数也并没有出现增加的情况，说明价值感知量表设置这 6 个测量指标是合理可行的。

表 4-7　价值感知量表信度分析

α 系数	二级指标	删除该指标后的克朗巴哈 α 系数
0.956	混合式教学能激发我的学习积极性和主动性	0.947
	混合式教学能够提高我分析问题、解决问题的能力	0.946
	混合式教学提高了我的自主学习能力	0.948
	混合式教学提高了我的创新能力	0.946
	混合式教学增加了与同学、教师的交流和沟通频率	0.952
	混合式教学能帮助我更好地掌握知识	0.948

（四）学生学习方式量表信度分析

学生学习方式量表包含表 4-8 所示的 5 个测量指标，其克朗巴哈 α 系数数值为 0.884，删除各指标后的克朗巴哈 α 系数也没有增加，具有较高的信度，所以不考虑删除指标。

表 4-8　学生学习方式量表信度分析

α 系数	二级指标	删除该指标后的克朗巴哈 α 系数
0.884	通过浏览、阅读教学资料	0.866
	争取达到在线学习时长的要求	0.869
	通过自主复习梳理课程知识点	0.856
	通过各类网络工具与教师、同学进行交流讨论	0.846
	积极参与课堂问题讨论，进行线下交流	0.859

（五）质量感知量表信度分析

从表 4-9 可见，质量感知量表的克朗巴哈 α 系数为 0.936，为可信度较高的水平。质量感知量表共有 6 项指标，而不论删除哪一项指标，克朗巴哈 α 系数都会下降，因此不考虑删除任何一项指标。

表 4-9　质量感知量表信度分析

α 系数	二级指标	删除该指标后的克朗巴哈 α 系数
0.936	课程内容紧抓前沿、注重理论联系实际，具有启发性和吸引力	0.926
	学习平台上的课程内容丰富，信息量大	0.927
	线上线下的学习氛围很好	0.926

（续）

α系数	二级指标	删除该指标后的克朗巴哈α系数
0.936	线上资料中的资料、表格、图片、视频等清晰、合理	0.923
	在线学习过程中，信息检索、学习导航、学习记录等体验良好	0.922
	在线学习过程中，教师辅导到位，能够及时反馈和沟通	0.924

（六）学生适应性量表信度分析

从表4-10可见，学生适应性量表的克朗巴哈α系数为0.936，可信度水平较高。删除各指标再检验克朗巴哈α系数没有出现数值增加的情况，因此不考虑删除任何一项指标，该量表设置5个测量指标是合理的。

表4-10　学生适应性量表信度分析

α系数	二级指标	删除该指标后的克朗巴哈α系数
0.936	相比传统教学，我能及时掌握新的知识点	0.920
	相比传统教学，我更能准时完成课后练习和课后作业	0.925
	相比传统教学，我更希望接受混合式教学方式	0.919
	我认为混合式教学模式下学习更加轻松	0.927
	我认为混合式教学更能提高我的学习成绩	0.917

（七）学生满意度量表信度分析

从表4-11看，学生满意度量表的克朗巴哈α系数为0.940，高于0.9为可信度较高水平。从表中可以看出学生满意度量表共有5项指标，而不论删除哪一项指标克朗巴哈α系数都会下降，因此不考虑删除任何一项指标。

表4-11　学生满意度量表信度分析

α系数	二级指标	删除该指标后的克朗巴哈α系数
0.940	我对混合式教学的课程内容很满意	0.922
	我对混合式教学的教学平台的界面设计和功能设置很满意	0.924
	我对教学资源的丰富性很满意	0.927
	我对教学设计、专业知识以及教学活动组织等方面很满意	0.922
	我对和同学、教师之间的交流很满意	0.932

（八）学生抱怨量表信度分析

表 4－12 中，学生抱怨因子的克朗巴哈 α 系数为 0.902，表示可信度较高。删除各指标再检验克朗巴哈 a 系数也并没有出现增加的情况，因此该量表设置 3 个测量指标是可行的。

表 4－12　学生抱怨量表信度分析

α 系数	二级指标	删除该指标后的克朗巴哈 α 系数
0.902	当发现教学存在问题时，我会在平台讨论区表达我的不满	0.836
	对教学中存在的问题在社交平台（微信、QQ 等）进行转发评论	0.847
	当发现教学存在问题时，我会面对面告诉该课程教师或同班同学	0.893

（九）学生忠诚量表信度分析

学生忠诚量表由表 4－13 所示的 4 个测量指标构成，克朗巴哈 α 系数数值为 0.922。其中删除指标"我会在期末组织教学评价时如实反馈我的看法"后的克朗巴哈 a 系数增加到 0.930，因此考虑删除该指标，由其余三个指标对学生忠诚进行测量。

表 4－13　学生忠诚量表信度分析

α 系数	二级指标	删除该指标后的克朗巴哈 α 系数
0.922	我对混合式教学的发展前景充满信心	0.890
	我会建议更多的同学来参与混合式学习	0.885
	如果还有混合式教学课程，我会继续关注和参与	0.887
	我会在期末组织教学评价时如实反馈我的看法	0.930

通过对各个量表的信度分析可以发现，各量表的克朗巴哈 α 系数在 0.879 至 0.956 之间，且只有学生期望量表和学生学习方式量表低于 0.9，说明本书调查问卷各个量表的内在信度是可接受的，量表设计是合理的。

二、问卷的效度分析

问卷效度是指问卷测验结果的正确性或有效性。问卷效度越高，意味着问卷结果越能呈现研究者想要测量的事物的特征。效度分析一般是考察内容效度（content validity）和建构效度（construct validity）。

（一）内容效度

内容效度是将理论模型与问卷调查相连接的纽带，用于评价量表内容的适切性与代表性[158]。内容效度通常以题目分布的合理性来评价，学术界对于内容效度的测量目前还未形成统一的方法，一般是研究人员在分析历年相关学者研究成果的基础上，按照专家们的建议与反馈，对问卷题项的代表性与准确性进行多次修改和调研度量得出测度变量，最终形成内容效度较好的问卷。本书对混合式教学影响因素的研究也是在阅读文献与相关理论模型的基础上，综合前人的研究，参考经典理论以及相关领域前沿的学者对各变量测量的题项，再与专家学者进行讨论、修改得出，因此可以认为本研究中问卷的内容效度是较好的。

（二）建构效度

建构效度主要考察问卷的理论数据与实际数据间的差距，不同类别的变量间是否相互独立以及同类别变量是否具有一致性[159]。在总结已有文献的相关测量方法基础上，本书在研究中选择使用探索性因子分析（EFA）来测量问卷的建构效度，且在因子分析之前先使用 KMO 检验和 Bartlett 球形检验来判断问卷数据是否适合做因子分析。利用 KMO 检验来判断问卷数据是否适合做因子分析通常有如下判定标准：$KMO>0.9$，非常适合；$0.8<KMO<0.9$，很适合；$0.7<KMO<0.8$，较为适合；$KMO<0.7$，一般；$KMO<0.5$，不适合[160]。如果是利用 Bartlett 球形检验来判断，则进行 EFA 分析的前提条件为：Bartlett 球体检验值较充分，且 sig 值小于 0.05。本研究问卷量表各变量的 *KMO* 值与 Bartlett 球体检验卡方值如下表 4-14 所示。由表 4-14 可知，*KMO* 值为 0.977，大于 0.9；Bartlett 球体检验统计值的显著性为 0.000。参考度量标准可以得出，本研究设计的变量适合进行因子分析。

表 4-14　KMO 检验与 Bartlett 球体检验结果

KMO 检验		0.977
Bartlett 球体检验	读取的卡方	45 451.181
	自由度	820
	显著性	0.000

使用 SPSS 软件的主成分分析法对调查问卷中的 9 个量表 41 个题项分别进行因子分析，从表 4-15 可见，各量表 *KMO* 值都高于 0.7，且各因子的载荷值都大于 0.5。因此，可以判定本调查问卷设计的量表具有良好的建构效度，各变量都有相应独立的有效指标体系。

表 4-15　量表的效度分析

变量	题项	因子荷载	*KMO* 值
教师形象	12-1（v 1）	0.859	0.859
	12-2（v 2）	0.855	
	12-3（v 3）	0.855	
	12-4（v 4）	0.811	
学生期望	13-1（v 5）	0.727	0.775
	13-2（v 6）	0.767	
	13-3（v 7）	0.780	
	13-4（v 8）	0.675	
价值感知	14-1（v 9）	0.831	0.935
	14-2（v 10）	0.841	
	14-3（v 11）	0.825	
	14-4（v 12）	0.846	
	14-5（v 13）	0.772	
	14-6（v 14）	0.814	
学生学习方式	15-1（v 15）	0.647	0.862
	15-2（v 16）	0.633	
	15-3（v 17）	0.703	
	15-4（v 18）	0.750	
	15-5（v 19）	0.686	
质量感知	16-1（v 20）	0.745	0.930
	16-2（v 21）	0.729	
	16-3（v 22）	0.746	
	16-4（v 23）	0.780	
	16-5（v 24）	0.789	
	16-6（v 25）	0.770	
学生适应性	17-1（v 26）	0.813	0.902
	17-2（v 27）	0.772	
	17-3（v 28）	0.818	
	17-4（v 29）	0.758	
	17-5（v 30）	0.828	

（续）

变量	题项	因子荷载	*KMO* 值
学生满意度	18－1（*v* 31）	0.830	0.908
	18－2（*v* 32）	0.816	
	18－3（*v* 33）	0.798	
	18－4（*v* 34）	0.827	
	18－5（*v* 35）	0.759	
学生抱怨	19－1（*v* 36）	0.861	0.744
	19－2（*v* 37）	0.851	
	19－3（*v* 38）	0.797	
学生忠诚	20－1（*v* 39）	0.867	0.766
	20－2（*v* 40）	0.888	
	20－3（*v* 41）	0.879	

第五章　模型的修正与数据统计分析

结构方程模型是由路径分析发展来的，该模型的最大特点是将潜变量引入模型，整合路径分析、因子分析与一般统计检验等方法来分析变量间的因果关系。一方面，结构方程模型考虑了误差因素，有效弥补了因子分析的不足；另一方面，克服了路径分析假设条件的限制，允许自变量和因变量存在一定误差[161]。因此，本书利用结构方程模型对管理类专业混合式教学学生满意度的影响因素及内在关系进行分析。在第四章中，本研究的问卷数据已经通过了信度和效度检验。因此，本章借助 Amos26.0 软件，基于本书所提出的结构方程模型，进一步分析不同变量之间的相互关系。

第一节　全模型的修正

一、全模型修正的原则

适配度指标（goodness - of - fit indices）用于评价假设模型与问卷数据是否适配。为提升假设模型的适配度，需要对初始模型进行局部的修改或调整，这一步骤称为模型修正。当研究者根据理论或经验提出一个假设模型，经适配度检验，与观察数据无法适配或适配度不佳时，表示需要对假设模型进行修正，修正的目的是改进模型的适配度。模型适配度不佳的原因可能是违反基本分布的假定、存在缺失值或序列误差等[100]。对理论假设模型进行修正需要有理论或经验依据，如删除不显著的影响路径，或删除不合理的影响路径。具体修正步骤和原则如下。

一是检查估计的参数值是否合理、恰当。如果估计的参数值超出合理范围，就需要修正模型，然后再检查常用的拟合指数是否超出合理范围。有关模型适配度的评价有许多不同标准，但 BogoOZZi 和 Yi（1988）提出的标准是接受度最高的，即假设模型与实际数据是否契合，须同时考虑基本适配度、整体模型适配度和模型内在结构适配度指标[162]。整体模型适配度指标又进一步细分为绝对适配、相对适配和简约适配指标[158]。同时，Hair 等人（1998）也将整体模型适配度分为三类：绝对适配度、增值适配度和简约适配度。在评估模型适配度时，需要同时考虑以上三种指标[163]。因此，综合相关研究成果[100]，本书将模型具体适配标准或临界值设定如下表 5-1。当多数适配度指标值均达到接受标准时，才能判定模型适配度是可接受的[100]。

表 5-1　结构方程模型拟合适配标准值

统计检验量	适配的标准或临界值
绝对适配度指数	
卡方 *CMIN* 值	*P*>0.05（未达到显著水平）
RMR 值	<0.05
RMSEA 值	<0.05（适配良好），<0.08（适配合理）
GFI 值	>0.9 以上
AGFI 值	>0.9 以上
增值适配指数	
NFI 值	>0.95 以上（一般适配>0.90）
RFI 值	>0.95 以上（一般适配>0.90）
IFI 值	>0.95 以上（一般适配>0.90）
TLI 值	>0.95 以上（一般适配>0.90）
CFI 值	>0.95 以上（一般适配>0.90）
简约适配指数	
PGFI 值	>0.05 以上
PNFI 值	>0.05 以上
PCFI 值	>0.05 以上
CN 值	>200
NC 卡方自由度比	1<*NC*<3，表示模型有简约适配程度 *NC*>5，表示模型需要修正
AIC	理论模型的 *AIC* 值小于独立模型的 *AIC* 值，且小于饱和模型的 *AIC* 值
CAIC	理论模型的 *CAIC* 值小于独立模型的 *CAIC* 值，且小于饱和模型的 *CAIC* 值

二是卡方值（χ^2）检验。卡方值对样本数量非常敏感，样本数越大，卡方值越容易达到显著值，但理论模型遭到拒绝的概率也越大[164]。χ^2 值检验

最合适的样本数为 100～200，当样本数大于 750 或模型较为复杂时，卡方与自由度比值为 3 的临界值可适当放宽，且整体模型是否适配还需要参考其他适配度指标，通常以三大模型适配指标过半的标准来判断修正后的模型是否可接受。

三是在修正潜在变量路径分析模型时，研究者需遵循以下原则：首先，增删结构模型中潜在变量间的直接影响路径。重点关注的应该是结构模型而非测量模型，结构模型分析的是外因潜在变量影响内因潜在变量的路径系数是否显著，或内因潜在变量影响内因潜在变量的路径系数是否显著，以及路径系数的正负号是否符合理论分析。其次，优先界定同一测量模型中观察变量误差项间的协方差，不能将不同测量模型的观察变量误差间的协方差参数释放为自由参数。最后，如果两个外因潜在变量的观察变量误差项间存在共变关系，可释放为自由参数[100]。

四是如果在释放两个测量误差项的协方差后，估计模型卡方值下降较小，可考虑简化模型，也就是将某个测量变量与其他多数变量间存在共变关系的观察变量删除，以简化路径图。

五是在修正模型时，首先修正模型中较大的参数，且每次只能增删一个路径或释放一个参数，每次修改模型后都需要重新计算模型参数，然后再进行下一步修正。

二、模型修正的具体过程

本研究在结合已有 ACSI 模型和 CCSI 模型的基础上，结合顾客满意度理论、需要层次理论、学习风格理论、皮亚杰的适应性理论及相关文献研究成果，提出初始模型 M_0，并利用 Amos26.0 软件对模型数据进行评估与分析。

在检验整体模型适配度时，Hair 等（1998）建议，应先检核模型参数是否存在违规估计问题：①有无负的误差方差；②标准化参数系数是否大于 1；③是否存在过高的标准误。如果模型检验结果未发现上述违规估计问题，则可以进一步检验模型的整体模型适配度；如果假设模型经适配度检验无法与观察数据适配，则需要进一步修正假设模型[100]。

（一）对初始模型 M_0 的修正

利用 Amos26.0 软件对初始模型 M_0（图 5－1）进行路径系数分析并检视模型的各拟合指数值，执行计算得出结果如表 5－2 和表 5－3 所示。

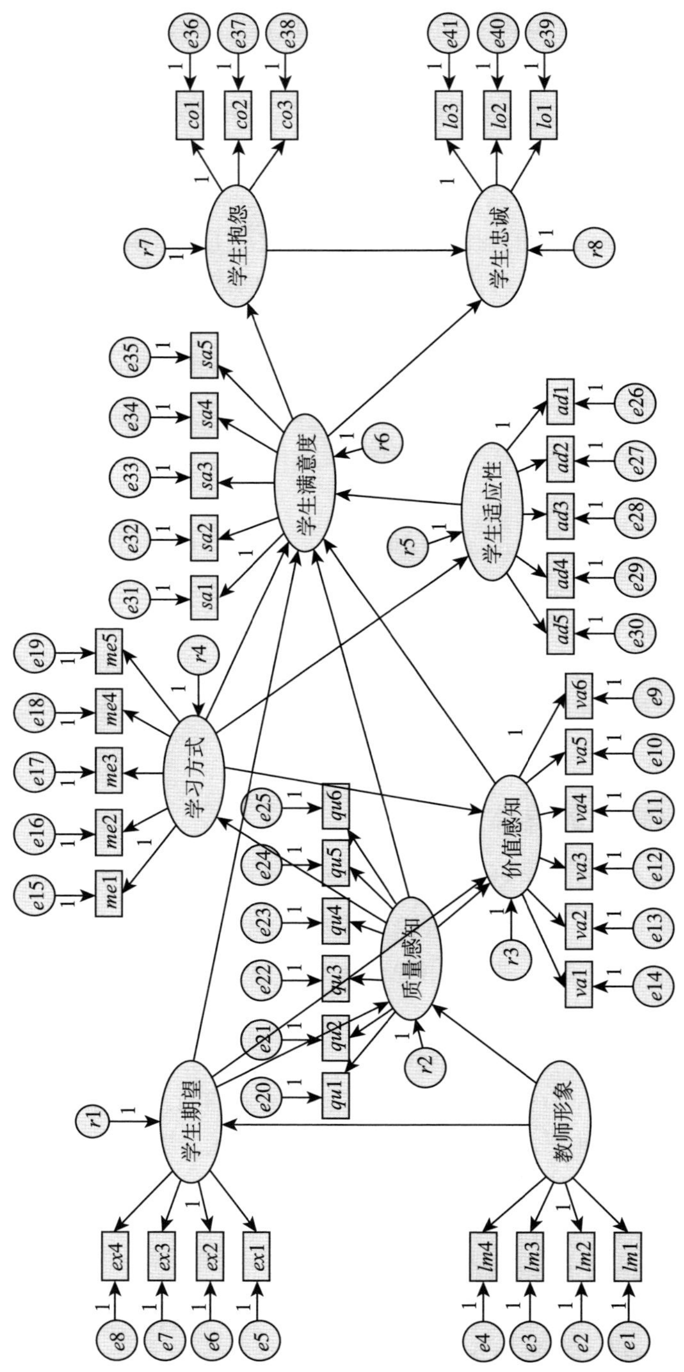

图5-1 模型M_0的路径图

表 5-2　模型 M_0 的路径分析结果

路径			Estimate	*S. E.*	*C. R.*	*P*
学生期望	←	教师形象	0.429	0.035	12.297	***
质量感知	←	学生期望	0.488	0.026	18.850	***
质量感知	←	教师形象	0.291	0.025	11.675	***
学习方式	←	质量感知	0.805	0.031	25.754	***
价值感知	←	质量感知	−0.221	0.078	−2.836	0.005
价值感知	←	学生期望	0.367	0.028	13.265	***
价值感知	←	学习方式	1.035	0.090	11.449	***
学生适应性	←	学习方式	1.114	0.043	26.137	***
学生满意度	←	学生期望	0.048	0.025	1.895	0.058
学生满意度	←	学生适应性	0.537	0.041	13.071	***
学生满意度	←	价值感知	0.086	0.036	2.365	0.018
学生满意度	←	质量感知	0.424	0.062	6.885	***
学生满意度	←	学习方式	−0.042	0.108	−0.386	0.699
学生抱怨	←	学生满意度	0.582	0.045	13.017	***
学生忠诚	←	学生满意度	0.870	0.027	32.525	***
学生忠诚	←	学生抱怨	0.078	0.015	5.128	***

表 5-3　模型 M_0 的适配度检验摘要表

统计检验量	适配的标准或临界值	检验结果数据	模型适配判断
绝对适配度指数			
卡方 *CMIN* 值	*P*>0.05（未达到显著水平）	3 124.335（*P*=0.00<0.05）	否
RMR 值	<0.05	0.036	是
RMSEA 值	<0.05 优良，<0.08 良好	0.053	良好
GFI 值	>0.9 以上	0.866	否
AGFI 值	>0.9 以上	0.849	否
增值适配度指数			
NFI 值	>0.95 以上（一般适配>0.90）	0.932	一般
RFI 值	>0.95 以上（一般适配>0.90）	0.927	一般
IFI 值	>0.95 以上（一般适配>0.90）	0.948	一般
TLI 值	>0.95 以上（一般适配>0.90）	0.944	一般
CFI 值	>0.95 以上（一般适配>0.90）	0.948	一般

（续）

统计检验量	适配的标准或临界值	检验结果数据	模型适配判断
简约适配度指数			
PGFI 值	>0.05 以上	0.767	是
PNFI 值	>0.05 以上	0.867	是
PCFI 值	>0.05 以上	0.882	是
CN 值	>200	294	是
NC 卡方自由度比	1<*NC*<3（有简约适配程度） *NC*>5（模型需要修正）	4.095	否
AIC	理论模型值小于独立模型值，且小于饱和模型值	理论模型值大于独立模型值，小于饱和模型值	否
CAIC	理论模型值小于独立模型值，且小于饱和模型值	理论模型值小于独立模型值，小于饱和模型值	是

根据表 5－2 所示可得出最不显著路径为“学习方式指向学生满意度”，且根据表 5－3 的拟合指数判断，模型拟合效果一般，还需进一步修正。根据修正原则，首先考虑将最不显著路径删除。从前面的理论分析看，学习方式与学生的性格特征以及长期形成的学习习惯有关。个体一旦习惯于某一特定的行为方式后往往很难轻易做出改变，对于新事物的接受程度可能也相对较低。因此，可以认为学生偏好的学习方式难以直接反映学生对于新事物的满意程度，但可能通过其他途径间接影响学生满意度。因此，本书认为首先删除“学习方式直接指向学生满意度”这一影响路径是合理的。

（二）对模型 M_1 的修正

将最不显著路径“学习方式指向学生满意度”删除后，模型 M_0 经修正得到 M_1，如图 5－2 所示。

模型 M_0 经修正得到 M_1 后，我们继续采用与前面相同的步骤对模型 M_1 进行拟合检验。首先还是通过分析结果检验各条路径结果是否显著。由表 5－4 可以得出，在模型的所有路径中，显著但不合理的路径为“质量感知指向价值感知”，同时根据表 5－5 整体拟合指数适配情况，模型适配度依然欠佳，因此考虑将路径“质量感知指向价值感知”删除以进一步修正。从理论层面分析，质量和价值是个体感知的两个不同维度，质量感知相比价值感知更加具体和直接，且价值感知是个体更深层次的感受。在实际教学过程中，由于个体的主观

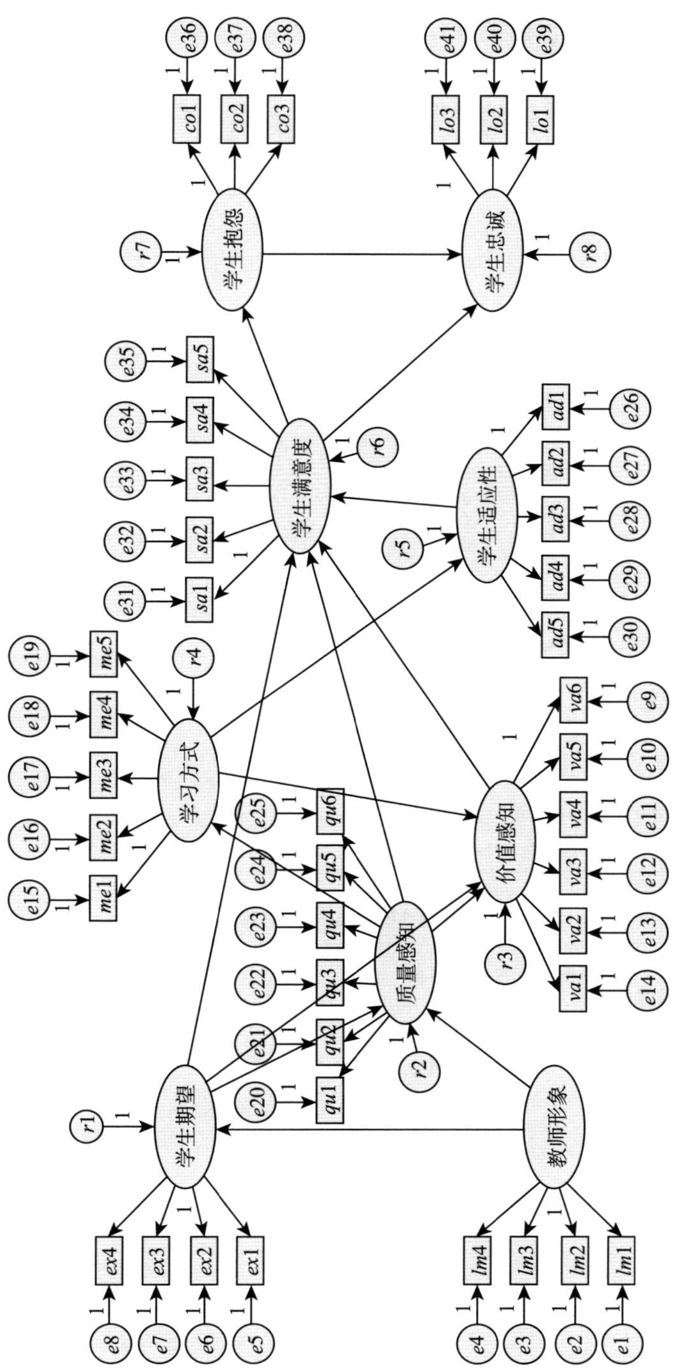

图5-2　模型M_1的路径图

性和差异性，导致学生在接受混合式教学时所感受的课堂质量并非该课堂的实际质量，且学生认为的课堂教学给其带来的具体价值也具有很强的主观性。因此，两者可能无法准确合理地体现直接的相关关系，本书考虑删除该路径。

表 5-4　模型 M_1 的路径分析结果

路径			Estimate	*S. E.*	*C. R.*	*P*
学生期望	←	教师形象	0.429	0.035	12.297	***
质量感知	←	学生期望	0.488	0.026	18.846	***
质量感知	←	教师形象	0.291	0.025	11.673	***
学习方式	←	质量感知	0.805	0.031	25.756	***
价值感知	←	质量感知	−0.220	0.078	−2.831	0.005
价值感知	←	学生期望	0.367	0.028	13.266	***
价值感知	←	学习方式	1.035	0.090	11.461	***
学生适应性	←	学习方式	1.114	0.043	26.135	***
学生满意度	←	学生期望	0.050	0.023	2.211	0.027
学生满意度	←	学生适应性	0.529	0.030	17.459	***
学生满意度	←	价值感知	0.077	0.028	2.800	0.005
学生满意度	←	质量感知	0.404	0.036	11.189	***
学生抱怨	←	学生满意度	0.582	0.045	13.028	***
学生忠诚	←	学生满意度	0.870	0.027	32.536	***
学生忠诚	←	学生抱怨	0.078	0.015	5.121	***

表 5-5　模型 M_1 的适配度检验摘要表

统计检验量	适配的标准或临界值	检验结果数据	模型适配判断
绝对适配度指数			
卡方 *CMIN* 值	*P*＞0.05（未达到显著水平）	3 124.556（*P*＝0.00＜0.05）	否
RMR 值	＜0.05	0.036	是
RMSEA 值	＜0.05 优良，＜0.08 良好	0.053	良好
GFI 值	＞0.9 以上	0.866	否
AGFI 值	＞0.9 以上	0.849	否
增值适配度指数			
NFI 值	＞0.95 以上（一般适配＞0.90）	0.932	一般
RFI 值	＞0.95 以上（一般适配＞0.90）	0.927	一般

（续）

统计检验量	适配的标准或临界值	检验结果数据	模型适配判断
增值适配度指数			
IFI 值	>0.95 以上（一般适配>0.90）	0.948	一般
TLI 值	>0.95 以上（一般适配>0.90）	0.944	一般
CFI 值	>0.95 以上（一般适配>0.90）	0.948	一般
简约适配度指数			
PGFI 值	>0.05 以上	0.768	是
PNFI 值	>0.05 以上	0.868	是
PCFI 值	>0.05 以上	0.883	是
CN 值	>200	294	是
NC 卡方自由度比	1<*NC*<3（有简约适配程度） *NC*>5（模型需要修正）	4.090	否
AIC	理论模型值小于独立模型值，且小于饱和模型值	理论模型值大于独立模型值，小于饱和模型值	否
CAIC	理论模型值小于独立模型值，且小于饱和模型值	理论模型值小于独立模型值，小于饱和模型值	是

（三）模型 M_2的修正

在将显著但不合理的路径“质量感知指向价值感知”删除后，得到模型 M_2（图 5－3）。

表 5－6 是模型 M_2的路径分析结果，表 5－7 是模型 M_2的整体拟合指数。可以看出，虽然所有路径均显著，但模型适配度依然不佳，因此需要根据 MI 修正指标参考表（表 5－8）进一步修正。根据模型修正原则，最大的修正指数为“学生期望指向学生学习方式”这一路径。在经济学理论上，顾客期望在顾客对产品或服务的认知中发挥着关键作用。期望是顾客对产品或服务的质量进行评价的标准，包括预测和愿望两个方面。预测是指顾客相信会发生什么，愿望是指顾客想要发生什么。顾客在产品或服务的消费过程中，体验与期望的对比程度是影响顾客满意度的关键因素[165]。在混合式教学中，学生所期望的是学习内容和学习方法会具体以什么样的方式展现，这也就关系到学生会选择什么样的学习方式。因此，本书认为学生期望在很大程度上能够影响学生的学习方式选择，添加这一路径是合理的。

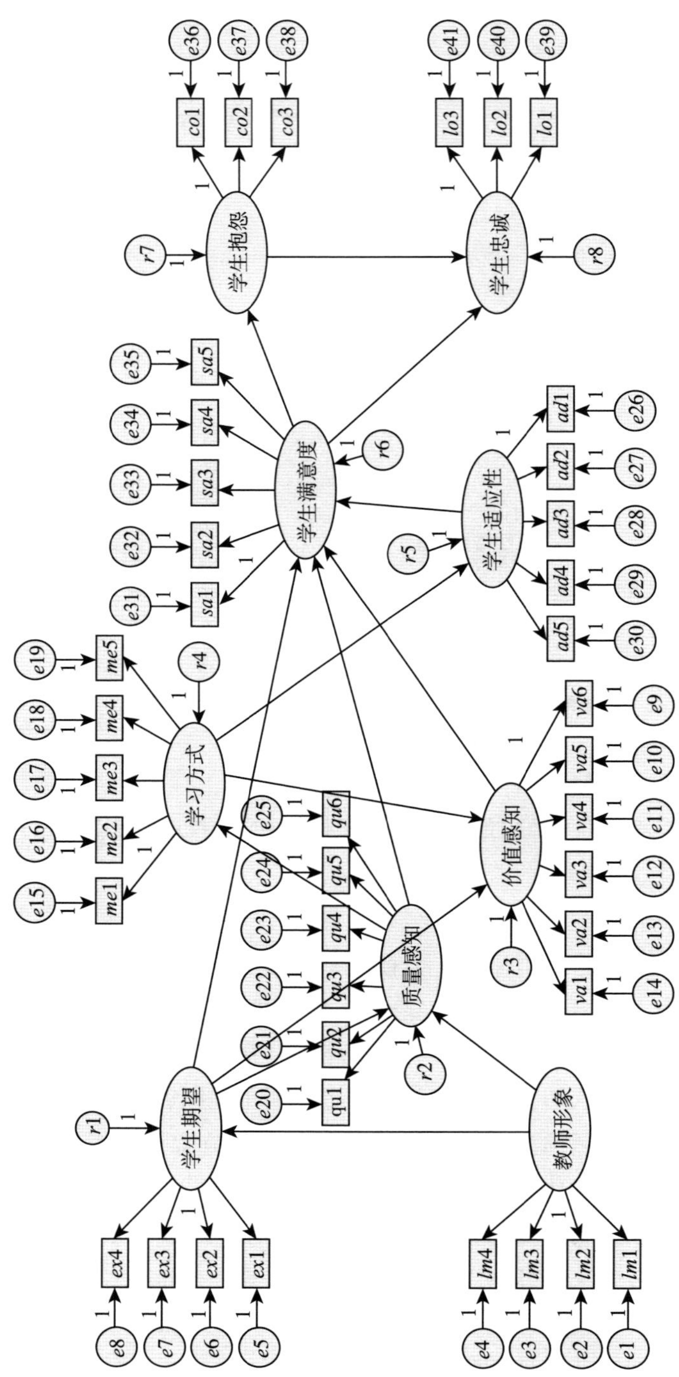

图5-3 模型M_2的路径图

表 5-6　模型 M_2 的路径分析结果

路径			Estimate	*S. E.*	*C. R.*	*P*
学生期望	←	教师形象	0.427	0.035	12.235	***
质量感知	←	学生期望	0.485	0.026	18.761	***
质量感知	←	教师形象	0.293	0.025	11.725	***
学习方式	←	质量感知	0.803	0.031	25.744	***
价值感知	←	学生期望	0.359	0.026	13.972	***
价值感知	←	学习方式	0.797	0.041	19.646	***
学生适应性	←	学习方式	1.102	0.042	26.100	***
学生满意度	←	学生期望	0.051	0.023	2.282	0.022
学生满意度	←	学生适应性	0.528	0.029	18.307	***
学生满意度	←	价值感知	0.074	0.028	2.653	0.008
学生满意度	←	质量感知	0.408	0.036	11.273	***
学生抱怨	←	学生满意度	0.582	0.045	13.004	***
学生忠诚	←	学生满意度	0.870	0.027	32.484	***
学生忠诚	←	学生抱怨	0.078	0.015	5.121	***

表 5-7　模型 M_2 的适配度检验摘要表

统计检验量	适配的标准或临界值	检验结果数据	模型适配判断
绝对适配度指数			
卡方 *CMIN* 值	$P>0.05$（未达到显著水平）	3 133.779（$P=0.00<0.05$）	否
RMR 值	<0.05	0.037	是
RMSEA 值	<0.05 优良，<0.08 良好	0.053	良好
GFI 值	>0.9 以上	0.866	否
AGFI 值	>0.9 以上	0.849	否
增值适配度指数			
NFI 值	>0.95 以上（一般适配>0.90）	0.932	一般
RFI 值	>0.95 以上（一般适配>0.90）	0.927	一般
IFI 值	>0.95 以上（一般适配>0.90）	0.948	一般
TLI 值	>0.95 以上（一般适配>0.90）	0.944	一般
CFI 值	>0.95 以上（一般适配>0.90）	0.948	一般

（续）

统计检验量	适配的标准或临界值	检验结果数据	模型适配判断
简约适配度指数			
PGFI 值	>0.05 以上	0.769	是
PNFI 值	>0.05 以上	0.869	是
PCFI 值	>0.05 以上	0.884	是
CN 值	>200	294	是
NC 卡方自由度比	1<*NC*<3（有简约适配程度） *NC*>5（模型需要修正）	4.096	否
AIC	理论模型值小于独立模型值，且小于饱和模型值	理论模型值大于独立模型值，小于饱和模型值	否
CAIC	理论模型值小于独立模型值，且小于饱和模型值	理论模型值小于独立模型值，小于饱和模型值	是

表 5－8　模型 M_2 的 MI 修正指标参考表

路径			*M. I.*	Par Change
学习方式	←	学生期望	47.823	0.093
学生适应性	←	学生期望	43.657	0.116
学生适应性	←	价值感知	33.693	0.099
*v*38	←	*v*35	20.708	0.117
*v*38	←	*v*25	21.765	0.120
*v*38	←	*v*21	20.975	0.130
*v*38	←	*v*19	27.969	0.123
*v*28	←	*v*6	21.259	0.072
*v*28	←	*v*5	30.561	0.086

（四）模型 M_3 的修正

基于前面的理论分析，通过分析模型的数据，添加“学生期望指向学习方式”路径得到如图 5－4 所示的模型 M_3 的路径图。

本书继续采用上述相同步骤对 M_3 进行检验，检测各路径是否达到显著水平以及模型拟合指数情况，分别得到表 5－9 和表 5－10。可以看到模型路径均为显著，而拟合指标大部分还未达到优良水平，因此，根据 MI 修正指标参考表（表 5－11），依照修正原则，应该添加“学生期望指向学生忠诚”这一路

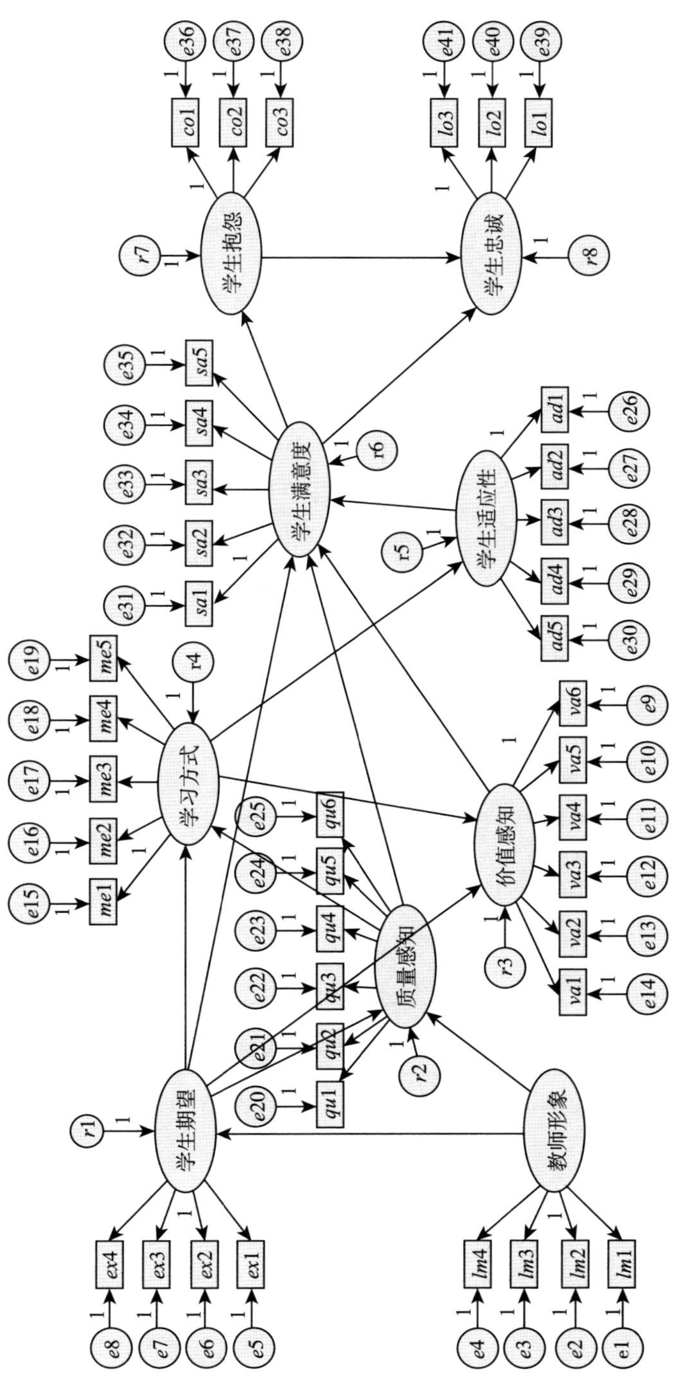

图 5-4　模型M_3的路径图

径。在企业的生产经营中，如果顾客在消费过程中感到满足，就有可能重复购买该企业的产品或服务，从而形成顾客忠诚。实际上，顾客忠诚的前提首先是需要产品或服务的质量达到顾客的预期。同理，学生作为混合式教学模式中的顾客，其忠诚度产生的前提是混合式教学模式所带来的良好体验感达到了学生最初的预期。因此，可以认为增加“学生期望影响着学生忠诚度”这一路径是合理的。

表 5-9　模型 M_3 路径分析结果

路径			Estimate	*S. E.*	*C. R.*	*P*
学生期望	←	教师形象	0.424	0.035	12.126	***
质量感知	←	学生期望	0.455	0.026	17.641	***
质量感知	←	教师形象	0.306	0.026	11.905	***
学习方式	←	质量感知	0.642	0.030	21.509	***
学习方式	←	学生期望	0.201	0.019	10.400	***
价值感知	←	学生期望	0.310	0.030	10.217	***
价值感知	←	学习方式	0.839	0.047	17.970	***
学生适应性	←	学习方式	1.115	0.042	26.372	***
学生满意度	←	学生期望	0.059	0.024	2.475	0.013
学生满意度	←	学生适应性	0.535	0.030	17.747	***
学生满意度	←	价值感知	0.074	0.028	2.606	0.009
学生满意度	←	质量感知	0.396	0.032	12.259	***
学生抱怨	←	学生满意度	0.582	0.045	13.077	***
学生忠诚	←	学生满意度	0.870	0.027	32.652	***
学生忠诚	←	学生抱怨	0.078	0.015	5.124	***

表 5-10　模型 M_3 的适配度检验摘要表

统计检验量	适配的标准或临界值	检验结果数据	模型适配判断
绝对适配度指数			
卡方 *CMIN* 值	*P*>0.05（未达到显著水平）	3 022.101（*P*=0.00<0.05）	否
RMR 值	<0.05	0.030	是
RMSEA 值	<0.05 优良，<0.08 良好	0.052	良好
GFI 值	>0.9 以上	0.869	否
AGFI 值	>0.9 以上	0.853	否

（续）

统计检验量	适配的标准或临界值	检验结果数据	模型适配判断
增值适配度指数			
NFI 值	>0.95 以上（一般适配>0.90）	0.934	一般
RFI 值	>0.95 以上（一般适配>0.90）	0.930	一般
IFI 值	>0.95 以上（一般适配>0.90）	0.950	一般
TLI 值	>0.95 以上（一般适配>0.90）	0.946	一般
CFI 值	>0.95 以上（一般适配>0.90）	0.950	一般
简约适配度指数			
PGFI 值	>0.05 以上	0.771	是
PNFI 值	>0.05 以上	0.871	是
PCFI 值	>0.05 以上	0.885	是
CN 值	>200	304	是
NC 卡方自由度比	1<*NC*<3（有简约适配程度） *NC*>5（模型需要修正）	3.956	否
AIC	理论模型值小于独立模型值，且小于饱和模型值	理论模型值大于独立模型值，小于饱和模型值	否
CAIC	理论模型值小于独立模型值，且小于饱和模型值	理论模型值小于独立模型值，小于饱和模型值	是

表 5－11　模型 M_3 的 MI 修正指标参考表

路径			*M. I.*	Par Change
学习方式	←	教师形象	5.463	−0.032
学生适应性	←	学生期望	11.566	0.058
学生适应性	←	质量感知	4.162	0.039
学生适应性	←	价值感知	18.272	0.070
价值感知	←	教师形象	5.754	−0.045
价值感知	←	学生适应性	8.863	0.053
学生忠诚	←	学生期望	18.506	0.082
学生忠诚	←	学生适应性	4.502	0.042
学生忠诚	←	价值感知	8.490	0.054

（五）模型 M_4 的修正

根据模型 M_3 的修正指标表，添加“学生期望指向学生忠诚”路径得到模型 M_4，如下图 5－5 所示。

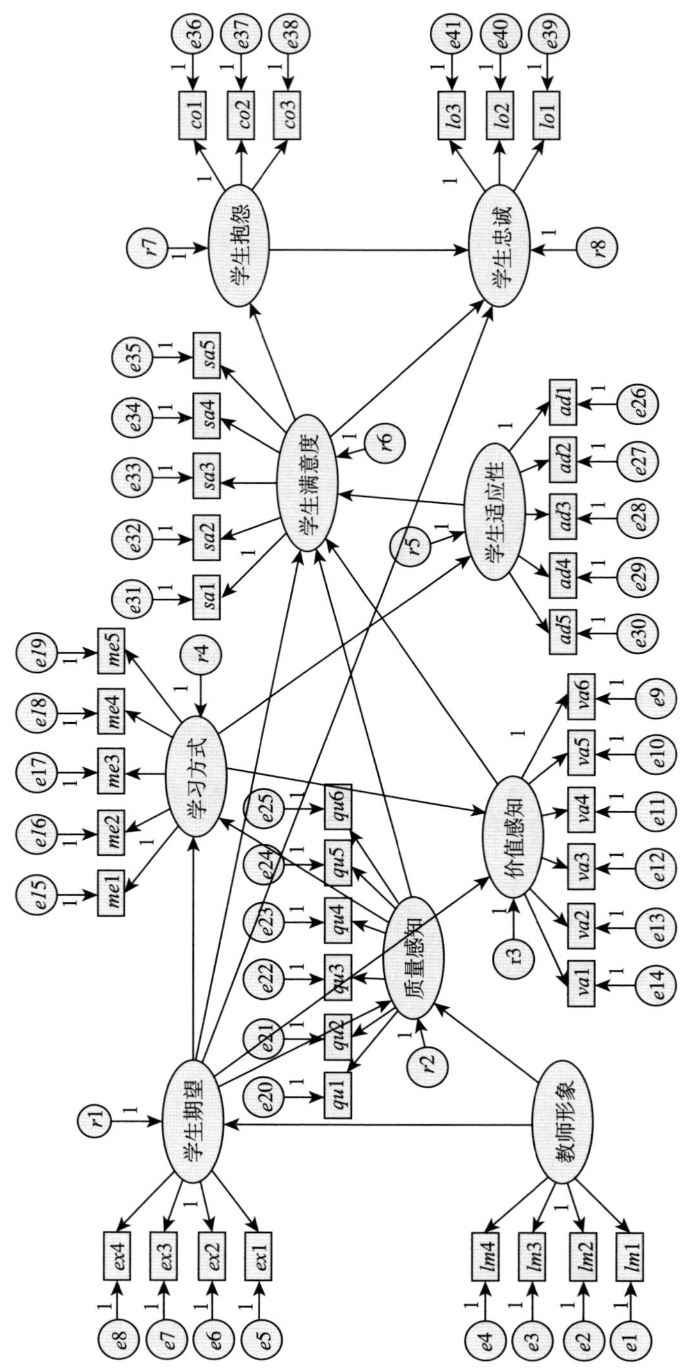

图5-5 模型M_4的路径图

根据表 5－12 可知，模型 M_4 出现了不显著路径——学生期望指向学生满意度。虽然“学生期望直接影响学生满意度”这一路径系数不显著，但学生期望会通过影响学习方式、质量感知和价值感知三个变量间接影响学生满意度。因此，删除这一路径并不违背原模型假定，且考虑到模型简约性原则，删除这一路径是可行且合理的。

表 5－12　模型 M_4 的路径分析结果

路径			Estimate	*S. E.*	*C. R.*	*P*
学生期望	←	教师形象	0.426	0.035	12.099	***
质量感知	←	学生期望	0.451	0.026	17.698	***
质量感知	←	教师形象	0.307	0.026	11.962	***
学习方式	←	质量感知	0.640	0.030	21.528	***
学习方式	←	学生期望	0.202	0.019	10.575	***
价值感知	←	学生期望	0.313	0.030	10.418	***
价值感知	←	学习方式	0.834	0.047	17.903	***
学生适应性	←	学习方式	1.116	0.042	26.382	***
学生满意度	←	学生期望	0.029	0.024	1.192	0.233
学生满意度	←	学生适应性	0.540	0.031	17.512	***
学生满意度	←	价值感知	0.077	0.029	2.629	0.009
学生满意度	←	质量感知	0.409	0.033	12.371	***
学生抱怨	←	学生满意度	0.582	0.045	13.066	***
学生忠诚	←	学生满意度	0.716	0.032	22.158	***
学生忠诚	←	学生抱怨	0.078	0.015	5.257	***
学生忠诚	←	学生期望	0.202	0.028	7.218	***

（六）模型 M_5 的修正

在模型 M_4 的基础上删除不显著路径“学生期望指向学生满意度”得到如图 5－6 所示的模型 M_5，依旧重复路径分析和拟合度检验的操作得到表 5－13 和表 5－14。由分析结果可知，M_5 的所有路径均达到最显著水平，根据模型简约性原则，不再增删路径，但整个模型拟合度仍然没达到最优，还可以根据表 5－15 所示的 MI 修正指标 Covariances 表进行误差相关性的修正。

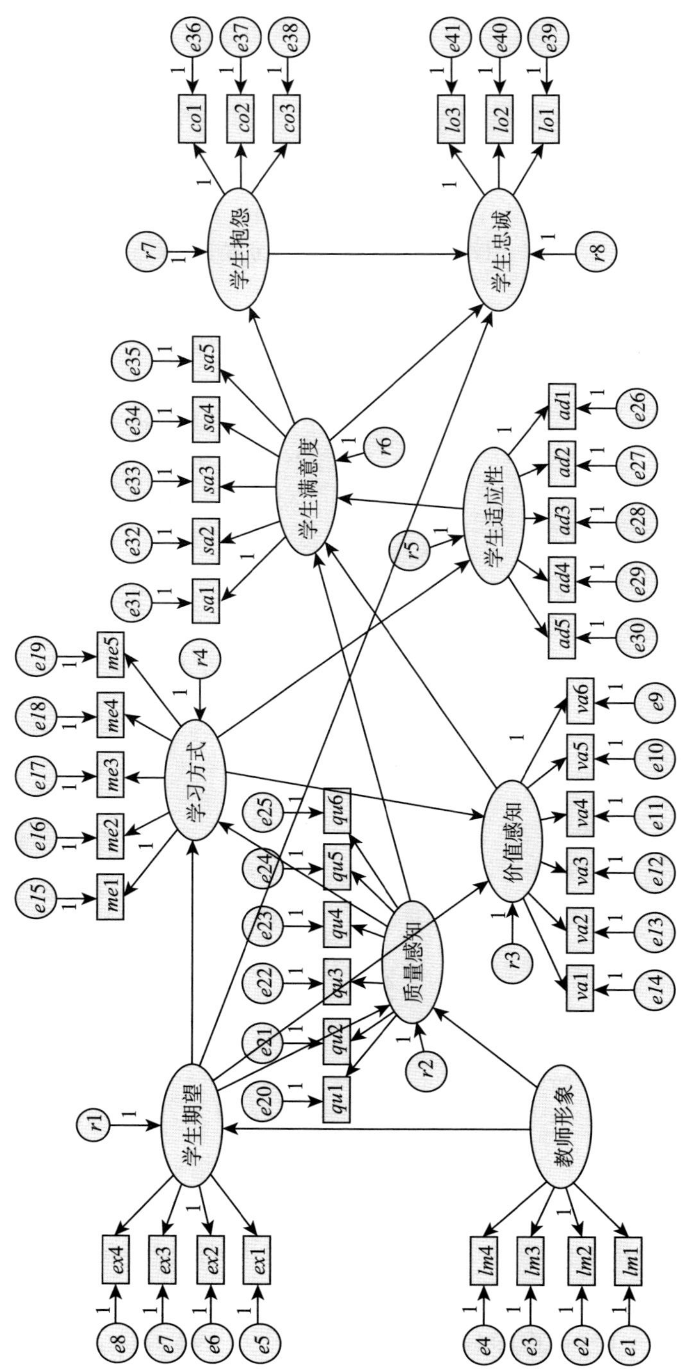

图5-6 模型M_5的路径图

表 5-13　模型 M_5 的路径分析结果

路径			Estimate	*S. E.*	*C. R.*	*P*
学生期望	←	教师形象	0.425	0.035	12.086	***
质量感知	←	学生期望	0.453	0.025	17.771	***
质量感知	←	教师形象	0.307	0.026	11.981	***
学习方式	←	质量感知	0.640	0.030	21.506	***
学习方式	←	学生期望	0.202	0.019	10.557	***
价值感知	←	学生期望	0.313	0.030	10.402	***
价值感知	←	学习方式	0.833	0.047	17.876	***
学生适应性	←	学习方式	1.115	0.042	26.383	***
学生满意度	←	学生适应性	0.545	0.031	17.705	***
学生满意度	←	价值感知	0.095	0.024	3.947	***
学生满意度	←	质量感知	0.410	0.033	12.406	***
学生抱怨	←	学生满意度	0.582	0.045	13.073	***
学生忠诚	←	学生满意度	0.714	0.032	22.402	***
学生忠诚	←	学生抱怨	0.078	0.015	5.248	***
学生忠诚	←	学生期望	0.206	0.027	7.538	***

表 5-14　模型 M_5 的适配度检验摘要表

统计检验量	适配的标准或临界值	检验结果数据	模型适配判断
绝对适配度指数			
卡方 *CMIN* 值	*P*>0.05（未达到显著水平）	2 976.105（*P*=0.00<0.05）	否
RMR 值	<0.05	0.029	是
RMSEA 值	<0.05 优良，<0.08 良好	0.051	良好
GFI 值	>0.9 以上	0.872	否
AGFI 值	>0.9 以上	0.855	否
增值适配度指数			
NFI 值	>0.95 以上（一般适配>0.90）	0.935	一般
RFI 值	>0.95 以上（一般适配>0.90）	0.931	一般
IFI 值	>0.95 以上（一般适配>0.90）	0.951	是
TLI 值	>0.95 以上（一般适配>0.90）	0.948	一般
CFI 值	>0.95 以上（一般适配>0.90）	0.951	是

（续）

统计检验量	适配的标准或临界值	检验结果数据	模型适配判断
简约适配度指数			
PGFI 值	>0.05 以上	0.773	是
PNFI 值	>0.05 以上	0.871	是
PCFI 值	>0.05 以上	0.886	是
CN 值	>200	309	是
NC 卡方自由度比	1<*NC*<3（有简约适配程度） *NC*>5（模型需要修正）	3.895	否
AIC	理论模型值小于独立模型值，且小于饱和模型值	理论模型值大于独立模型值，小于饱和模型值	否
CAIC	理论模型值小于独立模型值，且小于饱和模型值	理论模型值小于独立模型值，小于饱和模型值	是

表 5-15　模型 M_5 的 MI 修正指标 Covariances

路径			*M. I.*	Par Change
*r*5	<-->	*r*4	65.808	−0.030
*r*3	<-->	*r*5	59.716	0.040
*e*28	<-->	*r*8	36.182	0.039
*e*28	<-->	*e*35	42.526	−0.045
*e*18	<-->	*e*19	69.221	0.086
*e*15	<-->	*e*17	33.021	0.059
*e*15	<-->	*e*16	38.813	0.069
*e*8	<-->	*r*3	34.688	−0.044
*e*8	<-->	*e*28	51.279	−0.059
*e*7	<-->	*e*8	254.203	0.146
*e*5	<-->	*r*3	35.522	0.041
*e*5	<-->	*e*28	41.037	0.049
*e*5	<-->	*e*14	41.597	0.044

根据模型修正原则，优先考虑同一测量模型中的观察变量误差间修正系数最大的共变关系，即表中的 *e*7 与 *e*8，再根据指标修正表可知 *e*8 与多个误差值都存在相关性，考虑到模型的简约性，将 *e*8 直接删除更为合理。

（七）模型 M_6 的修正

在模型 M_5 的基础上删除 $e8$ 得到模型 M_6，如下图 5－7 所示。此时继续使用 Amos26.0 计算得到 M_6 的各适配指标值如表 5－16 所示。可见 M_6 的适配指数达标情况确实相比 M_5 要更好，但仍有指标未实现理想结果，模型还可以做进一步优化修正。根据表 5－17 所示的模型 M_6 的 MI 修正指标 Covariances 表数据，优先考虑同一测量模型中的观察变量误差间的共变关系，即 $e18$ 与 $e19$ 增列协方差。

表 5－16　模型 M_6 的适配度检验摘要表

统计检验量	适配的标准或临界值	检验结果数据	模型适配判断
绝对适配度指数			
卡方 *CMIN* 值	$P>0.05$（未达到显著水平）	2 555.820（$P=0.00<0.05$）	否
RMR 值	<0.05	0.028	是
RMSEA 值	<0.05 优良，<0.08 良好	0.048	优良
GFI 值	>0.9 以上	0.889	否
AGFI 值	>0.9 以上	0.875	否
增值适配度指数			
NFI 值	>0.95 以上（一般适配>0.90）	0.943	一般
RFI 值	>0.95 以上（一般适配>0.90）	0.939	一般
IFI 值	>0.95 以上（一般适配>0.90）	0.959	是
TLI 值	>0.95 以上（一般适配>0.90）	0.956	是
CFI 值	>0.95 以上（一般适配>0.90）	0.959	是
简约适配度指数			
PGFI 值	>0.05 以上	0.786	是
PNFI 值	>0.05 以上	0.877	是
PCFI 值	>0.05 以上	0.891	是
CN 值	>200	342	是
NC 卡方自由度比	$1<NC<3$（有简约适配程度） $NC>5$（模型需要修正）	3.525	否
AIC	理论模型值小于独立模型值，且小于饱和模型值	理论模型值大于独立模型值，小于饱和模型值	否
CAIC	理论模型值小于独立模型值，且小于饱和模型值	理论模型值小于独立模型值，小于饱和模型值	是

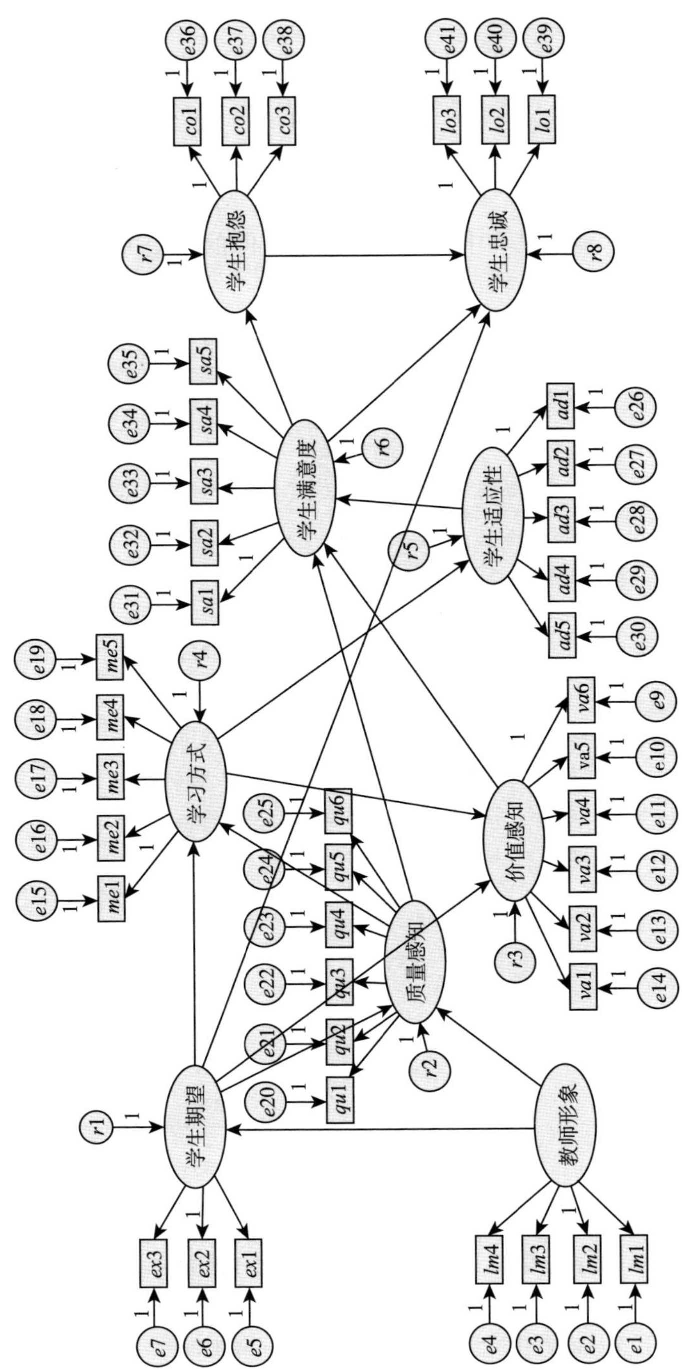

图5-7 模型M_6的路径图

表 5 - 17 模型 M_6 的 MI 修正指标 Covariances

路径			M. I.	Par Change
r5	←→	r4	76.014	−0.032
r3	←→	r5	48.487	0.036
e28	←→	r8	30.846	0.036
e28	←→	e35	42.045	−0.045
e18	←→	r5	30.472	−0.039
e18	←→	e19	70.703	0.087
e15	←→	e17	34.005	0.060
e15	←→	e16	39.625	0.070
e7	←→	e28	32.875	−0.046
e5	←→	e14	39.832	0.042

（八）模型 M_7 的修正

在模型 M_6 的基础上增列 e18 与 e19 的协方差得到 M_7，如图 5 - 8 所示。计算修正后模型的各适配指标值，如表 5 - 18 所示。可以看到，M_7 相较于 M_6 各适配指标变化不大，因此根据 MI 修正指标再进一步修正。由表 5 - 19 所示的模型 M_7 的 MI 修正指标 Covariances 表可知，需要增列 e15 与 e16 之间的协方差。

表 5 - 18 模型 M_7 的适配度检验摘要表

统计检验量	适配的标准或临界值	检验结果数据	模型适配判断
绝对适配度指数			
卡方 CMIN 值	$P>0.05$（未达到显著水平）	2 479.292（$P=0.00<0.05$）	否
RMR 值	<0.05	0.027	是
RMSEA 值	<0.05 优良，<0.08 良好	0.047	优良
GFI 值	>0.9 以上	0.893	否
AGFI 值	>0.9 以上	0.878	否
增值适配度指数			
NFI 值	>0.95 以上（一般适配>0.90）	0.945	一般

（续）

统计检验量	适配的标准或临界值	检验结果数据	模型适配判断
增值适配度指数			
RFI 值	＞0.95 以上（一般适配＞0.90）	0.941	一般
IFI 值	＞0.95 以上（一般适配＞0.90）	0.960	是
TLI 值	＞0.95 以上（一般适配＞0.90）	0.957	是
CFI 值	＞0.95 以上（一般适配＞0.90）	0.960	是
简约适配度指数			
PGFI 值	＞0.05 以上	0.788	是
PNFI 值	＞0.05 以上	0.877	是
PCFI 值	＞0.05 以上	0.891	是
CN 值	＞200	352	是
NC 卡方自由度比	1＜*NC*＜3（有简约适配程度） *NC*＞5（模型需要修正）	3.424	否
AIC	理论模型值小于独立模型值，且小于饱和模型值	理论模型值大于独立模型值，小于饱和模型值	否
CAIC	理论模型值小于独立模型值，且小于饱和模型值	理论模型值小于独立模型值，小于饱和模型值	是

表 5-19　模型 M_7 的 MI 修正指标 Covariances

路径			*M. I.*	Par Change
*r*5	←→	*r*4	45.694	−0.023
*r*3	←→	*r*5	38.996	0.031
*e*28	←→	*r*8	30.727	0.036
*e*28	←→	*e*35	42.299	−0.045
*e*15	←→	*r*5	39.562	−0.044
*e*15	←→	*e*17	37.817	0.064
*e*15	←→	*e*16	41.120	0.071
*e*7	←→	*e*28	33.640	−0.046
*e*5	←→	*e*14	39.250	0.041

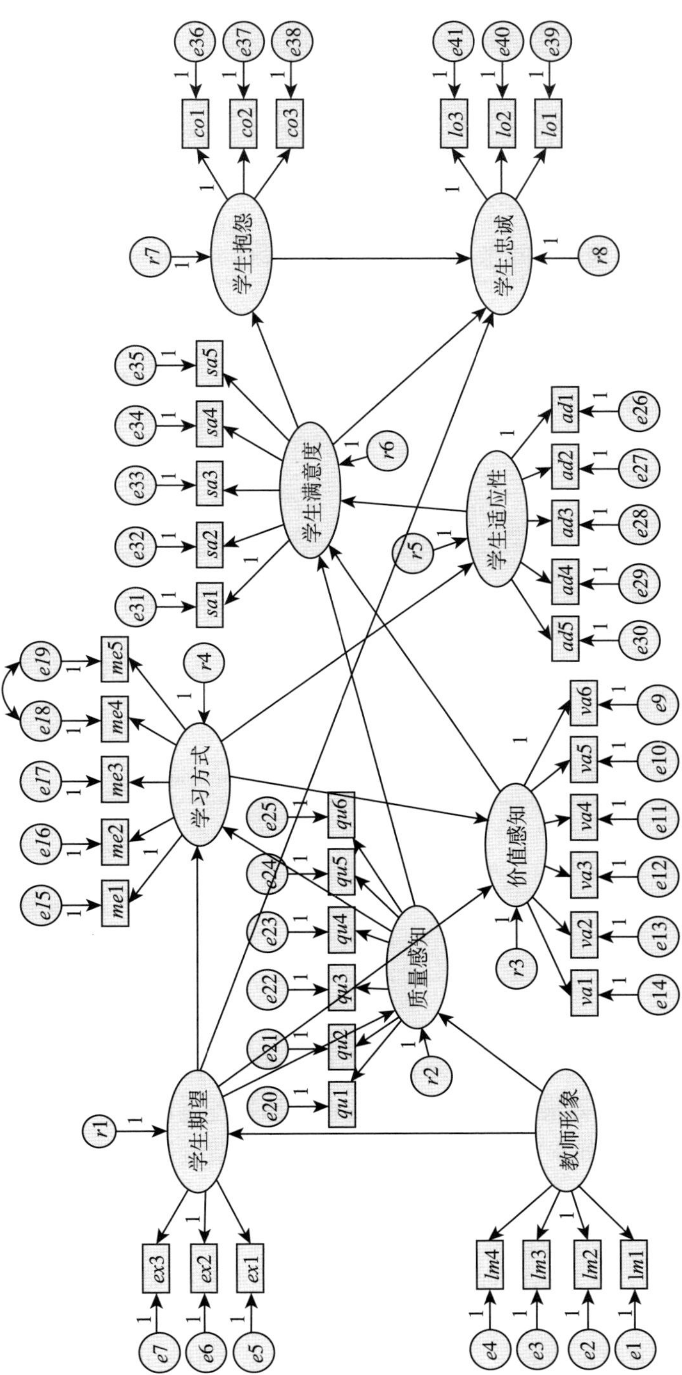

图5-8　模型M_7的路径图

（九）模型 M_8 的修正

在模型 M_7 的基础上优先考虑同一测量模型中的观察变量误差间的共变关系后，增列 $e15$ 与 $e16$ 之间的协方差到 M_8，如图 5－9 所示。同理，优先考虑同一测量模型中的观察变量误差间的共变关系，即增列 $e15$ 与 $e17$ 之间的协方差（表 5－20）。

表 5－20　模型 M_8 的 MI 修正指标 Covariances

路径			M. I.	Par Change
$r5$	←→	$r4$	32.793	−0.019
$r3$	←→	$r5$	33.006	0.028
$e28$	←→	$r8$	30.819	0.036
$e28$	←→	$e35$	42.594	−0.045
$e15$	←→	$e17$	42.682	0.067
$e7$	←→	$e28$	33.928	−0.046
$e5$	←→	$e14$	39.199	0.041

（十）模型 M_9 的修正

增列 $e15$ 与 $e17$ 之间的协方差得到 M_9，如图 5－10 所示。重复模型修正的操作，再考虑到模型简约性，可将相关性较多的项删除，由指标表 5－21 可以看出，将 $e28$ 删除较为合理。

表 5－21　模型 M_9 的 MI 修正指标 Covariances

路径			M. I.	Par Change
$e28$	←→	$r8$	31.003	0.036
$e28$	←→	$e35$	42.870	−0.045
$e7$	←→	$e28$	34.067	−0.046
$e5$	←→	$e14$	39.263	0.041

（十一）模型 M_{10} 的修正

卡方值对样本量大小非常敏感，随着样本观察值增加，卡方值也会变大，显著性概率值 P 会变得很小，导致评价模型整体适配度时，容易形成拒绝虚无假设的结论。因此，如果样本数量比较大，评价模型整体模型适配度时更适合采用其他适配度统计量。吴明隆（2020）认为，当样本数大于 750 或模型较为复杂时，卡方与自由度比值为 3 的临界值可以适当放宽[100]。根据该原则，模型 M_{10} 的计算结果中，绝对适配度指标方面除卡方（样本较大，只作参考）、AGFI 值以外，其余指标均符合适配标准；增值适配度指标均达到适配标准；简约适配度指数指标除卡方自由度比（只做参考）、AIC 外，其余均达到适配标准。

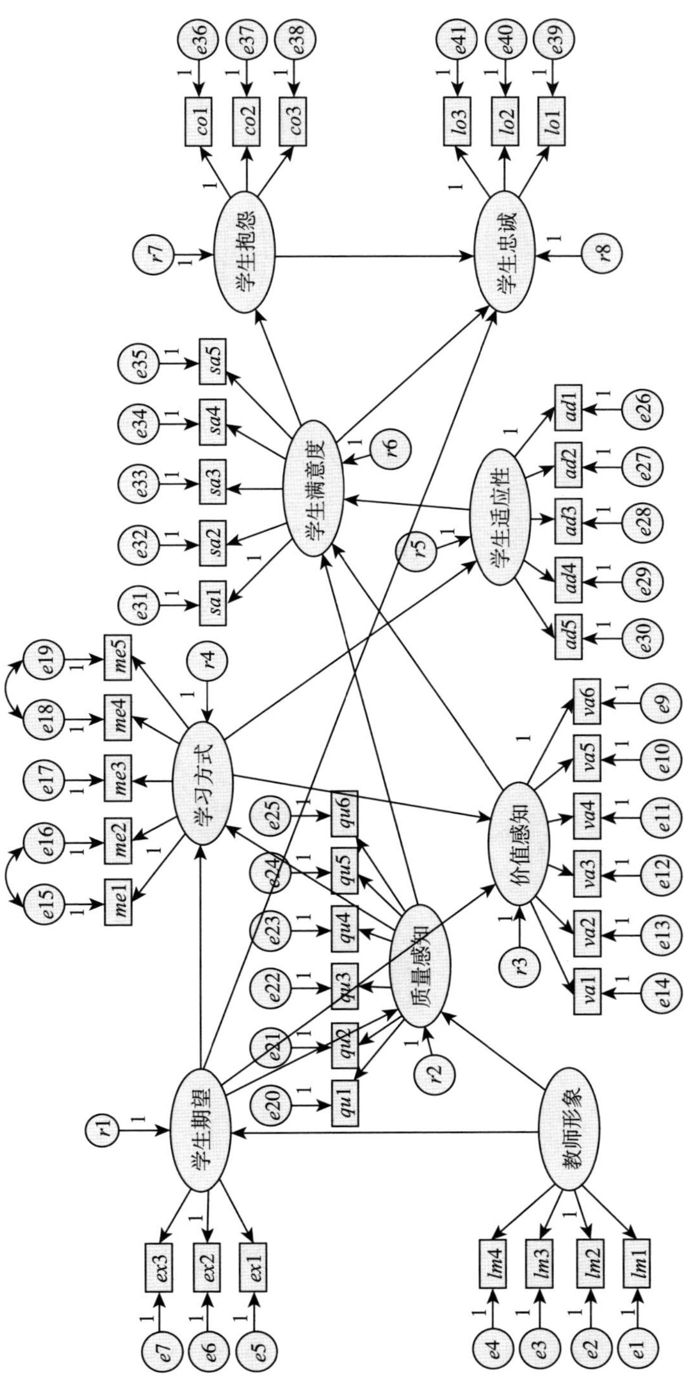

图5-9　模型M_8的路径图

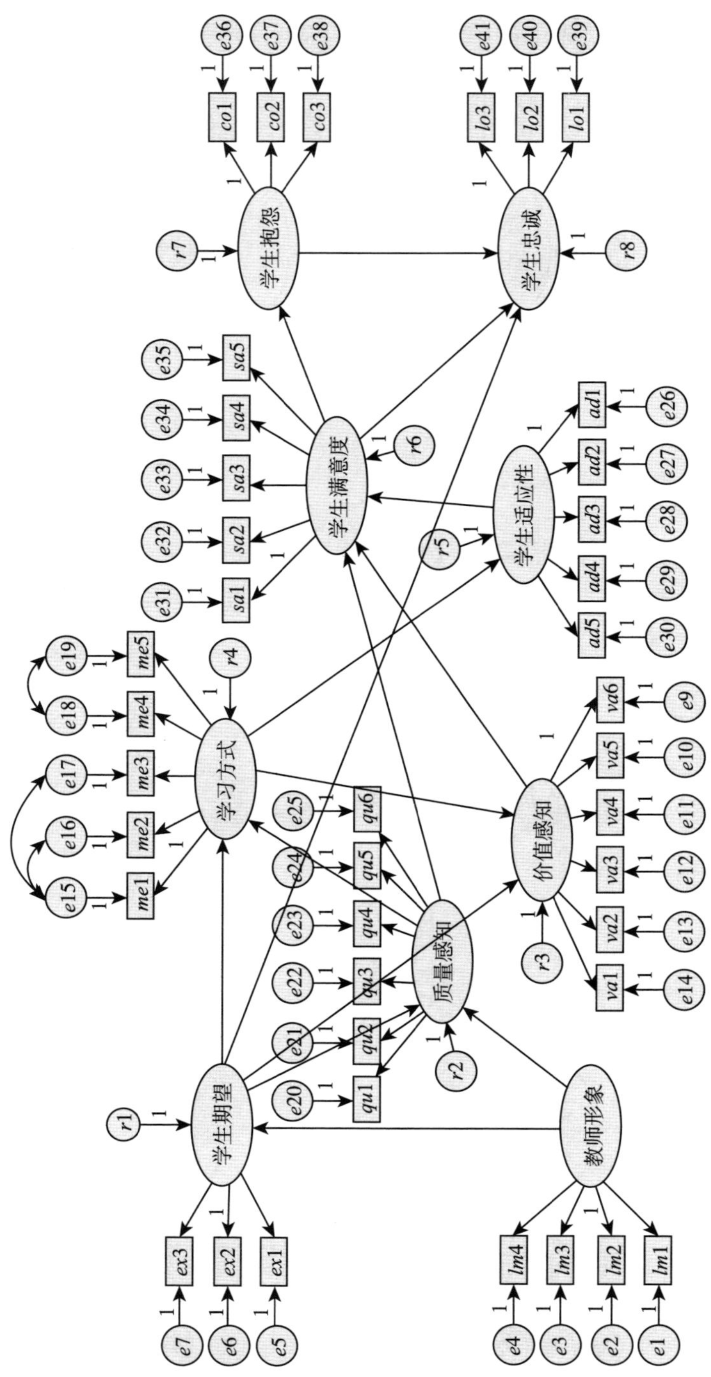

图5-10 模型M_9的路径图

综合以上信息，按照三大项模型适配指标过半的评价标准[100]，该修正模型与样本数据的适配度良好，修正后的模型 M_{10} 是可以接受的模型（图 5－11）。因此，可以将模型 M_{10} 作为本研究修正后得到的最终模型。

混合式教学是我国高等教育教学方式的必然发展趋势，学生对混合式教学模式的满意度和忠诚度，对推进高校混合式教学改革具有重要影响。模型 M_{10} 概括了高校学生对混合式教学模式的满意度和忠诚度的形成机理。以学生期望为例，一方面，学生期望会直接影响学生忠诚度；另一方面，除直接影响外，学生期望还会通过影响学习方式、质量感知对学生忠诚产生间接影响。另外，教师形象会通过影响学生期望和质量感知，进而对学生忠诚和学生抱怨产生间接影响。首先，教师形象会通过影响质量感知进而影响学生满意度，从而间接影响学生忠诚度；其次，教师形象还会通过影响学生期望，进而影响学生忠诚度。质量感知虽然没有对学生忠诚产生显著的直接影响，但会通过影响学生满意度和学习方式对学生忠诚产生间接影响。从 M_{10}（表 5－22、表 5－23）可以看出，学生的学习方式对学生忠诚度也未产生显著直接影响，但仍会通过影响价值感知和学生适应性对学生忠诚度产生间接影响。学生满意度会直接对学生忠诚产生影响，同时，学生抱怨也会直接影响学生忠诚。

表 5－22　模型 M_{10} 的路径分析结果

路径			Estimate	*S. E.*	*C. R.*	*P*
学生期望	←	教师形象	0.418	0.036	11.595	***
质量感知	←	学生期望	0.441	0.025	17.859	***
质量感知	←	教师形象	0.314	0.026	12.287	***
学习方式	←	质量感知	0.620	0.029	21.097	***
学习方式	←	学生期望	0.204	0.018	11.191	***
价值感知	←	学生期望	0.318	0.030	10.493	***
价值感知	←	学习方式	0.853	0.050	17.109	***
学生适应性	←	学习方式	1.194	0.046	25.951	***
学生满意度	←	学生适应性	0.560	0.036	15.556	***
学生满意度	←	价值感知	0.094	0.026	3.646	***
学生满意度	←	质量感知	0.383	0.036	10.590	***
学生抱怨	←	学生满意度	0.583	0.044	13.128	***
学生忠诚	←	学生满意度	0.681	0.032	21.255	***
学生忠诚	←	学生抱怨	0.078	0.015	5.276	***
学生忠诚	←	学生期望	0.240	0.028	8.704	***

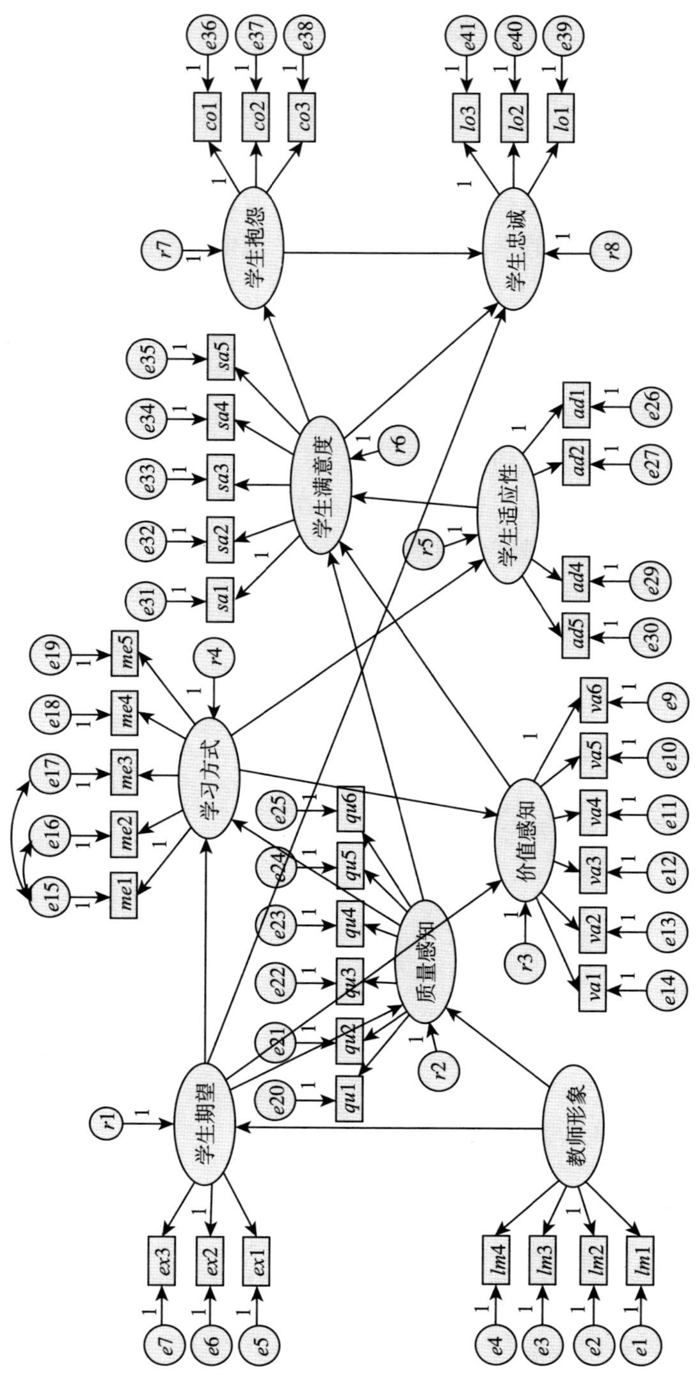

图5-11 模型M_{10}的路径图

表 5-23　模型 M_{10} 的整体拟合指数

统计检验量	适配的标准或临界值	检验结果数据	模型适配判断
绝对适配度指数			
卡方 *CMIN* 值	$P>0.05$（未达到显著水平）	2 164.337（$P=0.00<0.05$）	否
RMR 值	<0.05	0.025	是
RMSEA 值	<0.05 优良，<0.08 良好	0.044	优良
GFI 值	>0.9 以上	0.904	是
AGFI 值	>0.9 以上	0.890	否
增值适配度指数			
NFI 值	>0.95 以上（一般适配>0.90）	0.950	是
RFI 值	>0.95 以上（一般适配>0.90）	0.946	一般
IFI 值	>0.95 以上（一般适配>0.90）	0.964	是
TLI 值	>0.95 以上（一般适配>0.90）	0.961	是
CFI 值	>0.95 以上（一般适配>0.90）	0.964	是
简约适配度指数			
PGFI 值	>0.05 以上	0.793	是
PNFI 值	>0.05 以上	0.877	是
PCFI 值	>0.05 以上	0.891	是
CN 值	>200	382	是
NC 卡方自由度比	$1<NC<3$（有简约适配程度） $NC>5$（模型需要修正）	3.164	否
AIC	理论模型值小于独立模型值，且小于饱和模型值	理论模型值大于独立模型值，小于饱和模型值	否
CAIC	理论模型值小于独立模型值，且小于饱和模型值	理论模型值小于独立模型值，小于饱和模型值	是

三、最终模型的描述与假设检验结果

基于对初始模型 M_0 的多次修正，最终得到拟合度较为理想的模型 M_{10}。模型 M_{10} 包含了教师形象、学生期望、质量感知、学习方式、价值感知、学生适应性、学生满意度、学生抱怨、学生忠诚等 9 个潜变量。表 5-24 给出了最终模型 M_{10} 的标准化路径系数、P 值，表 5-25 则是第三章提出的 16 项假设命题最终的检验结果。

表 5-24　最终模型路径系数与 P 值

路径			标准化路径系数	P
学生期望	←	教师形象	0.367	***
质量感知	←	学生期望	0.529	***
质量感知	←	教师形象	0.331	***
学习方式	←	质量感知	0.726	***
学习方式	←	学生期望	0.287	***
价值感知	←	学生期望	0.326	***
价值感知	←	学习方式	0.622	***
学生适应性	←	学习方式	0.919	***
学生满意度	←	学生适应性	0.552	***
学生满意度	←	价值感知	0.097	***
学生满意度	←	质量感知	0.341	***
学生抱怨	←	学生满意度	0.403	***
学生忠诚	←	学生满意度	0.644	***
学生忠诚	←	学生抱怨	0.107	***
学生忠诚	←	学生期望	0.241	***

表 5-25　假设检验结果

编号	假设命题	结果
$H1$	教师形象能显著影响学生期望	成立
$H2$	教师形象能显著影响学生对混合式教学的质量感知	成立
$H3$	学生期望能显著影响学生对混合式教学的质量感知	成立
$H4$	学生期望能显著影响学生对混合式教学的价值感知	成立
$H5$	学生期望能显著影响学生对混合式教学的满意度	不成立
$H6$	质量感知能显著影响学生的学习方式	成立
$H7$	质量感知能显著影响学生对混合式教学的满意度	成立
$H8$	质量感知能显著影响学生对混合式教学的价值感知	不成立
$H9$	学生学习方式能显著影响学生对混合式教学的价值感知	成立
$H10$	学生学习方式能显著影响学生对混合式教学的适应性	成立
$H11$	学生学习方式能显著影响学生对混合式教学的满意度	不成立
$H12$	价值感知能显著影响学生对混合式教学的满意度	成立

（续）

编号	假设命题	结果
*H*13	学生适应性能显著影响学生对混合式教学的满意度	成立
*H*14	学生满意度能显著影响学生对混合式教学的抱怨	成立
*H*15	学生满意度能显著影响学生对混合式教学的忠诚	成立
*H*16	学生抱怨能显著影响学生对混合式教学的忠诚	成立

四、模型最终结果解读

通过分析最终模型 M_{10} 和表 5 - 24 的相关指标，我们可以得出以下结论。

（一）教师形象对学生期望和质量感知产生直接显著影响

教师形象对学生期望影响的标准化路径系数值为 0.367，在 0.01 显著性水平下，该路径是显著的，表明学生对教师形象的感知和评价会影响学生对混合式教学模式的期望，教师形象的提升有助于混合式教学模式的推广。同时，教师形象影响质量感知的标准化路径系数为 0.331，在 0.01 显著性水平下，该路径是显著的，表明教师形象会让学生对混合式教学的质量感知产生显著的直接影响。在我们设计的教师形象量表中，教师形象包括了职业态度、学术能力、教学能力和性格特征。

基于上述两点结论，可以得出，作为混合式教学的重要主体之一，教师发挥着核心作用。一方面，高校在招聘新教师过程中，应把好第一关，对教师的教学、学术、性格、职业态度等进行全方位的考核，而不应过分看重其科研成果和科研能力，做到“量才为用”；另一方面，新教师入职后，对其应加强培训，特别是混合式教学模式方面的培训，在职称晋升、年终评价等环节，也应进行相关制度的完善，做到“才尽其用”。

（二）学生期望对学习方式和学生忠诚产生直接显著影响

学生期望对学习方式影响的标准化路径系数值为 0.287，在 0.01 显著性水平下，此路径是显著的，意味着学生对混合式教学的期望会直接影响学生选择何种学习方式；学生期望对学生忠诚影响的标准化路径系数值为 0.241，在 0.01 显著性水平下，此路径是显著的，表明学生对混合式教学的期望会直接影响学生对混合式教学的忠诚度。可见，学生期望会对混合式教学模式构成多方面的影响，提升学生的期望水平，对推动混合式教学具有重要正面影响。

因此，一方面，学校应加强对混合式教学的宣传和引导，为混合式教学实施创造良好的外部环境条件；另一方面，学生期望受学生对混合式教学成效的感知的影响，因此需要提升目前实施混合式教学的课程效果，以提高学生对混合式教学的期待。

（三）价值感知对学生满意度产生直接显著影响

价值感知对学生满意度影响的标准化路径系数值为 0.097，在 0.01 显著性水平下，此路径是显著的，表明学生对混合式教学的价值感知会直接影响学生的满意度。学生的价值感知包括学习积极性和主动性、分析解决问题的能力、自主学习能力、创新能力等多个维度，这说明提升学生的价值感知需要教师对混合式教学进行精心设计，通过教学模式的改革和完善达到锻炼和提升学生多方面能力的目标，进而提升学生对混合式教学模式的满意度。

Wu 等（2010）研究发现，优质的混合式教学能有效整合线上和线下教学环节，激发学生参与知识构建和协作互动的动力，进而获得学生的认可并提升其满意度[166]。因此，在决定采用混合式教学时，教师应投入充沛的精力做好混合式教学设计，学校也应该为混合式教学的开展提供必要的场地、设备和技术支持。在传统的教学场景下，混合式教学是难以有效开展的。

（四）学习方式会对价值感知和学生适应性产生直接影响

学习方式对价值感知影响的标准化路径系数值为 0.622，在 0.01 显著性水平下，此路径是显著的，表明良好的混合式学习方式的养成会显著提高学生的价值感知，这要求在混合式教学中要注意和加强对学生学习方式的培养和引导。进入大学之前，学生多习惯于被动式学习，欠缺主动学习的能力特别是探索式学习的能力，而大学很重要的一个培养目标就是学生的学习能力，在培养学生学习能力方面，混合式教学明显优于传统教学模式。

学习方式对学生适应性影响的标准化路径系数值为 0.919，在 0.01 显著性水平下，此路径是显著的，表明良好的混合式学习方式的养成会显著提高学生的适应性。这说明，学生适应混合式教学的关键在于混合式学习方式的养成，需要培养学生预习、复习、小组式学习、讨论交流、调研、学术探究等多方面的学习方式，这些方式的培养和形成不仅对学生在大学期间是有益的，对学生以后的工作生活同样价值重大。

从模型 M_{10} 可以发现，$me1$ 与 $me2$、$me1$ 与 $me3$、$me4$ 与 $me5$ 这三组测量指标的测量误差间是存在共变关系的，说明这几组变量间可能存在相关或共变关系。即“通过浏览、阅读教学资料”与“争取达到在线学习时长”“通过浏览阅读教学资料”与“通过自主复习梳理课程知识点”可能存在正相关关系，原因是这四项都反映了学生课下学习情况；“通过各类网络工具与教师、同学进行交流讨论”与“积极参与课堂问题讨论，进行线下交流”应该也呈正相关关系，反映的是学生的沟通交流情况。对于民族院校学生来说，由于他们中的大多数来自少数民族地区，整体上，其沟通能力相对较弱，沟通频率相对较低，沟通成效自然也就相对较差，这需要教师在教学中重点加以引导。

（五）质量感知会对学习方式和学生满意度产生直接显著影响

质量感知是学生对混合式教学课程教学质量的多维度感知和评价，包括课程内容设计、教学平台资源、学习氛围、在线学习体验、学习过程以及教师辅导等。质量感知对学习方式影响的标准化路径系数值为 0.726，在 0.01 显著性水平下，此路径是显著的，表明高质量感知会显著改善学生的学习方式。学习方式的引导和培养需要以相关联系为基础，而混合式教学质量感知的内容是与各类学习方式密切相关的，良好学习方式的形成需要质量感知相关维度的内容作为支撑。质量感知对学生满意度影响的标准化路径系数值为 0.341，在 0.01 显著性水平下，此路径是显著的，表明高质量感知会显著提高学生满意度。质量感知涉及混合式教学的各个环节，从其包含的维度来看，混合式教学所涵盖的内容、教学材料的准备、教学方式的变化远远超过传统教学模式。

混合式教学对教师、对学生都是一次重大挑战，双方都面临转型。对教师来说，混合式教学与其在以往的受教育经历中接受的教学方式是有很大差异的，教师也需要进行转型。对于新教师来说，入职后不仅要面临新授课程的挑战，还要学习和熟悉全新的教学方式，这不仅需要学校、学院的支持和引导，更需要自身的精力和时间投入；对于老教师来说，实施混合式教学，必然需要他们跳出传统教学的“舒适区”，这无疑是一次“自我革命”，学校也需要对这一群体进行教育引导。

（六）学生适应性会对学生满意度产生直接显著影响

学生适应性对学生满意度影响的标准化路径系数值为 0.552，在 0.01 显著性水平下，此路径是显著的，表明学生对混合式教学的适应状况会显著提高学生的满意度。对于全新的教学模式，长期接受传统教学的大学生必然有一个适应的过程，而其能否适应这一先进的教学方式，必然影响其对这一教学方式的满意程度。

大学生的学习能力、适应能力和可塑性是非常强的，在低年级时，学校就需要及早通过各种渠道和方式让学生接触和熟悉混合式教学模式。因此，本书建议学校在新生入学教育环节，就采取混合式教学模式对其进行培训，帮助其尽早接触和熟悉混合式教学。

（七）学生满意度会对学生抱怨和学生忠诚产生直接显著影响

在我们设计的量表中，学生满意度是多维度的，包括课程内容、教学平台、教学资源、教学设计、教学组织以及师生交流等。学生满意度对学生抱怨影响的标准化路径系数值为 0.403，在 0.01 显著性水平下，此路径是显著的，表明学生对混合式教学的满意度会显著提高学生抱怨。在我们设计的量表中，学生抱怨指的是学生对教学中存在问题的反应方式和反应程度。学生抱怨得分越高，说明学生反映问题的渠道越通畅，学生反映问题的态度越积极。该路径显著，说明学生对混合式教学满意程度提高，会直接提升学生反映问题的积极性，这意味着只有学生对混合式教学模式持积极认可态度，满意度较高，才会愿意主动提出完善建议，展现出主人翁精神。

学生满意度对学生忠诚影响的标准化路径系数值为 0.644，在 0.01 显著性水平下，此路径是显著的，表明学生满意度状况会显著提高学生对混合式教学的忠诚度。只有满意度提升了，学生对混合式教学才会更有信心，才愿意接受更多的混合式教学课程。

（八）学生抱怨会对学生忠诚产生直接显著影响

学生抱怨对学生忠诚影响的标准化路径系数值为 0.107，在 0.01 显著性水平下，此路径是显著的，表明学生抱怨会显著提高学生对混合式教学的忠诚度。

相比传统教学模式，混合式教学模式消除了师生之间沟通的时空障碍，沟通渠道更多、沟通方式更灵活，沟通可以更为顺畅。混合式教学对于所有教师、所有课程来说，都是一个全新的尝试，既然是尝试，就不可避免会存在各种各样的问题。再者，大学很多课程的内容或问题是没有标准答案的，应该鼓励学生的质疑精神，并勇于表达自己的看法或意见。

因此，在实施混合式教学的过程中，应该积极鼓励学生畅所欲言。一方面，这对学生是一种非常有价值的锻炼，锻炼其沟通能力，培养其探索精神和创新意识。另一方面，学生的提问、质疑等，对于教师来说也有很大帮助，可以帮助教师及时发现教学中存在的问题和不足，以便持续完善；还可以开拓教师的思路，为教师提供新的思想。在实际教学过程中，学校和教师需要充分认识到，学生提意见反映了学生对该门课程的关切和投入，应该对其表示欢迎，而不是将之视为负面现象。在顺畅的沟通环境下，师生均可实现更快成长，教学相长在良好的沟通环境下更容易实现。

第二节　关于假设检验结果不成立的讨论

一、学生期望与学生满意度之间的关系

表5-26是在不考虑质量感知、价值感知、学习方式、学生适应性中介作用的前提下，通过对模型进行测算得出的路径系数及其显著性检验结果。可以看出，学生期望对学生满意度存在显著正向影响。而模型M_{10}在同时考虑了质量感知、价值感知、学习方式、学生适应性四个变量后，学生期望指向学生满意度这条路径却变得不再显著。

分析其原因，可能在于，这4个变量在学生期望和学生满意度之间起到了完全中介作用。首先，学生期望通过影响学习方式对价值感知或学生适应性产生间接影响，进而影响教学满意度；其次，学生期望会影响质量感知和学习方式，然后再通过质量感知和学习方式对价值感知或学生适应性产生影响，最终间接影响满意度；最后，学生期望还会以价值感知为中介，对学生满意度产生影响。由此可见，价值感知在学生期望和学生满意度之间发挥了重要的中介作用。价值感知是学生主观上感知到的收益或收获，体现的是学生对混合式教学模式的认可度，学生再根据认可度决定是否继续接受混合式教学。

表5-26　学生期望与学生满意度路径系数

路径			Estimate	*S. E.*	*P*
学生满意度	←	学生期望	0.682	0.030	***

在其他类似研究中，有学者基于广东省5所重点大学的问卷数据，运用结构方程模型对理论假设进行了实证检验，结果表明：学生期望对学生满意度存在显著的负向影响[167]；另有学者通过问卷对全国各高校学前教育专业学生进行调查研究发现，学生期望会通过学生高校管理感知、学生支持感知、学生收获3个中介变量间接正向影响教育实习满意度[168]；还有学者通过研究发现，学生期望对学生满意度没有产生直接影响，而是通过影响教学质量感知和教学感知2个中介变量对教学满意度产生间接影响[169]。由此可见，研究者选择不同样本以及模型设计的差异都可能会影响理论模型变量间关系的稳定性，从而导致原假设不成立。

二、质量感知与价值感知之间的关系

通过比较初始模型M_0与最终模型M_{10}可以得出，质量感知会以学习方式

为中介影响价值感知。如果不考虑学生学习方式，重新对模型进行测算，得出的结果如表 5－27 所示，质量感知对价值感知存在显著正向影响。因此，在最终模型 M_{10} 中，学生学习方式在质量感知和价值感知之间起到了完全中介作用，造成原假设不成立。此外，通过对模型 M_{10} 从性别维度进行多群组分析，可以发现，在女性群体模型中，质量感知对价值感知具有显著影响；但在男性群体模型中，这一影响路径却是不显著的。由此可见，男生和女生在事物感知程度上存在一定的差异性，这也在一定程度上影响了原假设结果的检验。混合式学习作为个性化教学的重要方式和渠道之一，注重考虑学生在学习、性格、能力等各方面的差异性。但教学改革的成果始终是面向全体学生而言的，强调的是公平性与合理性。因此，在对教学改革进行理论研究时，重视性别差异是合理的，也是需要的，但在实际教学改革中只能适度考虑性别差异，因为在新时代背景下实施男女分类教学是不现实的，也是不科学的。同时，需要注意的是，在教学中对性别差异给予更高的重视是应该的，也是有价值的。例如，不同班级男女生比例可能差异较大，不同专业男女生比例可能也存在较大差异，这时需要教师进行适当的教学调整以取得更好的教学效果。

表 5－27　质量感知与价值感知路径系数

路径			Estimate	*S. E.*	*P*
价值感知	⟵	质量感知	0.895	0.034	***

三、学生学习方式和学生满意度之间的关系

从表 5－28 可以看出，如果把价值感知和学生适应性两个变量剔除，重新对模型进行测算，我们会发现学生学习方式对学生满意度存在显著正向影响。因此，可以认为价值感知和学生适应性在学习方式与学生满意度之间发挥了完全中介作用，从而对原假设关系的检验产生了影响。学生在教学活动过程中会因为个体的差异性而选择不同的学习方式，不同学生对各类学习方式的价值感知和适应性也会有所不同。选择不同的学习方式，一方面，会影响学生对混合式教学的体验与感知，这也包含了对混合式教学模式价值的主观判断；另一方面，会影响学生与教学模式的适应和契合程度，不适应的学生可能会改变现状寻求新的学习模式。如果学生对混合式教学的价值评价符合自己的预期，同时如果适应程度也比较高，那么学生对该教学模式的满意度会比较高；相反，如果学生在适应混合式教学这种新型教学方式方面存在困难，或者感觉这一新的

学习方式的价值有限，则可能会产生较低的满意度，从而导致学习方式对学生满意度无法产生直接的确定性影响。

表 5－28　学生学习方式与学生满意度路径系数

路径			Estimate	*S. E.*	*P*
学生满意度	←	学生学习方式	1.031	0.041	***

关于学生学习方式与学生满意度之间的关系，有学者发现学生学习方式与学习环境是相互影响的，两者对学生满意度具有直接和间接影响。提高学生满意度，既需要考虑他们对学习环境的感知，又需要考虑他们的学习方式[170]。还有学者研究发现，深层学习对学生满意度具有正向影响，而表层学习则会对学生满意度产生负向影响[171]。通过对比不同学者的研究可以发现，学生学习方式与学生满意度之间的相互关系会因为研究者所选样本和研究视角的不同而产生不确定性，最终导致出现假设检验不成立的情况。

第三节　各因子的影响效应及指标统计分析

一、教师形象分析

根据本章第一节中表 5－24 可以得出，教师形象对学生期望的直接效应是 0.367、对质量感知的直接效应是 0.331，且总体效应为 0.525。因此，可以认为教师形象对学生期望和质量感知均具有显著的直接正向影响，假设 1 和假设 2 是成立的。同时，根据路径图也可得出，教师形象对学生忠诚也存在较显著的间接影响：教师形象通过正向影响学生期望或质量感知，间接影响学习方式选择、价值感知、学习适应性、学生满意度，从而最终影响学生忠诚。由计算可得，教师形象对学生忠诚的最终效应为 0.409，总体正向影响非常显著。

对教师形象量表各二级指标按学生满意程度由低到高进行汇总分析，统计结果如表 5－29、表 5－30 所示。从表中数据可以看出，有超过 90％的学生对任课教师的职业态度和学术能力表示满意或很满意，且离散程度较小；有 88％左右的学生对任课教师的教学能力和性格特征表示满意和很满意，但离散程度较高。

调查数据说明，从总体上看，学生对于任课教师的综合素质是高度认可的，同时也反映出学生在选择课程时会全方位考虑教师的综合素质水平。对于素质较高教师的课程，学生对该课程的忠诚度也相对较高。需要注意的是，

表5-30反映出，在“教师形象”下设的四项指标中，满意度相对较低的是“教学能力”，且离散程度最高。与传统课堂教学相比，混合式教学对教师的教育信息化水平和教学技能要求更高，给参与混合式教学的师生都带来了更多挑战。在混合式教学成为高校教育主要模式这一背景下，高校所有师生员工均需进行学习和提升，特别是教师应该加强对自身教学能力的提升。目前，我国高校师资存在的一个突出问题是，新进年轻教师，对于如何成为一名合格教师、如何开展教学活动是严重缺乏经验的。加上年轻教师面临着科研、晋升、家庭等多重压力，在教学方面的精力投入在一定程度上会受到限制，教学能力的受限也就必然会反映到学生的态度上，最终会在学生培养质量中体现出来。

表5-29　教师形象量表指标选择情况

单位：%

项目	很不满意	不满意	一般	满意	很满意
我对该课程教师的职业态度	1.4	0.8	6.9	36.6	54.2
我对该课程教师的学术能力	1.4	0.8	7.4	33.9	56.5
我对该课程教师的教学能力	1.5	2.2	8.3	36.3	51.7
我对该课程教师的性格特征	1.6	1.2	10	32.6	54.6

表5-30　教师形象量表描述性统计

项目	*N*	最小值	最大值	均值	标准偏差
我对该课程教师的职业态度	1 108	1	5	4.41	0.777
我对该课程教师的学术能力	1 108	1	5	4.43	0.778
我对该课程教师的教学能力	1 108	1	5	4.34	0.841
我对该课程教师的性格特征	1 108	1	5	4.37	0.837

教师的信息化技能是影响混合式教学成效和学生满意度的重要因素[172]。国外研究显示，随着网络教学的不断普及，“以学生为中心”的理念在线上教学中还未能很好地体现，教师往往只是将线上平台当作课堂教学的补充以及布置作业的工具等，采取的具体教学方式与线下课堂教学并未存在明显区别，很多教师并不了解线上教学具备的“帮助学生主动建构知识”“灵活学习”等诸多独特优势，这都会影响教学效果[173]。因此，学校未来在教师信息化教学技能培训提升方面，应该从学生学习视角增加在线教学设计的相关主题内容。

二、学生期望分析

根据模型的标准化路径系数表 5-24 可知，学生期望对于质量感知的直接效应是 0.529，原假设 3 是成立的。学生期望对于价值感知的直接效应是 0.326，间接效应为 0.058，总体效应为 0.384，说明学生期望对价值感知也存在比较显著的正向影响，原假设 4 是成立的。此外，学生期望通过直接影响学习方式、质量感知和价值感知，进而间接影响适应性和满意度，学生满意度又会影响学生抱怨和学生忠诚，最终使得学生期望对学生忠诚产生间接影响，学生期望对学生忠诚的最终效应为 0.648。

表 5-31　学生期望量表指标选择情况

单位：%

项目	非常不期望	不期望	一般	期望	很期望
我期望学校开展更多的混合式教学课程	1.4	3.7	23.8	39.9	31.1
我期望教师在教学中继续引入网络教学平台	1.3	4	24.3	38.3	32.2
我期望教师在教学中引入新的学习资源	1.0	1.0	12.9	44.4	40.7
我期望教师进一步完善教学设计	0.5	1.1	14.1	43.6	40.7

表 5-32　学生期望量表描述性统计

项目	N	最小值	最大值	均值	标准偏差
我期望学校开展更多的混合式教学课程	1 108	1	5	3.96	0.909
我期望教师在教学中继续引入网络教学平台	1 108	1	5	3.96	0.915
我期望教师在教学中引入新的学习资源	1 108	1	5	4.23	0.783
我期望教师进一步完善教学设计	1 108	1	5	4.23	0.767

表 5-31、表 5-32 显示的是学生期望量表指标选择情况。其中，有 71.0%的学生期望学校开展更多的混合式教学课程，这说明大多数学生是期待开设更多混合式教学课程的，也反映出混合式教学在民族院校颇受青睐，具备可观的发展前景；有 70.5%的学生期望教师在教学中继续引入网络教学平台；有 85%左右的学生期望教师在教学中引入新的学习资源，期望教师进一步完善教学设计。

从表 5-32 可以看出，虽然大多数学生都对混合式教学模式充满期待，但相对于开设更多混合式课程和引入网络平台，学生更多希望教师引入新的教学资源和完善教学设计。这反映出，对于学生来说，混合式教学模式是工具而不是目的，他们希望通过混合式教学能接触到更多学习资源，能体验到更好的大学课程教育。这也启发我们，要去思考实施混合式教学的初心和目的是什么？不能为“混合”而“混合”，要避免混合式教学模式流于表面和形式。从我们的调研情况来看，由于混合式教学尚处于初级阶段，很多课程虽然名义上是混合式教学，但其中有些课程仅仅让学生观看线上教学视频，或者仅仅使用了网络教学平台进行点名签到、习题练习等，并不是真正意义的混合式教学。由于混合式教学现状的混乱，也使得部分学生对混合式教学产生误解甚至是排斥，这也就能解释为什么表 5-31 中有 5%左右的学生对混合式课程或教学平台表示反感了。

三、价值感知分析

由模型中各因子之间的路径系数表 5-24 可知，价值感知对学生满意度具有直接正向影响，影响效应为 0.097，假设 12 是成立的，这一研究结果与 Asare 等学者的研究结论一致[174]，说明学生对混合式教学主观评价主要受其实用价值的影响。这意味着提升混合式教学模式的价值可以提高学生满意度。因此，在混合式教学的设计和实施环节应始终坚持以学生为中心，提升学生的学习体验，让学生感受到混合式教学模式在提升学习成效方面的巨大价值。同时，价值感知通过影响满意度对学生忠诚产生间接影响。计算得出，价值感知对学生忠诚的最终影响效应为 0.067。

表 5-33　价值感知量表指标选择情况

单位：%

项目	完全不符合	不太符合	一般	比较符合	完全符合
混合式教学能激发我的学习积极性和主动性	1.6	3.3	23.3	44.7	27.1
混合式教学能够提高我分析问题、解决问题的能力	1.4	3.7	24.5	42.1	28.3
混合式教学提高了我的自主学习能力	1.7	3.2	21.8	44.7	28.7
混合式教学提高了我的创新能力	1.7	4.2	28	39.2	26.9
混合式教学增加了与同学、教师的交流和沟通频率	1.8	6	23.4	38.7	30.1
混合式教学能帮助我更好地掌握知识	1.4	3.1	24.5	42.1	28.9

表 5 - 34 价值感知量表描述性统计

项目	N	最小值	最大值	均值	标准偏差
混合式教学能激发我的学习积极性和主动性	1 108	1	5	3.92	0.882
混合式教学能够提高我分析问题、解决问题的能力	1 108	1	5	3.92	0.89
混合式教学提高了我的自主学习能力	1 108	1	5	3.95	0.885
混合式教学提高了我的创新能力	1 108	1	5	3.85	0.923
混合式教学增加了与同学、教师的交流和沟通频率	1 108	1	5	3.89	0.962
混合式教学能帮助我更好地掌握知识	1 108	1	5	3.94	0.881

对价值感知量表的二级指标选择情况进行统计分析，具体情况如表 5 - 33、表 5 - 34 所示。有超过 70%的学生认为混合式教学模式能激发其学习积极性和主动性，可以提高其分析问题能力、解决问题能力、自主学习能力等，可以帮助学生更好地掌握知识。同时有 68.8%的学生认为混合式教学模式能够促进师生之间的交流。从整体来看，相比传统教学模式，学生认为混合式教学模式确实能够给自身带来更多的实用价值，其优势之处不仅包含了学习能力，还有沟通交流能力、创新创造能力，这些都是学生提高自身综合素质不可缺少的内容。从表 5 - 34 可以看出，价值感知量表下的六个项目均值均低于 4，且标准偏差均超过了 0.88，这意味着大多数学生从混合式教学模式中体验到的获得感并不是十分理想。目前，民族院校混合式教学仍存在很多不足，还有较大的进步空间。混合式教学模式的价值和优势是毋庸置疑的，但如何用好，如何让其价值和优势充分发挥却有很长的路要走，既需要高校全体师生教育理念和思想的更新，也需要软硬件条件配套支持，更需要积极的探索尝试。混合式教学作为一种新技术背景下的教学模式创新，是不可能一蹴而就的，需要持续完善。

四、学生学习方式分析

教育的终极目的是让学生能够自主学习、学会如何学习。界定学生如何看待学习以及如何开展学习，有两个不同的界定方法：深层学习与表层学习。深层学习是指学习者试图领会并理解当前议题的意义与重要性，其学习内容被学习者有目的地组织成有意义的结构；而表层学习是指学习者采取的是无反思、死记硬背和碎片化的学习策略，这种学习方式是视学习数量重于学习质量的学生通常采取的策略。混合式教学的价值在于为学生合作建构主动、深层且有意义的学习提供了一个潜在理想的高等教育环境。

在线学习活动能够为学生思考自己的学习任务和学习策略提供机会。由表 5 - 24 可知，学生学习方式对于价值感知和学生适应性都有直接影响，影响效应分别是 0.622 和 0.919，支持假设 9 和假设 10。特别是学生学习方式对于学生适应性具有非常强烈且明显的正向影响。同时，学生学习方式通过影响价值感知和学生适应性对学生满意度和学生抱怨产生间接影响。经计算得出，学生学习方式对学生忠诚的最终影响效应为 0.390。

学习方式量表下包含的五个项目是混合式教学模式通常需要的学习方式，这些学习方式与传统教学模式的要求存在较大差异，需要学生去适应，且对学生的自律性和自控力要求较高。从表 5 - 35、表 5 - 36 可以看出，现阶段多数学生能够初步适应混合式教学所要求的学习方式，但对不同学习方式的适应存在较大差异。学生适应程度最高的是“通过浏览、阅读教学资料”，且标准偏差最小，该方式可以说是最初级的混合式学习方式，与传统教学模式的差异是最小的。其余四项学习方式的平均得分均低于 4 分，其中，“积极参与课堂问题讨论，进行线下交流”学习方式得分最低，且标准偏差最高。而后两项学习方式恰恰是混合式学习中最重要、最有价值的学习方式。大多数教育工作者认为，要想从学习体验中得到最大的收获，学生必须认真学习课程内容，并对课程讨论做出贡献，而为课程提供想法、知识和资源的方法就是参与讨论[21]。研究发现，在线学习中交互程度越高，学生的学习成绩和学业表现越好[87]；在传统课堂教学情境中，师生、生生之间的交流讨论，能够提升学生的情感投入并增强学生的知识理解和知识建构[148][175]。Schrire（2004）研究发现，相比学生的自主讨论，由教师引导学生在线讨论可以将讨论推向更高层次的探究，进而帮助学生实现深度学习[176]。同时，引导学生在线讨论对教师也提出了新的技能要求。在传统课堂教学方式下，受限于时间和场景，讨论往往难以充分展开。而在线课堂更容易让学生参与讨论，讨论的问题也更加清晰详细，对批判性的问题和异议也比较开放，而且在学生整合内容和解决问题上有很大帮助。在线上讨论活动中，教师的引导作用相比传统的面对面教学变得更加重要，对许多学生来说，在线论坛是一种新型的交流方式，需要教师的鼓励并引导他们参与其中。在在线讨论环节，“潜水”或代理参与都是可能出现的，这需要在实际运行中给予充分考虑。

表 5-35　学生学习方式量表指标选择情况

单位：%

项目	完全不符合	不太符合	一般	比较符合	完全符合
通过浏览、阅读教学资料（PPT、电子板书、教学视频等）	1.2	1.8	15.2	47.8	34
争取达到在线学习时长的要求	1.2	3.8	21.6	42.1	31.3
通过自主复习梳理课程知识点	0.7	4.3	22.9	42.1	29.9
通过各类网络工具与教师、同学进行交流讨论	1	5.6	23.6	40.8	29
积极参与课堂问题讨论，进行线下交流	1.3	4.4	26	38.4	30

表 5-36　学生学习方式量表描述性统计

项目	*N*	最小值	最大值	均值	标准偏差
通过浏览、阅读教学资料（PPT、电子板书、教学视频等）	1 108	1	5	4.12	0.81
争取达到在线学习时长的要求	1 108	1	5	3.99	0.887
通过自主复习梳理课程知识点	1 108	1	5	3.96	0.875
通过各类网络工具与教师、同学进行交流讨论	1 108	1	5	3.91	0.912
积极参与课堂问题讨论，进行线下交流	1 108	1	5	3.91	0.918

经过长期的传统教育模式培养，学生已习惯了教师的主控地位，在混合式教学情境中，当学生成为课堂主角，有机会站到讲台上展示自己时，学生经常显得很紧张，或选择回避[144]。进入大学之前十多年的传统教育经历，使得多数大学生已习惯单兵作战的学习方式。如何参与课堂讨论，如何在群体中清晰地表达自己的观点，如何准确判断别人的观点，如何与他人合作，这些互动、协作技能的欠缺使线下课堂的小组讨论和团队协作难以有效开展。学生没有意识到这些学习活动是未来职场中与同事、上级协同工作的预演，他们常常忽视这类教学活动的价值[144]。教师在教学中应更加注意对学生主动性、协作能力的培养和引导，这不仅是混合式教学模式改革的目标，也是该模式成功的前提和关键。

五、质量感知分析

由模型中各因子之间的路径系数表 5-24 可知，质量感知对学生学习方式的直接正向效应是 0.726；对学生满意度的直接正向效应是 0.341，间接正向效应是 0.368，因此，总体效应是 0.709，假设 6 和假设 7 是成立的。同时，学生对教学质量的感知通过间接影响学生适应性和学生抱怨，最终对学生忠诚产生正向影响。计算得出，质量感知对学生忠诚的总影响效应是 0.517。

从表 5－37 中各指标情况来看，首先，学生在接受混合式教学的过程中比较重视课程内容的丰富度和接收学习资料的便捷度，认为该模式能够提供高质量的线上学习资料，能够体验到快捷的学习资源检索，有助于高效率地获取知识；其次，在混合式教学过程中，学生遇到学习上的困难能及时与教师、同学进行沟通和反馈，有助于形成更加紧密的沟通网络；再次，当前学生选课更多地偏好理论与实际相联系的课程，期望课程内容能够有助于今后的实习与就业。学生对混合式教学的质量感知是影响其对混合式教学满意度的重要指标，高质量的课程内容和体验会使得学生逐渐形成对该模式的依赖，从而有助于对混合式教学模式的宣传与推广。

表 5－37　质量感知量表指标选择情况

单位：%

项目	完全不符合	不太符合	一般	比较符合	完全符合
课程内容紧抓前沿、注重理论联系实际，具有启发性和吸引力	0.7	1.5	18.3	47.2	32.2
学习平台上的课程内容丰富，信息量大	0.3	1.4	17.4	49.4	31.6
线上线下的学习氛围很好	0.3	2.6	24.5	41.7	30.9
线上资料中的资料、表格、图片、视频等清晰、合理	0.4	1.6	13.5	48.6	35.9
在线学习过程中，资源检索、学习导航、学习记录等体验良好	0.5	1.4	17.9	47.5	32.9
在线学习过程中，教师辅导到位，能够及时反馈和沟通	0.7	2.6	18.8	44.3	33.6

从表 5－38 各指标得分可以看出，学生对混合式教学模式教学成效的总体评价是比较高的，质量感知量表下 6 项指标的得分均超过 4 分。其中，学生对“线上资料”的评价最高，且标准偏差较低，这也是教师在实施混合式教学时比较容易做到的；得分较低的是“线上线下学习氛围”和“辅导、反馈”，这两项指标也与传统教学模式差异较大，且对教师教学能力和教学态度要求比较高，教师也需要时间和精力去适应和提升。从表 5－38 的数据分

析可以看出，现阶段，不管是学生还是教师，都还处在由传统教学模式向混合式教学模式过渡的阶段，双方都需要学习和适应，我们的目标是将这一过程尽可能缩短。

表 5-38　质量感知量表描述性统计

项目	N	最小值	最大值	均值	标准偏差
课程内容紧抓前沿、注重理论联系实际，具有启发性和吸引力	1 108	1	5	4.09	0.79
学习平台上的课程内容丰富，信息量大	1 108	1	5	4.11	0.747
线上线下的学习氛围很好	1 108	1	5	4.00	0.827
线上资料中的资料、表格、图片、视频等清晰、合理	1 108	1	5	4.18	0.748
在线学习过程中，资源检索、学习导航、学习记录等体验良好	1 108	1	5	4.11	0.769
在线学习过程中，教师辅导到位，能够及时反馈和沟通	1 108	1	5	4.07	0.83

六、学生适应性分析

根据模型的标准化路径系数表 5-24 可知，学生适应性对学生满意度有较强的直接正向影响，影响效应为 0.552，支持假设 13。且学生适应性通过直接影响满意度而对学生抱怨和学生忠诚产生间接影响。经计算，学生适应性对学生忠诚的影响效应是 0.379。

混合式教学模式与传统教学模式存在巨大差异，从学习内容、学习方式、时间安排、学习任务到课程考核都有着重大区别，这需要学生去积极地适应。从表 5-39 可以看出，相比传统教学，有 70%左右的学生认为通过混合式教学模式能及时掌握新的知识点，能准时完成课后练习和课后作业，并且希望学校能采取混合式教学方式来替代传统教学模式。同时有 71.6%的学生认为混合式教学模式使得学习更加轻松，对于提高学习成绩有较大帮助。从表 5-40 来看，虽然大多数学生对混合式教学模式是较为适应的，但距离“理想阶段”还存在一定差距，学生适应性量表下面的五个选项平均得分均低于 4 分。学生对混合式教学模式的适应程度也是影响其满意程度的重要指标之一，只有学生适应了该模式才能确保混合式教学模式得以长期实施，进而使学生形成对该模式的忠诚性，从而更好地发挥该模式的优势。这也说明，混合式教学的推广和实施是一个长期的过程，传统教学模式的变革不是一朝一夕能够完成的，这就需要各高校能够在体制机制方面对实施混合式教学提供激励、引导和保障。

表 5-39 学生适应性量表指标选择情况

单位：%

项目	完全不符合	不太符合	一般	比较符合	完全符合
相比传统教学，我能及时掌握新的知识点	0.5	3.2	25.5	44.6	26.1
相比传统教学，我更能准时完成课后练习和课后作业	0.6	4.3	25.2	42.9	27.0
相比传统教学，我更希望接受混合式教学方式	1.6	4.0	22.9	44.0	27.4
我认为混合式教学模式下学习更加轻松	1.1	4.2	23.1	43.4	28.2
我认为混合式教学更能提高我的学习成绩	1.1	4.8	26.6	42.0	25.5

表 5-40 学生适应性量表描述性统计

项目	*N*	最小值	最大值	均值	标准偏差
相比传统教学，我能及时掌握新的知识点	1 108	1	5	3.92	0.831
相比传统教学，我更能准时完成课后练习和课后作业	1 108	1	5	3.91	0.863
相比传统教学，我更希望接受混合式教学方式	1 108	1	5	3.92	0.896
我认为混合式教学模式下学习更加轻松	1 108	1	5	3.93	0.881
我认为混合式教学更能提高我的学习成绩	1 108	1	5	3.86	0.890

张成龙等（2017）研究发现，学习平台、课程设置等对学习适应具有显著正向影响，学习态度、学习环境、学习支持等对学习适应具有一般正向影响，教学管理对学习适应没有正向影响[138]。杨彦军等（2015）通过问卷调查和参与式观察发现，学生在参与基于慕课的混合式教学中存在不同程度的适应问题，主要受学生自身、学习支持、学校管理和课程建设等因素影响[177]。从不同学者研究结论的差异性可以看出，不同学生群体学习适应性的影响因素可能是多样的，不存在统一的规律。因此，提升学生对混合式教学的适应性，需要具体问题具体分析，做到因人制宜。

七、学生满意度分析

由模型中各因子之间的路径系数表 5－24 可知，学生满意度对学生抱怨有直接的影响效应，效应值为 0.403，支持假设 14。学生满意度对学生忠诚存在较为明显的直接正向影响，效应值 0.644，同时还有间接影响效应 0.043，因此总体效应为 0.687，支持假设 15。

对学生满意度量表的各项指标选择情况进行统计分析，具体情况如表 5－41、表 5－42 所示。满意度的具体评价内容包括课程内容，教学平台设计，教学资源丰富性，教学活动的组织，与教师、同学的沟通等方面。从表 5－41、表 5－42 可以看出，各指标中"比较符合"和"完全符合"选项之和均超过了 72%，说明大多数学生对混合式教学的整体满意度是比较高的，特别是对于教学资源的丰富性、教学设计、专业知识及教学活动组织等方面表示满意的人数最多，平均得分超过 4 分。学生满意度较低的项目是"课程内容"和"教学平台的界面设置和功能设置"，这说明，一是管理类专业是现实性和实践性比较强的专业，学生对课程内容的实用性、前沿性等有着较高的要求，需要教师进一步丰富和更新教学内容；二是教师需要在教学平台设计和选择上更多考虑学生的适应性和学习习惯，在初期可以选择较为简便易用的平台；三是各平台需要不断完善，以更好地满足用户需要。国外学者采用实证调查方法，将混合式教学与传统课堂教学和完全线上教学进行对比，发现混合式教学在一定程度上提高了学生的满意度和学习效果[178][179]。这些研究结论与我们的调查结果是吻合的。

表 5－41　学生满意度量表指标选择情况

单位：%

项目	完全不符合	不太符合	一般	比较符合	完全符合
我对混合式教学的课程内容很满意	1.1	2.4	22.3	47.3	26.9
我对混合式教学的教学平台的界面设计和功能设置很满意	0.8	3.3	23.8	44.5	27.5
我对教学资源的丰富性很满意	0.8	1.8	20.7	46.8	29.9
我对教学设计、专业知识以及教学活动组织等方面很满意	1.1	1.6	21.9	45.9	29.4
我对和同学、教师之间的交流很满意	0.9	2.3	22.5	44.0	30.3

表 5-42 学生满意度量表描述性统计

项目	N	最小值	最大值	均值	标准偏差
我对混合式教学的课程内容很满意	1 108	1	5	3.96	0.828
我对混合式教学的教学平台的界面设计和功能设置很满意	1 108	1	5	3.95	0.847
我对教学资源的丰富性很满意	1 108	1	5	4.03	0.806
我对教学设计、专业知识以及教学活动组织等方面都很满意	1 108	1	5	4.01	0.822
我对和同学、教师之间的交流很满意	1 108	1	5	4.01	0.837

八、学生抱怨分析

Guzdial（1997）研究发现，在讨论环节，学生普遍存在躲避争论的倾向和现象，他们很少发表反对的意见或者进行争论，有时赞同的回应要比反对的回应几乎多出 10 倍。相比质疑，学生更倾向于同意彼此的观点，他们很少评价他人观点的准确性、有效性和相关性[180]。

中国传统文化信奉的“师道尊严”塑造了自上而下、主从尊卑的传统师生关系。正如教育研究专家乌尔里希·泰希勒教授所发现的，在学生课堂表现方面，中德学生之间存在显著差别，中国学生相比德国学生，他们更尊重教师，在教师面前更有礼貌，但与教师沟通也更加谨慎。这样做的好处是，师生矛盾冲突较少，教师感觉可能更愉悦。但是如果学生不能直接与教师进行交流，不敢表达自己的观点和想法，学习效果可能会受到较大负面影响[14]。在面对面的教育环境中，学生们似乎更加小心翼翼，以避免伤害他人感情，造成学生倾向于不乐意或不情愿批评同学或教师的现象。但在网络环境中，这一现象有望得以转变，他们更愿意表露与其他同学不同的想法，线上平台的匿名发言功能也为学生提供了大胆向教师表达想法的机会。需要注意的是，线上匿名发言功能由于缺乏有效管束，可能会出现失控言行，这需要教师加强引导和监控。

学生抱怨对于学生忠诚的直接正向影响效应是 0.107，说明如果学生意见反馈机制健全、反馈渠道通畅、反馈交流充分，可以有效提升学生对混合式教学模式的忠诚度。从表 5-43、表 5-44 来看，在所有量表中，学生抱怨量表的平均得分明显低于其他量表，三个项目均值均低于 3.5 分，且标准偏差最大，明显高于其他量表。这说明，现阶段在混合式教学模式的实施过程中，在学生意见或建议反馈方面，所取得的成效相对来说是较差的。究其原因，我们认为主要在于上面提到的社会文化和学生性格方面，但可能也与混合式教学模式还不成熟有关。与传统教学模式相比，混合式教学模式下师生沟通渠道更多样、沟通方式更灵活、沟通成效更显著，这对于实现高校立德树人的核心任务具有非常好的促进作用，未来应进一步通过混合式教学培育师生之间更密切的人际关系。

表 5-43　学生抱怨量表指标选择情况

单位：%

项目	完全不符合	不太符合	一般	比较符合	完全符合
当发现教学存在问题时，我会在平台讨论区表达我的不满	9.7	21.2	29.3	25.2	14.5
对教学存在的问题在社交平台（微信、QQ等）进行转发评论	11.4	20.8	28.1	25.1	14.7
当发现教学存在问题时，我会面对面告诉该课程教师或同班同学	6.0	17.2	31.0	30.0	15.7

表 5-44　学生抱怨量表描述性统计

项目	N	最小值	最大值	均值	标准偏差
当发现教学存在问题时，我会在平台讨论区表达我的不满	1 108	1	5	3.14	1.191
对教学存在的问题在社交平台（微信、QQ等）进行转发评论	1 108	1	5	3.11	1.221
当发现教学存在问题时，我会面对面告诉该课程教师或同班同学	1 108	1	5	3.32	1.114

Abrams（2005）的研究发现，异步（在线）书面交流“以合作的方式展开工作，是促进批判性思维的有效载体”。Meyer（2006）用证据说明让学生当面陈述异议较有难度，虽然这么做或许更有价值，原因是大学生非常担心面对面批评可能冒犯他们的同伴[181]。可见，不管是国内还是国外，让学生直接提出异议本身都是非常困难的，这既是人性中“与人为善”的优点，也是人性中“寻求躲避责任与风险”的缺点。为了更好地提升混合式教学模式的运行效率，取得更高的教学绩效，一方面，需要教师对学生加以教育、引导和激励；

另一方面，需要教师设计更合理的意见或建议反馈渠道和反馈方式，如使用线上教学平台提供的匿名评价或匿名发言功能。

九、学生忠诚分析

学生忠诚量表反映了学生对未来混合式教学模式的信心和支持程度，从表 5－45、表 5－46 可以看出，绝大多数学生对混合式教学模式是持支持态度的，表示明确反对的学生很少。可见，当前民族院校管理类专业大学生对于混合式教学模式的接受度和认可度是非常高的。从供求角度分析，学生在需求端是持认可和欢迎的态度的。现在关键的问题可能是在教师的供给端，即教师是否愿意实施混合式教学？其尝试和实施混合式教学的动力何在？

表 5－45　学生忠诚量表指标选择情况

单位：%

项目	完全不符合	不太符合	一般	比较符合	完全符合
我对混合式教学的发展前景充满信心	1.0	3.0	25.5	44.4	26.2
我会建议更多的同学来参与混合式学习	1.2	3.5	27.8	40.7	26.8
如果还有混合式教学课程，我会继续关注和参与	1.4	3.4	24.8	43.6	26.7
我会在期末组织教学评价时如实反馈我的看法	1.0	3.6	20.8	43.7	30.9

表 5－46　学生忠诚量表描述性统计

项目	*N*	最小值	最大值	均值	标准偏差
我对混合式教学的发展前景充满信心	1 108	1	5	3.92	0.848
我会建议更多的同学来参与混合式学习	1 108	1	5	3.88	0.883
如果还有混合式教学课程，我会继续关注和参与	1 108	1	5	3.91	0.88
我会在期末组织教学评价时如实反馈我的看法	1 108	1	5	4.00	0.867

我们在调研中发现，目前各个学校的混合式教学依然是比较初级和杂乱的。各个学校和教师还都处在尝试探索阶段，平台非常多，且各类平台存在较大差异，教师在使用时存在随意选择、各自为政的局面。我们认为，当前混合式教学在各高校尚处于探索期和成长期，各类模式的应用和应用方式还不成熟。这一探索期是必需的，可以起到很好的宣传和推广作用，但进入成熟期

后，一个学校混合式教学平台的选择最好能够限制在 3～5 类，在选择自主性和使用效率之间实现平衡。统一限定一种或少数几种平台，会影响教师的自主选择，不同平台的优势不同，也不利于实现因课选择或因生选择；如果平台过多，会造成资源的浪费，也不利于教师间进行交流、评价和共享。目前来看，可以选择先让教师进行自由选择，以自由竞争的方式实现不同平台和混合式教学模式间的优胜劣汰，而不是以行政手段强制选择。

可以预见，随着混合式教学模式的进一步完善，随着师生对该模式的进一步熟悉和适应，随着软硬件相关设施设备的进一步优化，混合式教学模式是极具发展前景的，也定能受到广大师生更坚定的支持。

第四节　各因子的总效应分析

在结构方程中，各因子之间的相互影响分为直接效应和间接效应。在本书中，我们关注的是哪些因素会影响学生满意度和忠诚度，进而探寻如何更好地提升混合式教学方法的培养质量。因此，本节我们对各影响因子的总效应进行分析。

一、各因子影响学生满意度的总效应

根据“表 5-24 最终模型路径系数与 P 值”和最终模型 M_{10}，我们可以计算出各因子影响学生满意度的总体效应，见表 5-47。

表 5-47　各因子影响学生满意度的总体效应

影响因子	直接效应	间接效应	总效应
教师形象	—	0.461	0.461
学生期望	—	0.593	0.593
学习方式	—	0.568	0.568
价值感知	0.097	—	0.097
学生适应性	0.560	—	0.552
质量感知	0.341	0.412	0.753

从表 5-47 可以看出，各因子对“学生满意度”的影响按照其影响机理可以分为三类：第一类是既具有直接影响又具有间接影响，这类因子是“质量感知”，质量感知除了直接影响学生满意度之外，还会通过学习方式、价值感知和学生适应性三个中介因素产生间接效应，总效应为 0.753，是各影响因子中

总效应最大的。说明在影响混合式教学学生满意度的众多因素中，教学质量是第一位的，提升学生满意度的根本还是要提升教学质量，这是基石所在。

第二类是存在显著的直接影响但间接影响不显著，这类因子包括价值感知和学生适应性，其中价值感知的总效应是所有因子中最小的，只有 0.097。在我们设计的价值感知量表中，主要是从学生各项能力的维度来表示的，而满意度量表主要是从与课程直接相关的维度设计的，缺少对能力提升相关问题的设计，这导致总效应偏小，但这并不表示价值感知对提升学生满意度作用不大。这一结果恰好印证了本书所做的调查问卷的效度是很高的，各因子之间的作用机理是合理的、可解释的。

第三类是无显著的直接影响，但存在间接影响，包括教师形象、学生期望、学习方式，且总效应均较高。教师形象因子，说明提升学生满意度需要重视教师形象的提升，这需要加强对教师的培训，培训应该是全方位的，包括师德师风、学术能力、教学方法、教学技巧等，在推动教师成长的同时实现学生成长；学生期望因子，意味着需要加强混合式教学的宣传和引导，让学生认识到混合式教学对学生成长的全方位价值，使学生从内心接受和认同该教学模式；学习方式因子，说明学习方式的转变可以有效提升学生满意度，这意味着混合式教学需要引导学生转变学习方式，引导学生从被动学习转向主动学习，这既是混合式教学模式的内在要求，也是广大学生的内在需求。

二、各因子影响学生忠诚的总效应

根据“表 5－24 最终模型路径系数与 P 值”和最终模型 M_{10}，我们可以计算出各因子影响学生忠诚的总体效应，见表 5－48。

从表 5－48 可以看出，各因子对“学生忠诚”的影响机理同样可分为三类：第一类是既具有直接影响又具有间接影响，这类因子包括学生期望和学生满意度，且总效应均较高，都在 0.7 左右，这两类因子又存在很大差异。学生期望的直接效应小而间接效应大，而学生满意度则与之相反，是直接效应大而间接效应小。在我们设计的量表中，学生忠诚量表反映的是学生对混合式教学的信心以及未来是否还愿意继续接受混合式教学课程。学生满意度具有很高的直接效应，说明了满意度高的学生更愿意继续接受混合式教学课程，满意度对学生忠诚的间接效应是以学生抱怨为中介因子，满意度高的学生更加主动，更愿意反馈对课程和教师的不同建议，参与度更深，也更愿意接受混合式教学模式。学生期望除了直接影响学生忠诚外，还以质量感知、学习方式、价值感知等因子为中介因子，对学生忠诚产生间接影响，反映了学生期望的重要性。

表 5-48　各因子影响学生忠诚的总体效应

影响因子	直接效应	间接效应	总效应
教师形象	—	0.419	0.419
学生期望	0.241	0.419	0.660
学习方式	—	0.394	0.394
价值感知	—	0.071	0.071
学生适应性	—	0.381	0.381
质量感知	—	0.535	0.535
学生满意度	0.644	0.086	0.730
学生抱怨	0.107	—	0.107

第二类为存在直接影响，但无间接影响。这类因素为学生抱怨，需要注意的是，直接效应的标准化系数只有 0.107，说明虽然存在显著的正面影响，但影响较小。这可能与我们的文化有关，因为羞涩、胆怯或不愿意得罪人等多种原因，我们的学生不太愿意主动去给老师提建议或意见。从影响机理看，学生抱怨对学生忠诚是有显著影响的。这意味着建构更便捷的反馈机制，为学生提供更多沟通反馈渠道，不但有助于教师持续完善教学内容、教学方式等，也有助于提升混合式教学对学生的吸引力。

第三类为虽无直接影响，但存在显著的间接影响。这类因素为教师形象、学习方式、价值感知、学生适应性和质量感知，且除了价值感知外，其他因素的间接效应均较高，在 0.4 左右。教师的课堂教学设计能力、项目指导能力、作品评价能力等对混合式教学效果发挥着重要作用[152]。价值感知虽然对学生忠诚产生了显著正向影响，但影响系数较小。张玉荣（2019）的研究结果也显示，学生在混合式教学中的体验感知对后续参与具有显著影响[182]。分析原因，我们认为这可能是由于混合式教学的真正价值还未得到充分体现。

我国高校混合式教学应该说还处在起步阶段，发展并不完善。一方面，教师缺乏真正的实施动力，毕竟相比传统教学模式，混合式教学对教师的要求更高，在教师缺乏直接的教学质量压力的背景下，教师的参与积极性并不高，很多教师更愿意选择待在传统教学方式的舒适区。我们的调查发现，国内高校中虽然很多专业、很多课程、很多教师都在宣称自己采用了混合式教学，但很多只是以混合式教学方式作为辅助，甚至仅是披着混合式教学的外衣而已。另一方面，在中国，混合式教学的推广和普及多是被动行为，即过去几年发生的新冠疫情为混合式教学特别是线上教学带来了重大机遇，但这种背景下的应用，学校和教师都是被动的，且事发突然，各方均缺少应有的准备。如此一来，就出现了一夜之间全民线上教学、混合式教学的热闹局面，各种平台如雨后春笋，令人目不暇接，甚至无所适从。教师多是独自摸索，各自为政，应该说教学效果是很难理想的，对学生各方面能力提升的价值体现可能就会比较弱。但让我们感到欣喜的是，即便混合式教学模式的实施还存在诸多缺陷，但依然受到了学生们的广泛欢迎和认可，这说明混合式教学在我国高等教育领域是大有前途、极具潜力的。未来迫切需要做的是将这一模式研究好、用好，发挥其最大价值，实现高校人才培养质量质的飞跃。

第五节　不同因子总体情况描述

从表 5－49 数据结果显示，各因子评分均值最高的是教师形象，为 4.391 2；其次是学生期望和质量感知，分别是 4.093 6 和 4.093 3；最低的是学生抱怨，为 3.188 6。而从离散程度看，标准偏差最高的是学生抱怨，其次是价值感知和学生忠诚，最低的是质量感知。由此可见，在混合式教学中，学生最注重的是教师形象，这影响着学生对于课程的选择以及体验课程后的满意度，也说明民族院校学生对教师形象的满意度是比较高的。但对教师形象满意度较高也存在一定的负面效应，即学生对教师可能缺乏必要的质疑精神和挑战的勇气，而这种质疑和挑战不管对学生学习成效还是对教师的个人成长都是极有价值的。未来应该引导和鼓励学生们尊重、信任教师，但不盲从教师。

表 5－49　量表中各因子的统计指标

因子	平均值	标准偏差
教师形象	4.391 2	0.742 64
学生期望	4.093 6	0.724 91
价值感知	3.915 0	0.819 12
学习方式	3.978 0	0.728 53
质量感知	4.093 3	0.684 40
学生适应性	3.909 6	0.778 82
学生满意度	3.991 7	0.743 39
学生抱怨	3.188 6	1.075 41
学生忠诚	3.926 9	0.782 79

同时，学生对于混合式教学的期望值较高，体现了该模式的宣传工作做得比较到位，说明学生作为教育的对象，对于教学模式改革后的适应程度和接受力度也较高。学生抱怨平均值最低，说明在混合式教学模式下，虽然师生沟通的渠道更多，沟通更加便利通畅，但在学生课程学习的互动方面，仍存在不充分的问题，沟通的障碍因素依然比较突出。学生抱怨的离散程度最高，说明学生群体中反映问题的积极性和态度存在较大差异，只有部分学生勇于表达自己的意见。我们认为这主要是与学生们的性格和社会文化有关，很多少数民族学生与教师的心理距离较大，对教师更多的是敬畏之情。不管是从提升教学效果的角度还是从培养学生学习能力的角度，都应该鼓励和引导学生们更充分地表达自己的看法和意见。

第六章　模型变量的影响因素分析

在第五章，我们通过构建结构方程模型，对影响混合式教学学生满意度的主要影响因素及其内在作用机理进行了分析。在本章，我们将对最终模型 M_{10} 中各变量的影响因素进行进一步分析，以便得到更多有价值的研究结论。

第一节　模型变量权重计算

一、各指标权重计算

目前，在实证研究中，指标权重赋权方法主要分为主观赋权法和客观赋权法。为减少和避免权重确定过程中主观因素的影响，本书采用熵值法进行指标权重赋权。熵值法是根据各指标信息熵的大小进行赋权，某指标数据离散程度越大，则该指标的权重越大。使用熵值法来确定指标权重，有两方面的优势。一方面，可以克服主观赋权法难以避免的随机性和主观性问题；另一方面，可以有效解决多指标变量间的信息重叠问题[183]。熵值法计算过程如下。

首先，选取平移幅度 $\omega = 1$，对 x_{ij} 进行坐标平移得到：

$$x'_{ij} = x_{ij} + \omega \qquad (6-1)$$

然后，通过熵权法计算其权重，具体计算公式如下：

$$P_{ij} = \frac{x'_{ij}}{\sum_{i=1}^{n} x'_{ij}} \qquad (6-2)$$

$$e_{ij} = \frac{1}{\ln n}\sum_{i=1}^{n} P_{ij} \ln P_{ij} \qquad (6-3)$$

$$\omega_j = \frac{1 - e_{ij}}{n - \sum_{i=1}^{n} e_{ij}} \qquad (6-4)$$

式中，P_{ij} 为第 i 个样本第 j 项指标的比重；e_{ij} 为第 i 个样本第 j 项指标的信息熵；w_j 为第 i 个样本第 j 项指标的权重。各指标权重计算结果见表 6 - 1，指标权重越高说明被调查对象在该指标上的差异越大，指标权重越小说明被调查对象在该指标上的差异越小。

表 6-1　混合式教学学生各量表二级指标权重

量表	二级指标	权重
教师形象量表	我对该课程教师的职业态度	22.85%
	我对该课程教师的学术能力	22.66%
	我对该课程教师的教学能力	27.54%
	我对该课程教师的性格特征	26.95%
学生期望量表	我期望学校开展更多的混合式教学课程	30.50%
	我期望教师在教学中继续引入网络教学平台	30.63%
	我期望教师在教学中引入新的学习资源	20.07%
	我期望教师进一步完善教学设计	18.79%
价值感知量表	混合式教学能激发我的学习积极性和主动性	15.83%
	混合式教学能够提高我分析问题、解决问题的能力	15.96%
	混合式教学提高了我的自主学习能力	15.79%
	混合式教学提高了我的创新能力	17.77%
	混合式教学增加了与同学、教师的交流和沟通频率	19.16%
	混合式教学能帮助我更好地掌握知识	15.48%
学习方式量表	通过浏览、阅读教学资料（PPT、电子板书、教学视频等）	17.05%
	争取达到在线学习时长的要求	14.74%
	通过自主复习梳理课程知识点	18.94%
	通过各类网络工具与教师、同学进行交流讨论	14.52%
	积极参与课堂问题讨论，进行线下交流	15.75%
质量感知量表	课程内容紧抓前沿、注重理论联系实际，具有启发性和吸引力	17.05%
	学习平台上的课程内容丰富，信息量大	14.74%
	线上线下的学习氛围很好	18.94%
	线上资料中的资料、表格、图片、视频等清晰、合理	14.52%
	在线学习过程中，资源检索、学习导航、学习记录等体验良好	15.75%
	在线学习过程中，教师辅导到位，能够及时反馈和沟通	18.99%
学生适应性量表	相比传统教学，我能及时掌握新的知识点	17.66%
	相比传统教学，我更能准时完成课后练习和课后作业	19.32%
	相比传统教学，我更希望接受混合式教学方式	21.45%

（续）

量表	二级指标	权重
学生适应性量表	我认为混合式教学模式下学习更加轻松	20.28%
	我认为混合式教学更能提高我的学习成绩	21.29%
学生满意度量表	我对混合式教学的课程内容很满意	20.36%
	我对混合式教学的教学平台的界面设计和功能设置很满意	21.28%
	我对教学资源的丰富性很满意	18.53%
	我对教学设计、专业知识以及教学活动组织等方面很满意	19.61%
	我对和同学、教师之间的交流很满意	20.22%
学生抱怨量表	当发现教学存在问题时，我会在平台讨论区表达我的不满	34.97%
	对教学存在的问题在社交平台（微信、QQ 等）进行转发评论	37.52%
	当发现教学存在问题时，我会面对面告诉该课程教师或同班同学	27.50%
学生忠诚量表	我对混合式教学的发展前景充满信心	23.68%
	我会建议更多的同学来参与混合式学习	26.15%
	如果还有混合式教学课程，我会继续关注和参与	26.05%
	我会在期末组织教学评价时如实反馈我的看法	24.11%

二、指标权重差异分析

通过分析表 6－1 可以发现，在教师形象量表中，学生们对教师教学能力、性格特征评价差异较大，对学术能力、职业态度的评价差异最小。分析原因，可能是在混合式教学中，教学能力和性格特征对教学效果会产生很大影响。从表 6－2 中也可以发现，学生对教学能力持不满意态度的比例是最高的，说明教师教学能力亟需进一步提升；学术能力差异小的原因可能是混合式教学对学术能力的依赖度是相对较低的，与教学效果的相关性不高；对职业态度的评价差异小，结合该指标的评价得分可以得出原因，即学生对教师的职业态度的评

表 6－2 教师形象量表指标选择情况

单位：%

项目	很不满意	不满意	一般	满意	很满意
我对该课程教师的职业态度	1.4	0.8	6.9	36.6	54.2
我对该课程教师的学术能力	1.4	0.8	7.4	33.9	56.5
我对该课程教师的教学能力	1.5	2.2	8.3	36.3	51.7
我对该课程教师的性格特征	1.6	1.2	10	32.6	54.6

价普遍较高，教师的职业素养得到了多数学生的认可。

在学生期望量表中，学生对开展更多混合式教学课程和继续引入网络教学平台的期望差异较大，对引入新的学习资源和改善教学设计的期望差异较小。期望差异较大的指标是与混合式教学直接相关的，说明学生对混合式教学的评价内部分异比较大，由于缺乏前期的教育和引导，部分学生对于忽然大量增加的混合式教学课程持有一种抵触情绪。从表 6－3 中可以发现，学生对这两项的期望值也是偏低的，说明混合式教学还有很大完善空间，混合式教学的优势目前并未充分发挥出来。期望差异较小的两项指标不仅与混合式教学有关，而且这两项指标对于所有教学方式都是通用的。这意味着学生对于改善教学效果、提升教学质量的要求是一致的，如果混合式教学能够得到进一步完善，将受到更多学生的欢迎。

表 6－3　学生期望量表指标选择情况

单位：%

项目	非常不期望	不期望	一般	期望	很期望
我期望学校开展更多的混合式教学课程	1.4	3.7	23.8	39.9	31.1
我期望教师在教学中继续引入网络教学平台	1.3	4	24.3	38.3	32.2
我期望教师在教学中引入新的学习资源	1	1	12.9	44.4	40.7
我期望教师进一步完善教学设计	0.5	1.1	14.1	43.6	40.7

在价值感知量表中，学生对混合式教学在增加师生沟通交流和创新能力方面的评价差异较大，对其他指标的评价差异较小。差异较大的两项指标对学生素质的要求相对较高，与学生的性格特征相关性较大，也说明学生通过混合式教学在这两方面的收获程度存在较大差异。同时，通过表 6－4 可以看出，这两项指标也是学生认为“不符合”比例最高的，说明目前的混合式教学在这两方面存在的问题比较多。因此，在后期的教学中，教师应该在这两方面予以加强，一是主动引导学生与教师和其他同学进行沟通，对于学生的各种形式的交流沟通给予及时反馈和鼓励；二是对学生的创新性做法和想法及时给予鼓励，对学生参加各类比赛给予更多支持和指导。

表 6－4　价值感知量表指标选择情况

单位：%

项目	完全不符合	不太符合	一般	比较符合	完全符合
混合式教学能激发我的学习积极性和主动性	1.6	3.3	23.3	44.7	27.1

（续）

项目	完全不符合	不太符合	一般	比较符合	完全符合
混合式教学能够提高我分析问题、解决问题的能力	1.4	3.7	24.5	42.1	28.3
混合式教学提高了我的自主学习能力	1.7	3.2	21.8	44.7	28.7
混合式教学提高了我的创新能力	1.7	4.2	28	39.2	26.9
混合式教学增加了与同学、教师的交流和沟通频率	1.8	6	23.4	38.7	30.1
混合式教学能帮助我更好地掌握知识	1.4	3.1	24.5	42.1	28.9

在学习方式量表中，学生在浏览教学资料和课后复习方面的差异较大，而在线学习时长、线下讨论、师生交流等方面的差异较小。结合表6-5各指标的选择情况，可以得出结论：通过混合式教学的锻炼，学生们基本上形成了符合混合式教学要求的学习方式，但不同学生之间存在一定差异，特别是在课前预习和课后复习方面。这要求教师在未来的教学过程中，一是通过教学设计，体现课前预习和课后复习的重要性。目前很多教师将线上学习仅仅作为辅助，课堂教学还是传统式的全覆盖。在这种状况下，学生很难形成良好的学习习惯，在混合式教学模式下，需要让学生意识到预习和复习是课程学习必不可少的环节。二是通过课前测和课后测，以评测和成绩引导学生注重预习和复习。课程评价在混合式教学中的作用要高于传统教学模式，在混合式教学评价体系设置中，应增加过程性评价的比重，降低结果性评价的比重，通过过程性评价引导学生形成适合混合式教学的学习方式。

表6-5　学生学习方式量表指标选择情况

单位：%

项目	完全不符合	不太符合	一般	比较符合	完全符合
通过浏览、阅读教学资料（PPT、电子板书、教学视频等）	1.2	1.8	15.2	47.8	34
争取达到在线学习时长的要求	1.2	3.8	21.6	42.1	31.3
通过自主复习梳理课程知识点	0.7	4.3	22.9	42.1	29.9
通过各类网络工具与教师、同学进行交流讨论	1	5.6	23.6	40.8	29
积极参与课堂问题讨论，进行线下交流	1.3	4.4	26	38.4	30

在质量感知量表中（表 6－6），学生在学习氛围、在线辅导沟通等方面的差异较大，而在课程内容、课程资料方面的差异较小。结合学生对各指标的选择情况，可以得出结论，一是需进一步营造混合式教学的学习氛围，由于混合式教学是一个全新的教学方式，师生双方都需要时间适应，但需进一步采取适当措施加快该进程，以推动混合式教学模式尽快普及；二是在在线辅导、及时反馈方面仍有差距，这与教师的认知有很大关系，很多教师虽然在尝试混合式教学，但教学理念仍未完全转变，混合式教学的沟通需要及时反馈，而不是像传统教学那样一周反馈一次，这也意味着在混合式教学模式下，教师需要付出的精力会更多，需要学校在考核方面予以考虑；三是在课程内容、课程资料方面，目前做得比较出色，教师能够通过线上平台更方便地提供最新资料，教师们在这方面的应用较为理想，也说明教师正在逐步适应混合式教学模式。

表 6－6　质量感知量表指标选择情况

单位：%

项目	完全不符合	不太符合	一般	比较符合	完全符合
课程内容紧抓前沿、注重理论联系实际，具有启发性和吸引力	0.7	1.5	18.3	47.2	32.2
学习平台上的课程内容丰富，信息量大	0.3	1.4	17.4	49.4	31.6
线上线下的学习氛围很好	0.3	2.6	24.5	41.7	30.9
线上资料中的资料、表格、图片、视频等清晰、合理	0.4	1.6	13.5	48.6	35.9
在线学习过程中，资源检索、学习导航、学习记录等体验良好	0.5	1.4	17.9	47.5	32.9
在线学习过程中，教师辅导到位，能够及时反馈和沟通	0.7	2.6	18.8	44.3	33.6

从学生适应性量表看，学生在提升学习成绩和接受混合式教学方面的差异较大，而在掌握新的知识点方面差异较小。结合表 6－7 的数据，我们可以得出以下结论：一是目前混合式教学在学生学习成绩评估方面存在较大问题，如果占用了学生较多的课余时间，却无法在成绩上体现出来，这必然会影响学生的学习积极性。对于混合式教学，对在线学习的监控和考核一直是个很难有效解决的问题，如何做好监控与评估需要进一步研究和完善。二是学生对混合式教学较为认可，对其接受程度是比较高的，但仍有少部分学生还是倾向于传统教学，这需要加强宣传引导，也需要进一步完善混合式教学模式。三是在混合

式教学模式下，相比传统教学，课程学习变得轻松有趣，对教学质量和育人质量的提升帮助很大。总的来看，经过几年实践，学生对混合式教学的适应情况是比较好的，混合式教学的推广既是可能的也是可行的，同时也是必需的。

表 6－7　学生适应性量表指标选择情况

单位：%

项目	完全不符合	不太符合	一般	比较符合	完全符合
相比传统教学，我能及时掌握新的知识点	0.5	3.2	25.5	44.6	26.1
相比传统教学，我更能准时完成课后练习和课后作业	0.6	4.3	25.2	42.9	27.0
相比传统教学，我更希望接受混合式教学方式	1.6	4.0	22.9	44.0	27.4
我认为混合式教学模式下学习更加轻松	1.1	4.2	23.1	43.4	28.2
我认为混合式教学更能提高我的学习成绩	1.1	4.8	26.6	42.0	25.5

从学生满意度量表看，学生在对教学平台设计、师生交流等方面的满意度差异较大，而在教学资源丰富性、教学设计组织等方面的差异较小。结合表 6－8 可以得出以下结论：一是学生对课程内容虽然普遍持满意态度，但表示“完全符合”的比例是最低的，说明混合式教学的课程内容需要更新和完善。混合式教学模式下，除了教学组织以外，教学内容也是需要重构的，混合式教学绝不意味着仅仅是“新瓶装旧酒”，需要教师立足教材但又要高于教材，增加更多前沿拓展知识，这对教师提出了新的要求。二是学生对教学平台的满意度是最低的，且内部差异较大，说明目前教学平台的设计确实存在很多问题。目前，中国高校混合式教学尚处在粗放式发展阶段，教学平台的选择具有很强的随意性。调研发现，在同一个学期，有时一个班的学生不同课程使用的线上平台是不同的，导致学生无所适从。三是混合式教学可以为学生提供更多的学习资源，学习也变得更加具有趣味性。因此，学生对这两方面的满意度普遍较高。

学生抱怨量表反映的是学生在遇到问题或对教师、教学、课程等有意见时，采取的反应方式。从学生抱怨量表看，学生在通过社交平台进行转发评论方面差异较大，而在面对面反映方面差异较小。结合表 6－9 的选择情况，可以得出以下结论：一是在对课程或教师发表反对意见时，学生普遍比较谨慎，能够积极发表不同意见的学生比例不足一半。很多线上平台都提供了匿名发表意见的方式，且混合式教学模式下学生发表意见的渠道和方式更丰富了，为更好地完善教学设计、提升教学效果，教师应鼓励学生大胆地以适当方式对课程建设、教师教学提出中肯的建议。二是学生们反馈意见的渠道选择是比较理性的，通常会选择以面对面的方式提出，而不会将意见在公共空间贸然提出。从抱怨量表来看，学生对于提出对课程的意见多持谨慎态度，应该更多地鼓励学生提出中肯合理的建议，可以采取积分激励的方式，鼓励学生为课程建设出谋划策，提出更多合理化建议，以更好地完善课程教学。

表 6-8　学生满意度量表指标选择情况

单位：%

项目	完全不符合	不太符合	一般	比较符合	完全符合
我对混合式教学的课程内容很满意	1.1	2.4	22.3	47.3	26.9
我对混合式教学的教学平台的界面设计和功能设置很满意	0.8	3.3	23.8	44.5	27.5
我对教学资源的丰富性很满意	0.8	1.8	20.7	46.8	29.9
我对教学设计、专业知识以及教学活动组织等方面都很满意	1.1	1.6	21.9	45.9	29.4
我对和同学、教师之间的交流很满意	0.9	2.3	22.5	44.0	30.3

表 6-9　学生抱怨量表指标选择情况

单位：%

项目	完全不符合	不太符合	一般	比较符合	完全符合
当发现教学存在问题时，我会在平台讨论区表达我的不满	9.7	21.2	29.3	25.2	14.5
对教学存在的问题在社交平台（微信、QQ 等）进行转发评论	11.4	20.8	28.1	25.1	14.7
当发现教学存在问题时，我会面对面告诉该课程教师或同班同学	6.0	17.2	31.0	30.0	15.7

从学生忠诚度量表看，学生在继续参与混合式教学方面的选择差异性较大，而在对混合式教学发展前景的信心和课程最终评价方面，选择差异较小。从表 6-10 可以发现，大多数学生对混合式教学的未来普遍充满信心，自己愿意并且也愿意建议其他同学参与混合式教学。但需要注意的是，仍有 5%左右的学生对混合式教学持负面评价，有 1/4 左右的同学对混合式教学持中立态度，这说明混合式教学还有很大的改进空间，混合式教学的潜力是远未发挥出来的。

表 6-10　学生忠诚量表指标选择情况

单位：%

项目	完全不符合	不太符合	一般	比较符合	完全符合
我对混合式教学的发展前景充满信心	1.0	3.0	25.5	44.4	26.2
我会建议更多的同学来参与混合式学习	1.2	3.5	27.8	40.7	26.8
如果还有混合式教学课程，我会继续关注和参与	1.4	3.4	24.8	43.6	26.7
我会在期末组织教学评价时如实反馈我的看法	1.0	3.6	20.8	43.7	30.9

第二节　模型变量的影响因素分析

一、教师形象评价差异分析

表 6-11 反映的是不同学生群体对教师形象评价的差异性。从性别来看，不同性别学生对教师形象的评价均较高，女性学生对教师形象的评价比男性学生略高一些，且评价结果的离散程度更低，但性别差异并不显著（P=0.248）。从所在学校来看，不同学校对教师形象的评价存在显著差异（P=0.002），其中，西北民族大学得分最高，且离散程度最低，其次是西南民族大学、中央民族大学，而中南民族大学和大连民族大学得分相对较低，但也都超过了 4.2 分（满分为 5 分）。从民族差异来看，少数民族学生对教师形象的评价要略高于汉族学生，但两者差异并不明显（P=0.668）。从专业来看，不同专业对教师形象的评价存在显著差异（P=0.017），物流管理、公共管理等专业对教师形象评价较高，而市场营销和会计学等专业评价较低。从年级看，大四学生对教师形象的评价明显低于其他年级学生（P=0.042），得分为 3.5，意味着对教师形象没有达到满意的程度，原因可能是大四学生临近毕业，面临就业、考公、考研等诸多压力，导致大四学生对任课教师的要求较高，这也说明我们在教师培训和素质提升方面要更多征询毕业生的意见和建议。从课程性质看，通识必修课、专业基础课、专业必修课、专业选修课等不同课程，对教师形象的评价没有显著差异（P=0.308）。从课程难易程度来看，课程难易程度对于教师形象的评价存在显著差异（P=0.000），课程难度最高的课程对教师形象的评价最低，原因可能是这类课程对教师素质要求较高，当学生学习遇到困难时，会归因于教师素质；而最容易的课程评价也较低，原因则可能是这类课程由于学生比较容易理

解和掌握，学生会对教师素质提出更高要求。从教师职称来看，不同职称之间的教师形象存在显著差异（$P=0.000$），教授得分最高，而“不清楚”得分最低，原因可能是学生不清楚教师职称，说明对教师缺乏应有的了解，自然难以产生较高的认可和评价，也说明了教师应该更加注重与学生们的交流和沟通。

表 6-11　教师形象评价差异描述性统计

分类标准	类别	平均值	标准偏差	F	显著性
性别	男	4.352 5	0.847 1	1.334	0.248
	女	4.412 2	0.709 48		
所在学校	西南民族大学	4.486 7	0.626 17	3.522	0.002
	中央民族大学	4.417 2	0.564 56		
	中南民族大学	4.275 9	0.777 95		
	西北民族大学	4.781 4	0.323 29		
	北方民族大学	4.008 0	—		
	大连民族大学	4.284 6	0.973 23		
	其他	4.484 2	0.492 02		
是否是少数民族	是	4.403 7	0.717 22	0.184	0.668
	否	4.383 1	0.806 42		
专业	工商管理	4.392 7	0.838 89	2.256	0.017
	人力资源管理	4.410 8	0.629 91		
	市场营销	4.173 7	1.035 61		
	会计学	4.298 4	0.680 26		
	财务管理	4.304 7	0.716 75		
	物流管理	4.533 8	0.612 73		
	公共管理	4.433 6	0.692 18		
	行政管理	4.469 2	0.625 88		
	双语行政管理	4.338 3	0.711 64		
	其他专业	4.512 1	0.754 67		
年级	大一	4.400 6	0.806 23	2.741	0.042
	大二	4.354 1	0.717 06		
	大三	4.454 1	0.642 19		
	大四	3.520 2	1.276 26		

（续）

分类标准	类别	平均值	标准偏差	F	显著性
课程性质	通识必修课	4.407 3	0.802 16	1.198	0.308
	通识选修课	4.348 8	0.752 46		
	文理基础课	4.420 6	0.650 81		
	专业必修课	4.392 7	0.725 78		
	专业选修课	4.453 3	0.663 82		
	其他课程	3.937 2	1.083 77		
课程难易程度	很容易	4.232 9	0.545 29	6.949	0.000
	比较容易	4.524 5	0.692 36		
	一般	4.388 3	0.760 83		
	比较难	4.446 4	0.669 58		
	很难	4.069 6	1.007 14		
教师职称	讲师或助教	4.461 5	0.735 00	6.105	0.000
	副教授	4.411 5	0.705 39		
	教授	4.512 7	0.733 75		
	不清楚	4.291 9	0.761 46		

二、学生期望差异分析

表 6－12 反映的是不同学生群体对混合式教学期望程度的差异性。从性别来看，不同性别学生对混合式教学均有较高期望，女性学生略高于男性学生，且离散程度更低，但性别差异并不显著（$P=0.179$）；从所在学校来看，不同学校的学生对混合式教学的期望不存在显著差异（$P=0.002$），西北民大和西南民大较高，而中南民大较低，其中中南民大得分低于 4 分；从民族差异来看，少数民族学生对混合式教学的期望略低于汉族学生，且两者之间存在显著差异（$P=0.017$），这可能是由于汉族学生接受能力和学习能力更强，对于新型教学方式更容易接受，说明在实际教学改革和教学设计中需充分考虑民族差异；从专业来看，不同专业对混合式教学的期望不存在显著差异（$P=0.138$），公共管理专业较高，而物流管理、财务管理较低；从年级看，大三学生对混合式教学的期望最高，而大四学生最低，但并不存在显著差异（$P=0.206$），原因可能是大三学生已经接受了几轮混合式教学，体验到了混合式教学的优势，因此希望接受更多混合式教学，说明混合式教学具有持续发展和广泛推广的必要性和可行性；

从课程性质看，通识必修课、通识选修课、专业选修课、专业选修课、其他课程等不同课程之间，对混合式教学的期望不存在显著差异（$P=0.75$），但选修课普遍高于必修课，原因可能是选修课的课程设计和考核相对灵活，给了混合式教学设计更多空间，也说明实施混合式教学需要给予任课教师更多自主权；从课程难易程度来看，课程难易对于混合式教学的期望存在显著差异（$P=0.007$），课程难度最高的课程对混合式教学的期望最低，中等难度的课程期望最高，原因可能是难度太高或太低的课程并不适合用于混合式教学，混合式教学更适合采用适当难度的课程；从教师职称来看，不同职称教师教授的学生对混合式教学的期望虽不存在显著差异（$P=0.925$），但呈现出教授高于副教授，副教授高于讲师的特点，说明职称越高的教师对混合式教学的推广是越有效的，从这个角度看，应该鼓励更多高职称教师采用混合式教学。

表 6-12　学生期望差异描述性统计

分类标准	类别	平均值	标准偏差	F	显著性
性别	男	4.045 9	0.827 91	0.313	0.576
	女	4.074 7	0.715 90		
所在学校	西南民族大学	4.118 7	0.721 33	1.487	0.179
	中央民族大学	4.055 8	0.638 40		
	中南民族大学	3.951 1	0.723 52		
	西北民族大学	4.444 9	0.791 46		
	北方民族大学	4.003 6	—		
	大连民族大学	4.057 3	0.842 67		
	其他	4.041 3	0.577 80		
是否是少数民族	是	4.060 7	0.747 50	2.256	0.017
	否	4.081 8	0.741 79		
专业	工商管理	4.088 1	0.801 46	1.513	0.138
	人力资源管理	3.967 4	0.746 78		
	市场营销	4.054 3	0.877 51		
	会计学	4.081 6	0.663 79		
	财务管理	3.947 9	0.636 36		
	物流管理	3.919 4	0.806 61		
	公共管理	4.251 2	0.729 94		
	行政管理	4.124 2	0.701 77		

（续）

分类标准	类别	平均值	标准偏差	F	显著性
专业	双语行政管理	4.024	0.665 43	1.513	0.138
	其他专业	4.082 7	0.754 22		
年级	大一	4.042 3	0.804 84	1.525	0.206
	大二	4.087 2	0.680 25		
	大三	4.101 1	0.702 19		
	大四	3.400 4	0.459 25		
课程性质	通识必修课	4.067 7	0.758 58	0.535	0.75
	通识选修课	4.117 5	0.754 91		
	文理基础课	4.006 5	0.746 12		
	专业必修课	4.056 8	0.742 64		
	专业选修课	4.126 6	0.737 59		
	其他课程	3.823 5	0.643 87		
课程难易程度	很容易	4.057 8	0.950 66	3.551	0.007
	比较容易	4.168	0.708 77		
	一般	4.082 4	0.749 85		
	比较难	4.084 3	0.706 18		
	很难	3.823 8	0.875 4		
教师职称	讲师或助教	4.075 5	0.717 42	0.157	0.925
	副教授	4.077 4	0.748 46		
	教授	4.084 2	0.782 84		
	不清楚	4.049 7	0.728 88		

三、价值感知差异分析

表 6－13 反映的是不同学生群体对混合式教学价值感知的差异性。从性别来看，混合式教学对不同性别学生均产生了较高价值，男性学生感知到的价值略高于女性学生，但离散程度也更高，但性别差异并不显著（$P=0.085$），原因可能是男生参与积极性更高，拥有更多获得感。从所在学校来看，不同学校的学生对混合式教学的价值感知不存在显著差异（$P=0.239$），西北民大、北方民大和西南民大得分较高，而中南民大得分较低，且多数学校的得分低于 4 分，这说明混合式教学对于学生的价值还未能充分体现，混合式教学仍需要探

索、创新和完善。从民族差异来看，少数民族学生对混合式教学的价值感知略高于汉族学生，但两者之间不存在显著差异（$P=0.826$），原因可能是少数民族学生对于混合式教学这种新型教学方式接触较晚，原先基础相对较弱，通过混合式教学能感受到更多收获，这说明在民族院校开展混合式教学更为迫切和必要。许亚峰和姚军研究发现，因为语言问题，在参与在线教育的过程中，少数民族学生自我感知到的收获低于汉族学生[184]。秦超、王昕（2020）通过课堂观察也发现，线下课堂参与度的个体差异较大，但相比汉族学生，少数民族学生更加沉默和不善言辞，在表达展示环节中回避倾向更高[144]。因此，在实施混合式教学模式时，教师应该对少数民族学生给予更多关注和鼓励。

许亚峰、秦超等不同团队对少数民族学生学习特征的判断与我们的研究存在较大差异，我们的研究发现，少数民族学生更勇于发表自己的不同看法，且其离散程度更低。造成这种差异的原因，应该与我们的调研对象是以民族院校为主有关。民族院校中少数民族学生的比例更高，在教学和学生管理过程中也更加注重对于民族融合的关注，更加注重引导少数民族学生的积极性。这使得相比其他高校，民族院校为少数民族院校学生提供了更高质量的学习生活环境，其学习主动性和积极性得到了更好的发挥。同时，对比许亚峰、秦超等不同团队的研究结论，我们还可以得出，学生关怀、学习环境塑造对于学生学习行为具有重要影响。在培养少数民族人才方面，民族院校是具有显著优势的。

从专业来看，不同专业对混合式教学的价值感知存在显著差异（$P=0.004$），公共管理、行政管理专业较高，而物流管理、财务管理、人力资源管理专业较低，且多数专业低于 4 分，说明混合式教学在多数专业中的价值未能有效发挥。从年级看，大三学生对混合式教学的价值感知最高，而大四学生最低，且只有大三学生超过了 4 分，但并不存在显著差异（$P=0.216$），后续需要研究和探讨的是大四学生是否适合实施混合式教学，以及如果实施混合式教学，应该如何设计。从课程性质看，通识必修课、通识选修课、专业必修课、专业选修课、其他课程等不同课程之间，对混合式教学的价值感知不存在显著差异（$P=0.521$），但通识课程略高于专业课程，特别是通识选修课价值感知较高，原因可能是通识选修课的趣味性和实用性较强，更适合混合式教学。从课程难易程度来看，课程难易对于混合式教学的价值感知存在显著差异（$P=0.000$），课程难度最高的课程对混合式教学的价值感知最低，对于相对容易的课程，学生反而会有更多收获。原因可能是如果课程较为轻松容易，学生就会把更多精力放在全方位拓展上；如果课程难度大，学生就不得不把主要精力放在弄懂课程内容、确保过关上，对于其他能力的提升则缺乏足够的关注。从教师职称来看，不同职称教师教授的学生对混合式教学的价值感知虽不存在显著差异（P=0.055），但呈现出教授高于副教授，副教授高于讲师的特点，说明教师职称越高，学生的收获越大。因此，从提升学生受益的角度，也应该鼓励更多高职称教师采用混合式教学。

表 6-13 价值感知差异描述性统计

分类标准	类别	平均值	标准偏差	F	显著性
性别	男	3.993 1	0.846 93	2.969	0.085
	女	3.895 1	0.812 93		
所在学校	西南民族大学	3.930 4	0.837 03	1.333	0.239
	中央民族大学	3.898 8	0.802 54		
	中南民族大学	3.813 3	0.761 90		
	西北民族大学	4.602 8	0.573 82		
	北方民族大学	4.006 8	.		
	大连民族大学	3.973 6	0.864 49		
	其他	4.142 4	0.513 5		
是否是少数民族	是	3.923 5	0.817 09	0.048	0.826
	否	3.911 8	0.834 52		
专业	工商管理	3.828 5	0.855 15	2.707	0.004
	人力资源管理	3.774 6	0.838 56		
	市场营销	3.884 0	0.806 57		
	会计学	3.991 3	0.744 18		
	财务管理	3.776 4	0.787 10		
	物流管理	3.695 5	1.127 51		
	公共管理	4.024 0	0.802 00		
	行政管理	4.073 7	0.759 77		
	双语行政管理	3.849 1	0.745 40		
	其他专业	4.033 6	0.829 66		
年级	大一	3.896 0	0.871 50	1.49	0.216
	大二	3.884 5	0.791 18		
	大三	4.008 7	0.759 51		
	大四	3.712 0	0.770 04		

（续）

分类标准	类别	平均值	标准偏差	F	显著性
课程性质	通识必修课	3.930 6	0.854 06	0.84	0.521
	通识选修课	4.078 2	0.690 16		
	文理基础课	3.708 9	0.803 98		
	专业必修课	3.923 9	0.801 02		
	专业选修课	3.857 1	0.895 74		
	其他课程	3.776 5	0.704 76		
课程难易程度	很容易	4.017 8	0.616 13	6.012	0.000
	比较容易	4.114 2	0.761 16		
	一般	3.892 8	0.841 05		
	比较难	3.953 6	0.793 36		
	很难	3.609	0.909 02		
教师职称	讲师或助教	3.938	0.799 44	2.542	0.055
	副教授	3.940 5	0.842 15		
	教授	4.007 9	0.843 75		
	不清楚	3.845 9	0.803 23		

四、学习方式差异分析

学习方式量表评测的是学生对混合式教学学习方式的适应和实践情况，从表 6-14 可以看出，现阶段，民族院校管理类专业的学生对混合式教学学习方式的适应还处在由传统教学到混合式教学的转换过程中，尚未很好地适应混合式教学的学习方式要求。从性别来看，不同性别学生的学习方式不存在显著差异（$P=0.427$），男性学生的学习方式略优于女性学生，但离散程度也更高。从所在学校来看，不同学校的学生对混合式教学学习方式的适应程度不存在显著差异（$P=0.134$），西北民大、北方民大和西南民大较高，而中南民大较低，且没有一所学校的得分高于 4 分，说明混合式教学学习方式的转换滞后是一个普遍性问题，各高校均应予以重视。从民族差异来看，少数民族学生对混合式教学学习方法的实践略高于汉族学生，但两者之间不存在显著差异（$P=0.793$），尽管少数民族学生的基础较为薄弱，但他们学习更为认真，对教师布置的任务执行力更强。从专业来看，不同专业的学习方式存在显著差异（$P=0.002$），公共管理、行政管理、物流管理专业得分较高，而工商管理、财务管理、双语行政管理专业得分较低，且均低于 3.5 分，说明所有专业都未完全形成正确的学习方式；从年级看，各年级之间并不存在显著差异（$P=0.233$），只是大三学生要略高一些，且大一学生也较高，这说明学习方式的转换需要一个过程。学校的目标应该是尽可能缩短这一过程，大一学生得分较高，也证明了学生在大一实现学习方式转换是可能的。从课程性质看，不同课程之间，混合式教学学习方式不存在显著差异（$P=0.303$），但通识课程略高于专业课程，特别是通识选修课价值感知较高，原因可能是通识选修课的趣味性和实用性较强，更适合混合式教学；而且通识必修课多是统一进行教学设计，在统一组织下，学生学习方式更容易实现转换。从课程难易程度来看，课程难易程度对于学生的学习方式存在显著影响（$P=0.000$），学生对于比较容易的课程，学习方式转换得比较快，对于难度较高的课程，反而在预习、复习、自学、课程讨论等方面投入的精力不多。原因可能是学生的学习能力有待提升，同时存在畏难情绪，对于难度较高的课程和知识点缺乏攻坚精神和意识。从教师职称来看，不同职称教师教授学生的学习方式虽不存在显著差异（$P=0.96$），但呈现出教授高于副教授、副教授高于讲师的特点，说明教师职称越高，经验越丰富，对学生学习方式转换的指导越有效，低职称教师由于缺乏经验，对学生学习方式的指导较为滞后，这也说明加强对年轻教师的教学技术培训很有必要。

表 6-14　学习方式差异描述性统计

分类标准	类别	平均值	标准偏差	F	显著性
性别	男	3.248 4	0.629 84	0.632	0.427
	女	3.216 0	0.574 68		
所在学校	西南民族大学	3.263 4	0.575 74	1.636	0.134
	中央民族大学	3.191 5	0.545 51		
	中南民族大学	3.136 8	0.536 47		
	西北民族大学	3.714 3	0.474 75		
	北方民族大学	3.240 0	—		
	大连民族大学	3.207 2	0.677 62		
	其他	3.311 5	0.423 30		
是否是少数民族	是	3.227 4	0.594 40	0.069	0.793
	否	3.217 4	0.577 89		
专业	工商管理	3.110 0	0.609 89	2.987	0.002

（续）

分类标准	类别	平均值	标准偏差	F	显著性
专业	人力资源管理	3.185 9	0.578 41	2.987	0.002
	市场营销	3.155 6	0.672 57		
	会计学	3.258 9	0.510 76		
	财务管理	3.103 0	0.569 02		
	物流管理	3.251 8	0.617 40		
	公共管理	3.362 3	0.573 17		
	行政管理	3.325 6	0.536 08		
	双语行政管理	3.116 4	0.555 27		
	其他专业	3.289 4	0.606 72		
年级	大一	3.208 3	0.634 40	1.428	0.233
	大二	3.198 4	0.547 87		
	大三	3.286 3	0.545 24		
	大四	3.073 8	0.483 92		
课程性质	通识必修课	3.268 9	0.568 67	1.208	0.303
	通识选修课	3.295 9	0.532 87		
	文理基础课	3.059 6	0.439 25		
	专业必修课	3.198 9	0.602 98		
	专业选修课	3.239 9	0.612 30		
	其他课程	3.061 4	0.520 29		
课程难易程度	很容易	3.298 6	0.559 21	8.274	0.000
	比较容易	3.382 6	0.525 93		
	一般	3.219 7	0.578 28		
	比较难	3.243 4	0.568 92		
	很难	2.953 9	0.701 80		
教师职称	讲师或助教	3.224 3	0.608 07	2.122	0.096
	副教授	3.261 6	0.548 92		
	教授	3.275 6	0.607 70		
	不清楚	3.175 2	0.581 68		

五、质量感知差异分析

质量感知量表评测的是学生对混合式教学课程质量的综合评价，从表6-15可以看出，现阶段，民族院校管理类学生对混合式教学课程建设质量评价较高。从性别来看，不同性别学生对课程质量的评价不存在显著差异（$P=0.442$），男性学生的评价略高于女性学生，但离散程度也更高。从所在学校来看，不同学校的学生对混合式教学课程质量的评价存在显著差异（$P=0.006$），西北民大超过4.5分，评价最高，结合其他量表的结果，可以看出西北民大对于混合式教学是较为重视的，也取得了领先其他民族院校的成绩，值得其他民族院校学习和借鉴其做法。而属于非民族院校的其他院校评价排名第二，也说明在混合式教学课程质量方面，民族院校是相对落后的。从民族差异来看，少数民族学生对混合式教学课程质量的评价略低于汉族学生，但两者之间不存在显著差异（$P=0.387$），这说明汉族学生的学习能力相对少数民族学生可能更强，也具有更强的接受能力。从专业来看，不同专业学生对课程质量的评价存在显著差异（$P=0.006$），工商管理和财务管理评价较低，而公共管理类专业评价较高，管理类专业内部差异并不大，很多课程都是相似的，其内部差异可能主要受任课教师的影响。从年级看，各年级对课程质量的评价并不存在显著差异（$P=0.137$），只是相对来说，大三、大一学生评价略高一些，而大四最低。“大四难教”已经成为痼疾，教师教着痛苦，学生评价却最低，如何更好地实施大四教学，迫切需要进一步研究探索。从课程性质看，学生对于不同性质课程的评价不存在显著差异（$P=0.29$），但通识课程评价较高，而文理基础课较低，原因可能是文理基础课难度较高，通识课多属于素质课程，内容丰富且难度不高，学生评价相对会较高。从课程难易程度来看，学生对于不同难度课程的质量评价存在显著差异（$P=0.003$），学生对于比较容易的课程评价较高，但对高难度课程评价明显偏低。难度高的课程教师讲授难度也更大，在对教师进行绩效考核时是否需要将课程难度考虑在内需要探讨。从教师职称来看，不同职称教师教授的课程质量不存在显著差异（$P=0.087$），但呈现出教授和讲师或助教的课程评价相对较高，而副教授偏低，原因可能是教授经验更为丰富，学生对于教授认同度更高，而讲师或助教多为年轻博士，学科前沿掌握更好，与学生能更好地沟通，学生评价也相对较高，副教授可能产生了职业倦怠，以及受职称晋升压力的影响。

表 6-15　质量感知差异描述性统计

分类标准	类别	平均值	标准偏差	*F*	显著性
性别	男	4.115 5	0.697 79	0.592	0.442
	女	4.078 8	0.684 74		
所在学校	西南民族大学	4.129 5	0.672 84	3.02	0.006
	中央民族大学	4.095 4	0.637 40		
	中南民族大学	3.932 0	0.672 45		
	西北民族大学	4.568 8	0.609 03		
	北方民族大学	3.999 6	.		
	大连民族大学	4.110 6	0.742 75		
	其他	4.333 3	0.492 85		
是否是少数民族	是	4.075 8	0.687 53	0.748	0.387
	否	4.114 1	0.688 99		
专业	工商管理	3.961 8	0.762 18	2.58	0.006
	人力资源管理	4.074 8	0.677 29		
	市场营销	4.056 0	0.714 20		
	会计学	4.005 3	0.628 01		
	财务管理	3.913 4	0.705 01		
	物流管理	4.062 2	0.734 02		
	公共管理	4.214 7	0.666 97		
	行政管理	4.193 2	0.672 92		
	双语行政管理	4.005 0	0.612 46		
	其他专业	4.189 9	0.665 10		
年级	大一	4.089 0	0.722 26	1.846	0.137
	大二	4.033 5	0.669 10		
	大三	4.155 2	0.636 55		
	大四	3.760 8	0.867 03		
课程性质	通识必修课	4.130 6	0.679 49	1.236	0.29
	通识选修课	4.175 6	0.597 26		
	文理基础课	3.956 3	0.610 48		
	专业必修课	4.061 5	0.691 98		
	专业选修课	4.117 4	0.723 64		
	其他课程	3.790 2	0.717 09		

（续）

分类标准	类别	平均值	标准偏差	F	显著性
课程难易程度	很容易	4.081 5	0.473 74	3.972	0.003
	比较容易	4.246 4	0.674 20		
	一般	4.087 9	0.687 34		
	比较难	4.092 4	0.669 72		
	很难	3.886 5	0.773 89		
教师职称	讲师或助教	4.136 0	0.665 40	2.196	0.087
	副教授	4.109 7	0.677 51		
	教授	4.142 7	0.686 27		
	不清楚	4.027 1	0.697 33		

六、学生适应性差异分析

学生适应性量表评测的是学生对混合式教学模式的适应程度，评估其从传统教学到混合式教学的转换情况。从表 6-16 可以看出，现阶段，民族院校管理类专业学生对混合式教学模式的适应处于“比较适应”阶段，还未完全适应混合式教学模式的相关要求。从性别来看，不同性别学生对混合式教学模式的适应不存在显著差异（$P=0.136$），男性学生的适应性略优于女性学生，但离散程度也更高，原因可能是男性学生的课堂发言、讨论、团队合作等方面相对女性学生具有一定优势。在混合式教学的课程小组组建时应尽量要求男女混合组队，以充分利用性别差异带来的互补优势。张成龙等人的研究也发现，男女学生在学习适应性方面存在显著性差异，且男性学生的均值高于女性学生[138]，这与本书的结论是一致的。

从所在学校来看，不同学校的学生对混合式教学模式的适应性不存在显著差异（$P=0.103$），西北民大明显高于其他学校，从前面的分析中我们得出了西北民大实施混合式教学情况较好的结论，相应的，其学生对混合式教学的适应情况也明显占优，而中南民大则正好相反。通过校际差异分析也可以得出另外一个结论，即高校排名与其教学创新实施情况可能没有什么关系，民族高校中排名靠前的中央民大和中南民大在混合式教学方面并没有展现出优势。

从民族差异来看，少数民族学生对混合式教学模式的适应性要略优于汉族学生，且离散程度更低，但两者之间不存在显著差异（$P=0.726$），原因可能是少数民族学生虽然基础相对薄弱，但他们更努力，对教师的要求能够更认真地去执行。对于少数民族学生，在教学中应给予更多鼓励和认可。

从专业来看，不同专业学生对混合式教学模式的适应性存在显著差异（$P=0.002$），公共管理专业学生的适应性较高，但财务管理专业学生和双语行政管理专业学生适应性较差。由于双语行政管理专业的学生全部属于一个少数民族，这类学生的学习基础相对较差，自信心方面存在一些问题，这可能对其适应性产生不利的影响，需要重点予以关注。

从年级看，各年级对混合式教学模式的适应性并不存在显著差异（$P=0.515$），只是大三学生要略高一些，且大一学生也较高，大四学生在这一量表中的得分相比其他量表来说是比较高的，说明混合式教学模式的适应是需要时间的，因此混合式教学模式应尽早实施。张成龙等人的研究得出了相似的结论，即年级对学习适应没有显著影响[138]。

从课程性质看，学生对于不同性质课程的适应性不存在显著差异（$P=0.271$），但对通识课程的适应性相对较高，而对文理基础课程的适应性相对较低。原因可能是文理基础课难度较大，对其实施混合式教学相对困难，而通识课尤其是通识选修课实施混合式教学相对容易。

从课程难易程度来看，学生对于不同难度课程的教学适应性存在显著差异（$P=0.000$），因此可以再次得出结论，难度很大的课程可能并不适合实施混合式教学模式；从教师职称来看，学生对不同职称教师所授课程的适应性并不存在显著差异（$P=0.137$），但呈现出对教授和讲师或助教的课程适应性相对较高，而对副教授的相对偏低，实施混合式教学呈现出“两端高中间低”的特点。因此，这一特征应该引起重视，需要重点考虑如何激发副教授职称教师的教学创新动力。

表 6-16　学生适应性差异描述性统计

分类标准	类别	平均值	标准偏差	F	显著性
性别	男	3.969 1	0.784 57	2.228	0.136
	女	3.888 5	0.778 8		
所在学校	西南民族大学	3.922 7	0.765 31	1.766	0.103
	中央民族大学	3.963 3	0.563 61		
	中南民族大学	3.784 9	0.774 72		
	西北民族大学	4.796 2	0.288 29		

（续）

分类标准	类别	平均值	标准偏差	*F*	显著性
所在学校	北方民族大学	4.212 9	—	1.766	0.103
	大连民族大学	3.967 1	0.856 18		
	其他	4.005 3	0.653 08		
是否是少数民族	是	3.914 4	0.773 74	0.123	0.726
	否	3.896 8	0.796 25		
专业	工商管理	3.839 0	0.846 64	2.924	0.002
	人力资源管理	3.868 2	0.736 48		
	市场营销	3.901 4	0.836 11		
	会计学	3.872 8	0.722 79		
	财务管理	3.660 0	0.812 00		
	物流管理	3.716 3	0.878 91		
	公共管理	4.016 3	0.737 29		
	行政管理	4.066 3	0.693 08		
	双语行政管理	3.785 3	0.701 57		
	其他专业	4.006 8	0.828 93		
年级	大一	3.889 0	0.831 53	0.762	0.515
	大二	3.887 6	0.730 35		
	大三	3.970 8	0.740 91		
	大四	3.890 8	0.669 05		
课程性质	通识必修课	3.945 2	0.790 94	1.277	0.271
	通识选修课	4.107 9	0.643 03		
	文理基础课	3.730 9	0.810 08		
	专业必修课	3.885 0	0.784 75		
	专业选修课	3.896 0	0.774 26		
	其他课程	3.693 9	0.811 69		
课程难易程度	很容易	3.979 8	0.491 72	6.403	0.000
	比较容易	4.081 5	0.750 44		
	一般	3.904 3	0.785 54		
	比较难	3.935 8	0.743 50		
	很难	3.585 5	0.916 70		

（续）

分类标准	类别	平均值	标准偏差	F	显著性
教师职称	讲师或助教	3.965 4	0.764 05	1.844	0.137
	副教授	3.922 9	0.764 22		
	教授	3.965 5	0.794 64		
	不清楚	3.846 3	0.780 31		

七、学生满意度差异分析

学生满意度量表评测的是学生对混合式教学课程的满意程度，提高教学质量，提升学生满意度是高校进行教学模式改革的初心和重要目标。从表6-17可以看出，现阶段，民族院校管理类专业的学生对混合式教学课程是“比较满意”的，应该说尽管还存在很多不足与可提升空间，但混合式教学模式初步实现了教学改革的初定目标。从性别来看，不同性别学生的满意度不存在显著差异（$P=0.305$），男性学生的满意度略高于女性学生，但离散程度也更高，女性学生的满意度则相对稳定。从所在学校来看，不同学校学生的满意度存在显著差异（$P=0.019$），西北民大明显高于其他学校，而中南民大最低。可见，学校的重视程度和混合式教学的实施状况与学生满意度是密切相关的，学校是将重心放在学术科研方面还是课堂教学、学生培养方面，对学生满意度会产生重要影响。从民族差异来看，少数民族学生对混合式教学的满意度要略低于汉族学生，且离散程度更高，但两者之间不存在显著差异（$P=0.597$）。结合前面的分析，少数民族学生更努力、执行力也更强，但满意度却相对较低，原因可能是民族院校教师多数是汉族，在进行课程内容设计、教学方式选择等方面缺少对少数民族特殊性的充分考虑。从专业来看，不同专业学生对混合式教学的满意度存在显著差异（$P=0.000$），公共管理专业学生的满意度较高，而财务管理专业学生和双语行政管理专业学生满意度较低，说明混合式教学模式的设计需要充分考虑专业特征，特别是专业基础课的师资配置还需要进一步研究，需要考虑是强调专业对口还是强调专业互补。有研究发现，不同专业学生对于教学满意度并无差异存在[142]。由此可见，不同专业学生与教学满意度的关系可能受学校、学生、教师、课程等多种因素的影响。

从年级看，各年级对混合式教学的满意度并不存在显著差异（$P=0.088$），只是大三和大一的满意度略高，大一高的原因可能是初次接触专业学习，新鲜感和获得感较强，而大三高的原因可能是已经对混合式教学模式较为熟悉。从课程性质看，学生对于不同性质课程的满意度不存在显著差异（$P=0.275$），但对通识课程的满意度相对较高，而对文理基础课和专业必修课的满意度相对较低，这需要引起重视，这两类课程对专业学习和发展十分重要，满意度低说明教学方面存在一些问题。从课程难易程度来看，学生对于不同难度课程的满意度存在显著差异（$P=0.001$），主要是对于高难度课程，学生满意度较低，再次说明需要针对课程特点进行教学模式选择和设计，不管是对学生的考核还是对教师的考核都应该考虑课程难易程度带来的影响。从教师职称来看，学生对不同职称教师所授课程的满意度并不存在显著差异（$P=0.076$），但对讲师或助教的满意度较高，而对副教授的满意度偏低，有必要对其中的原因进行进一步研究，学生对教师职称“不清楚”的满意度是最低的，这证明了师生沟通以及相互了解的重要性。

表 6-17　学生满意度差异描述性统计

分类标准	类别	平均值	标准偏差	F	显著性
性别	男	4.029 9	0.757 95	1.053	0.305
	女	3.977 1	0.739 34		
所在学校	西南民族大学	4.020 1	0.732 01	2.53	0.019
	中央民族大学	3.938 7	0.659 05		
	中南民族大学	3.847 6	0.695 74		
	西北民族大学	4.801 0	0.281 5		
	北方民族大学	4.797 8	—		
	大连民族大学	4.041 6	0.834 59		
	其他	4.134 6	0.446 53		
是否是少数民族	是	3.982 3	0.749 72	0.28	0.597
	否	4.007 6	0.732 67		
专业	工商管理	3.924 6	0.825 41	3.713	0.000
	人力资源管理	3.908 6	0.724 61		
	市场营销	3.977 7	0.829 72		
	会计学	3.935 6	0.607 85		
	财务管理	3.741 0	0.760 62		
	物流管理	3.892 2	0.828 3		
	公共管理	4.112 1	0.689 1		

(续)

分类标准	类别	平均值	标准偏差	F	显著性
专业	行政管理	4.176 9	0.678 91	3.713	0.000
	双语行政管理	3.839 4	0.677 29		
	其他专业	4.082 3	0.740 73		
年级	大一	3.985 0	0.795 23	2.187	0.088
	大二	3.934 8	0.694 78		
	大三	4.072 3	0.694 87		
	大四	3.548 2	0.726 72		
课程性质	通识必修课	4.028 1	0.754 52	1.268	0.275
	通识选修课	4.130 0	0.592 95		
	文理基础课	3.857 8	0.766 87		
	专业必修课	3.955 6	0.746 57		
	专业选修课	4.042 3	0.755 26		
	其他课程	3.754 1	0.708 26		
课程难易程度	很容易	3.976 8	0.481 72	4.602	0.001
	比较容易	4.148 6	0.721 87		
	一般	3.981 9	0.741 18		
	比较难	4.011 1	0.723 37		
	很难	3.739 6	0.850 19		
教师职称	讲师或助教	4.068 3	0.692 49	2.295	0.076
	副教授	3.941 5	0.727 98		
	教授	4.053 7	0.746 14		
	不清楚	3.939 8	0.761 41		

八、学生抱怨差异分析

学生抱怨量表评测的是学生对混合式教学中存在问题的反应程度和反应方式，反映了学生参与教学模式改革的程度以及与教师的互动反馈情况。根据我们在研究初期的预测，在混合式教学模式下，学生可以通过线上平台向教师进行匿名提问，且提问没有时空限制。实施混合式教学后，学生对于不同意见的表达应该是非常通畅的，现实情况如何呢？

从表 6－18 可以看出，现阶段，当发现教学存在问题时，管理类专业的学生发表意见情况处于“一般”水平。从性别来看，不同性别学生的抱怨存在显著差异（$P=0.000$），这是与前面量表的一个明显区别，说明男性学生更敢于表达自己的不同意见，同时也需要教师引导更多女性学生发表自己的意见。从学校来看，不同学校学生的抱怨存在显著差异（$P=0.05$），西南民大的学生在这方面表现较好，而中南民大的学生在这方面得分最低，结合前面的量表数据，说明混合式教学实施情况的好坏与学生是否能够畅所欲言有很大关系。从民族差异来看，相对于汉族学生，少数民族学生更勇于发表自己的不同看法，且其离散程度更低，这可能与少数民族具有更为耿直和外向的性格有关，汉族学生相对来说要内敛一些。从专业来看，不同专业学生的学生抱怨不存在显著差异（$P=0.054$），行政管理专业得分相对较高，而财务管理专业和会计学专业相对较低，所学专业可能确实会对学生的行为特征产生一定影响。从年级看，各年级的学生抱怨并不存在显著差异（$P=0.173$），只是大三和大一学生略高一些，而大四明显偏低，原因可能是大一学生刚进入大学，胆子相对大些，而大二的学生认为自己应该“成熟一点了”，大三学生则认为自己是老生了，对大学情况更熟悉了，行为方式更趋理性，大四学生临近毕业，容易产生“没必要提意见”的心理。从课程性质看，学生对于不同性质课程的学生抱怨存在显著差异（$P=0.036$），学生对于通识课程提意见要多一些，对于自己相对熟悉的教师讲授的专业课程提意见则明显少一些，原因可能是更熟悉导致不好意思或不愿提意见，因此专业课教师应该更多地鼓励学生提出意见或建议。从课程难易程度来看，学生对于不同难度课程的学生抱怨并不存在显著差异（$P=0.942$），学生基本做到了对不同难度课程“一视同仁”，也反映出学生对于推动教学改革的意识较为软弱，在学校教学改革中尚处于被动地位，这与中国高校“以生为本”的发展理念是相冲突的。从教师职称来看，不同职称教师所授课程学生的学生抱怨并不存在显著差异（$P=0.149$），但教授高于讲师或助教，讲师或助教高于副高，也就是说，学生对教授反而更勇于去发表意见，对讲师或助教则可能是因为教师职称低或年轻，与学生心理距离小，学生更敢于发表意见。

教育信息化在教育领域内引发了思想巨变和文化更新，传统课堂教学模式已经无法满足学生的个性化需求，传统教学模式中的师生关系也需要变革和重构[3]。师生关系应该由过去的“师生对立观”向“师生一体观”转变，即把教师与学生看成是共生、共存、同进步的命运共同体；应该由过去的“师生固滞观”向“师生互换观”转变[185]。只有师生关系更加平等，学生抱怨才能有效改善，混合式教学成效才能持续提升。

表 6-18　学生抱怨差异描述性统计

分类标准	类别	平均值	标准偏差	F	显著性
性别	男	3.421	1.097 77	19.29	0.000
	女	3.094 2	1.067 41		
所在学校	西南民族大学	3.222 4	1.088 93	2.103	0.05
	中央民族大学	3.003 3	1.154 20		
	中南民族大学	3.021 4	0.987 34		
	西北民族大学	4.811 9	0.265 31		
	北方民族大学	3.999 6	—		
	大连民族大学	3.216 3	1.144 52		
	其他	3.304 3	0.954 21		
是否是少数民族	是	3.215 9	1.066 8	3.128	0.077
	否	3.092 5	1.116 55		
专业	工商管理	3.114 7	1.055 24	1.859	0.054
	人力资源管理	3.000 8	1.078 99		
	市场营销	3.266 4	1.145 20		
	会计学	3.075 1	1.035 66		
	财务管理	2.854 7	0.955 57		
	物流管理	3.274 7	1.113 25		
	公共管理	3.272 3	1.064 88		
	行政管理	3.325 6	1.104 43		
	双语行政管理	3.239 3	0.998 53		
	其他专业	3.200 7	1.141 35		
年级	大一	3.197 1	1.099 96	1.664	0.173
	大二	3.082 6	1.055 31		
	大三	3.255 9	1.084 91		
	大四	2.655 9	0.908 32		
课程性质	通识必修课	3.245 4	1.124 56	2.391	0.036
	通识选修课	3.397 7	1.018 85		
	文理基础课	3.133 5	1.072 88		
	专业必修课	3.164 5	1.053 69		
	专业选修课	2.942 7	1.139 13		
	其他课程	3.632 3	0.749 42		

（续）

分类标准	类别	平均值	标准偏差	F	显著性
课程难易程度	很容易	3.104 4	1.270 47	0.194	0.942
	比较容易	3.215 5	1.184 2		
	一般	3.155 1	1.057 87		
	比较难	3.195 2	1.073 03		
	很难	3.123 3	1.088 7		
教师职称	讲师或助教	3.207 2	1.081 43	1.78	0.149
	副教授	3.092 4	1.104 42		
	教授	3.283 5	1.062 26		
	不清楚	3.124 4	1.089 12		

九、学生忠诚差异分析

学生忠诚量表评测的是学生对混合式教学模式的认可和接受程度。通过这一量表，一方面，我们可以评估学生对混合式教学总的接受程度，预测未来的发展前景；另一方面，我们可以通过差异分析，找出哪些群体对混合式教学模式的接受程度高，为完善混合式教学模式提供参考。从表 6-19 可以看出，现阶段，民族院校管理类专业学生对混合式教学模式的忠诚度相对较高，接近“比较符合”水平，说明学生们对混合式教学是基本认可的，这还是在混合式教学发展处于初级阶段、比较粗放的前提下。我们相信，随着混合式教学模式的不断完善，其在教学改革和学生培养方面，一定能发挥更大、更显著的作用。

从性别来看，不同性别学生对混合式教学模式的忠诚度不存在显著差异（$P=0.861$），男性学生的忠诚度略高于女性学生，但离散程度也更高，女性学生的忠诚度则相对稳定，总体来讲性别差异并不大，在设计混合式教学模式时对于性别差异可以不做考虑或不重点考虑。从不同学校来看，不同学校学生的忠诚度并不存在显著差异（$P=0.147$），在忠诚度方面，西南民大并无明显优势，说明混合式教学应该还有很多可以改善的地方，进而提高对学生的吸引力。相比非民族院校，民族院校学生对混合式教学的忠诚度相对较低，也说明民族院校在混合式教学改革中是相对滞后的。从民族差异来看，少数民族学生对混合式教学的忠诚度略低于汉族学生，且离散程度更低，但两者之间不存在显著差异（P=0.295）。说明相对少数民族学生，汉族学生在接受新型教学模式方面更具勇气，更喜欢挑战性，少数民族学生则显得相对保守一些。从不同专业来看，不同专业学生对混合式教学的忠诚度存在显著差异（P=0.000），公共管理专业的忠诚度较高，但财务管理、市场营销、工商管理等专业忠诚度较低。结合前面的量表结果，可以认为满意度越高其忠诚度相应的也会越高，这是一个良性循环，如果没有好的学习体验，学生自然难以产生高的忠诚度，这就要求混合式教学既然要做就要做好，不能搞形式主义、走过场。从不同年级看，各年级学生对混合式教学模式的忠诚度并不存在显著差异（P=0.083），呈现出由大一到大三逐渐增加的趋势，说明随着学习经历的增加，学生对混合式教学模式的接受度和认可度是在提升的。从课程性质看，学生对于不同性质课程的忠诚度不存在显著差异（P=0.635），而与课程难易程度有显著关系（P=0.000），结合文理基础和专业必修课忠诚度较低的情况，说明课程难度较低的课程更容易让学生产生较高的忠诚度。因此，如果要推广混合式教学，建议首先从相对简单的课程入手，由易到难，循序渐进，以取得更好的效果。就如某高数教师所说：曾经试过混合式教学，但是学生应付情绪较大，专业知识也比较抽象，有教师讲解可能要好一些[186]。从教师职称来看，不同职称教师所授课程学生的忠诚度并不存在显著差异（P=0.093），但教授和讲师所授课程的学生忠诚度要高一些，结合上面的相关结论，建议各学校在审批混合式教学示范课程时，可优先考虑教授和讲师职称的教师。

表 6-19　学生忠诚差异描述性统计

分类标准	类别	平均值	标准偏差	F	显著性
性别	男	3.932 4	0.833 18	0.03	0.861
	女	3.922 9	0.767 27		
所在学校	西南民族大学	3.951 5	0.763 25	1.588	0.147
	中央民族大学	3.987 4	0.626 80		
	中南民族大学	3.800 4	0.757 18		
	西北民族大学	4.738 5	0.369 11		
	北方民族大学	3.999 6	—		
	大连民族大学	3.956 7	0.880 99		
	其他	4.006 7	0.686 41		

（续）

分类标准	类别	平均值	标准偏差	F	显著性
是否是少数民族	是	3.908 4	0.770 82	1.098	0.295
	否	3.961 3	0.811 32		
专业	工商管理	3.817 2	0.904 94	3.433	0.000
	人力资源管理	3.878 0	0.716 68		
	市场营销	3.801 5	0.905 71		
	会计学	3.862 2	0.729 01		
	财务管理	3.685 0	0.788 69		
	物流管理	3.910 3	0.830 98		
	公共管理	4.052 3	0.765 85		
	行政管理	4.089 5	0.695 49		
	双语行政管理	3.823 1	0.647 63		
	其他专业	4.063 5	0.787 34		
年级	大一	3.906 5	0.835 45	2.233	0.083
	大二	3.931 1	0.717 87		
	大三	3.967 1	0.755 52		
	大四	2.998 6	0.549 66		
课程性质	通识必修课	3.956 0	0.816 84	0.685	0.635
	通识选修课	4.004 5	0.624 38		
	文理基础课	3.938 4	0.808 40		
	专业必修课	3.893 6	0.781 87		
	专业选修课	3.980 3	0.780 38		
	其他课程	3.727 1	0.647 76		
课程难易程度	很容易	3.986 5	0.541 28	5.563	0.000
	比较容易	4.072 2	0.817 85		
	一般	3.892 3	0.795 46		
	比较难	3.972 3	0.738 50		
	很难	3.631 6	0.875 73		
教师职称	讲师或助教	3.944 0	0.744 43	2.143	0.093
	副教授	3.895 8	0.808 13		
	教授	4.011 6	0.791 36		
	不清楚	3.871 2	0.779 61		

第七章　混合式教学设计实例：以《微观经济学》为例

2021年2月23日，在教育部新闻发布会上，教育部高等教育司司长吴岩表示，课程是人才培养的核心要素，只有把课程建好建强，才能真正使人才培养质量得到最根本、最坚实的保障[187]。先进的教育理念和教学内容，只有通过好的课程才能真正在学生身上发挥作用。“高等学校的教学改革，改到深处是课程，改到痛处是教师。”[188]为应用和践行本书理论分析和实证分析的研究结论，使混合式教学改革更好地落地、落实，我们以《微观经济学》课程为例，探讨如何实施混合式教学。目的是通过混合式教学改革，实现“管理严起来、学生忙起来、课业难起来、教师强起来、质量高起来”。这既是对前面理论和实证研究结论的应用和检验，也可以为其他课程实施混合式教学提供参考。

第一节　混合式教学设计的价值取向与设计思路

一、价值取向

混合式教学使得同步教学与异步教学的连接、协作成为可能，也使得混合式学习环境的可变性成倍增加。如何设计混合式教学，使线下课堂教学与在线学习无缝衔接，帮助学生实现深度学习，这是混合式教学设计首先要面临的挑战[16]。按照建构主义理论，学生是知识学习的主体，是知识的主动建构者；教师是知识学习的设计师，需要构建以学生为中心的教学模式，根据课程目标进行逆向教学设计[189]。逆向教学设计包括以下三要素：一是能够使学生有机会参与探究活动，提高知识迁移能力；二是充分发挥学生的自学能力和创新精神；三是以多元评价提升学生的多元认知能力和深度学习能力[16]。因此，混合式教学设计的价值取向应从过去的“以学科知识为中心”转向“以学生学习为中心”，设计目的是培养学生的学习兴趣、提升学生学习能力。教学设计价值取向的转变，必然会要求学习内容、学习资源、学习方式、学习活动以及学习评价方式等发生相应变化。

本书基于对混合式教学模式改革的研究，以《微观经济学》为例，对混合式教学课程教学设计进行了探索。

二、设计原则

好的教学效果的实现需要以好的教学设计为前提，实施混合式教学更需要提前做好教学设计。混合式教学的流程设计要遵循可行性原则、个性化原则与系统优化原则。

（一）可行性原则

可行性原则指混合式教学的具体设计，包括教学内容、教学方法、教学流程、教学评价等，要能具体落地落实，以达到预期的教学效果。一方面，教学流程要在教师和学生的能力和接受范围内；另一方面，学校要具备实施混合式教学的软硬件条件，如智慧教室、课程资源平台等。

（二）个性化原则

个性化原则指混合式教学设计要以推进学生的个性化发展为前提，这是混合式教学“教师主导、学生主体”教学地位和“以学生为中心”教学理念的核心，也是“因材施教”培养目标的具体要求。

（三）系统优化原则

混合式教学模式是一个由多教学环节、多教学子系统构成的复杂系统，其顺利实施需要保持各教学环节之间的有机联系，通过各子系统之间的相互协作，通过系统整合获得“1＋1＞2”的组合效果。同时，需要对各教学要素进行系统优化，对整个教学流程进行全面、科学的设计。

三、设计思路

与传统教学模式相比，混合式教学更加强调学生的中心性和主动性，如何引导学生实现主动学习是整个混合式教学设计的关键所在。本书构建的基于“蓝墨云班课＋BOPPPS”的“线上＋线下”六步法混合式教学模式，是一种将线下课堂教学与线上教学紧密结合，以学生为中心，充分发挥学生主动性的一种创新型教学模式。

在设计教学流程之前，要重点分析学生特征、学习内容和学习环境三方面内容。①学生特征分析。混合式教学的最大特征就是以学生为中心，在开展混合式教学之前，首先要充分了解学生的共性特征、个性特点、学习风格及学习基础等。除此之外，还要对教学班级规模、男女比例、民族构成甚至家庭状况等进行综合分析，以确保混合式教学最佳效果的实现。对于民族院校来说，教师还需要掌握不同民族的文化特点，充分尊重不同民族的文化习俗。②学习内容分析。学习内容分析是实施混合式教学模式的前提和基础，教师需要通过学习内容分析把握整门课程知识内容的主次与难易程度，确定哪些内容适合线上教学，哪些内容适合线下教学，线上线下的最优占比，以及衔接形式等，以实现教学方式与教学内容的最佳匹配。③学习环境分析。混合式教学学习环境分析主要是为了评估本课程教学是否具备开展混合式教学的客观条件。学习环境主要包括网络学习环境、理论学习环境以及实训实习环境三个方面。其中，网络学习环境是基于互联网构建的网络学习平台；理论学习环境是适合小组学习的教室环境和自由和谐的课堂学习氛围；实训实习环境是具备专业实训教具以及真实的模拟场景。

管理类专业公共基础课《微观经济学》理论性强、内容抽象，知识点多、模型多，在传统教学模式下，学生很难深刻理解课程理论内容，灵活运用更是困难，教学效果很不理想。蓝墨云班课是一款基于移动互联环境的线上教学工具，可同时支持手机 App 和 PC 端的使用，可以实现师生之间的资源相互推送、即时互动以及作业和测验的布置及相互评价等。蓝墨云班课平台具备相对完善的激励与评价体系，可有效激发学生的学习积极性。同时，系统可以自动记录学生完整的学习行为。从这一方面来看，这有助于教师对学生进行更加科学合理的过程性考核；另一方面，这又可以为教师进行教学分析、改进教学设计等提供高质量的数据资料[190]。BOPPPS 和混合式教学模式均源于欧美，其教学理论受到广泛认可，颠覆了传统的“课前预习、课堂听课、课后练习”的传统教学模式，可以实现深层学习，更好地提高学生的自主学习能力。我们基于蓝墨云班课（以下简称“云班课”）和 BOPPPS 构建的“线上＋线下”六步法混合式教学模式，实现了教学方式创新、教学效果大幅提升。

第二节 《微观经济学》教学模式现状及存在问题

一、授课方式单一，针对性差

目前，《微观经济学》在许多高校仍采用传统的课堂填鸭式教学，以教师课堂讲授为主，忽略了新时代大学生的知识接受特点与自主学习能力的培养与提升。考核方式以期末试卷考核为主，很多学生死记硬背，教学无法达到预期效果。调查中发现，有不少教师也在尝试教学方式创新，各种教学平台和线上教学工具的使用也日益增多，但大多处于自发探索阶段，线上资源和混合式教学方式仅仅是作为传统课堂教学的补充，还没有形成稳定、成熟的混合式教学模式。

传统教学模式下，教师对不同专业、不同班级、水平各异的学生使用的是同一教材、同一课件、同一进度，授课内容和授课设计缺乏针对性，无法实现因材施教，教学还处于以教师为中心的阶段。

二、规定课时被压缩，实践性差

自 2018 年教育部实施素质教育改革以来，西南民族大学管理类专业的课程《微观经济学》从 51 课时压缩至 34 课时。课时被动压缩，对课程教学产生了严重的负面影响：一是授课方式简单化，作为一门公共基础课，在课时量被压缩的背景下，教师为保证知识体系的完整性，对内容难以取舍，只能以“满堂灌”的方式勉强完成教学任务，对于难点部分有时只能略过不讲；二是课程体系完整性被破坏，由于课时不够，部分教师直接选择删掉部分内容，如“生产要素市场”“一般均衡”等，但这些内容对后续课程的学习是十分重要的，略过不学必然会破坏学生知识体系的完整性；三是无暇顾及练习和实践，练习和实践内容对于学习微观经济学是必不可少的，是实现深度学习的必要环节，但目前也是被迫简化。

三、被动学习为主，主动性差

在传统授课方式下，学生是被动接受者，缺乏独立思考、主动学习的能力与意识。虽然教师一般都会布置预习和课后作业，但实际效果难以保证。首先，对于预习而言，如果部分学生没有预习，教师为了保证多数学生能听得懂，只能选择面面俱到地讲。如此一来，完成预习的学生会发现预习并非必要，就会延续原先的“课堂被动听、作业主动抄”的不良学习习惯。其次，由于参与式学习、团队学习方式欠缺，导致学生的课程学习以个体学习为主，无法有效锻炼学生的团队协作能力和交流沟通能力。最后，现阶段的课程考核大多以结果性考核为主，期末考试成绩占 60%或 70%，过程性考核则主要依据课堂出勤率以及平时的课堂表现，这样的考评方式主观性较强，缺乏对学生的过程激励，无法引导学生养成主动学习的习惯。

四、西方输入为主，课程思政薄弱

2016 年 12 月，习近平总书记在全国高校思想政治工作会议上指出，“要用好课堂教学这个主渠道”，“使各类课程与思想政治理论课同向同行，形成协同效应”[191]。西方经济学作为外来理论，在我们的传统教学中更多是介绍其理论及应用，长期忽视课程思政建设。《微观经济学》一般在学生大一第二学期开设，此时学生正学习思政类课程，西方经济学的很多理论观点与学生原有的认知存在一些冲突，如商品价值的来源、价格的决定等。如果教师不加以恰当引导，要么会让学生对本课程内容产生抵触心理，使他们从心底抗拒接受相关课程内容，影响学习成效；要么会让学生质疑思政课程的观点，对其价值观产生负面影响。现阶段，迫切需要教师以立德树人为核心目标，通过重构教学内容和教学方式，在传授理论知识的同时，对学生进行正确的引导，使学生树立对西方经济学的正确认知。

《微观经济学》作为公共基础课，重要性不言而喻。但目前的教学现状是：教师兢兢业业讲，学生心不在焉听，学生的积极性难以调动、创造性难以发挥，这违背了开设这门课程的初衷。为取得更好的教学效果，在网络信息技术高速发展和高等教育大变革的时代背景下，创新教学模式不仅势在必行，而且已经被证明是可行的。“网络教学平台＋BOPPPS”教学模式的开展是实施混合式教学的有效路径之一[75]。本课程团队以 OBE 理念为指引，基于云班课与 BOPPPS 六步教学法，创新性地提出了“线上＋线下”六步法混合式教学模式（以下简称“六步法模式”），针对《微观经济学》上述四大教学“痛点”提供了一个有价值的解决方案。

第三节　“线上＋线下”六步法混合式教学模式的创新设计

教学设计阶段是实施混合式教学模式的关键阶段，是将混合式教学与传统课堂教学、线上教学进行区别的构图阶段[16]。这一阶段的具体任务包括：一是制定本门课程的学习总目标、核心目标以及分章节子目标；二是确定本门课程的学习内容、重点难点所在；三是确定如何进行线下教学与线上教学的任务分配和时间分配；四是设计教学活动和教学方法，通过教学活动设计来整合面对面教学与线上教学的各个要素，通过教学方法设计来实现确立的课程核心目标；五是设计课程评价方式，通过科学的评价体系设计提升课程培养成效。

从时间维度来看，混合式教学课程包括四个相互连接的阶段：线上学习前、线上学习中、面对面学习、面对面学习后。混合式教学模式学习活动的四个阶段是一个完整的系统，教师根据学生的特点和课程特性，对学习内容、学习活动和学习环境进行科学设计，将各种形式的学习活动有机融合起来。在此过程中，教师鼓励、支持并引导学生从学习知识逐步向发现问题、解决问题和实践应用阶段发展。这样的教学模式，既能充分发挥线上教学可记录、可重复且具有即时性的优势，又能发挥面对面课堂教学便于直接进行情感交流的长处。

在混合式教学课程设计的分析阶段，应立足全局、着眼长远，明确学生通过混合式课程学习期望达成的学习成效。具体而言，要思考几个关键问题："完成课程学习之后，学生可以记住什么，学到什么""如何通过课程教学将理论知识转换为学生的综合素养""如何让学生将理论知识应用到解决实际问题中""在课程原有的教学资源中，要保留什么、补充什么"。

BOPPPS 教学模式以构建主义理论为基础，依据人类认知的过程和层次，将教学过程划分为六个环节。BOPPPS 是这六环节英文首字母的组合：B 代表 Bridge - in（导言，也就是热身暖场），O 代表 Objective（学习目标），P 代表 Pre - assessment（前测），P 代表 Participation learning（参与式学习），P 代表 Post - assessment（后测），S 代表 Summary（总结）。BOPPPS 模式最早是由加拿大英属哥伦比亚大学的 Douglsa Kerr 于 1978 年提出的，由于该模式简洁明了，并且进入门槛低，很容易上手操作，在全球许多国家的各级各类学校教师技能培训中得到广泛应用[192]。2010 年前后，该模式被引入国内，并用于对高校教师教学技能的培训。BOPPPS 是开展课前教学设计、组织课中课堂教学、布置课后教学任务和反馈课程学习效果的一种有效方法，能够为思政内容有效融入课程教学和提升教学质量提供策略上的保障。

我们课程组提出的六步法模式主要由导言、学习目标、前测、参与式学习、后测和总结六大步骤构成（图 7 - 1）。六步法模式为教师提供了涵盖课程教学各环节的一个完整框架，使课程教学安排更加合理、科学、规范和有效。六步法模式严格规范了教学流程，实现了"管理严起来"。我们以《微观经济学》中的"导论"一章为例来介绍六步法的具体运用。

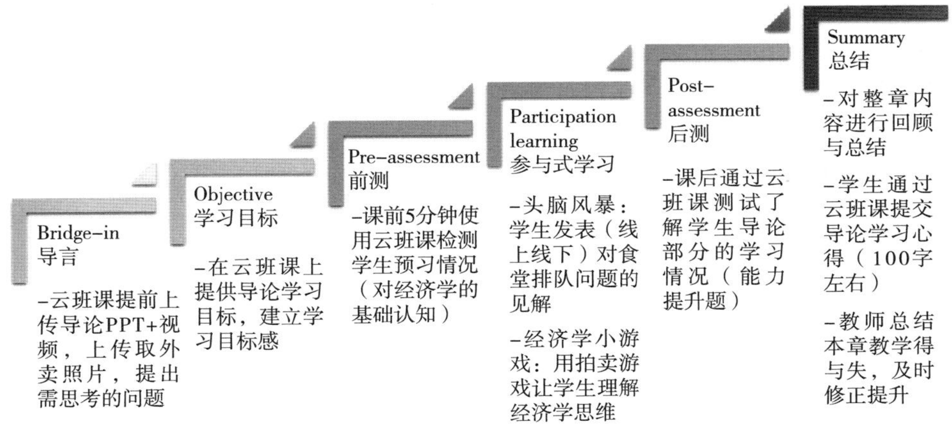

图 7-1　“线上＋线下”六步法混合式教学模式

一、导言（B）

混合式教学运用“先学后教”的模式，赋予了学生极大的自主性。这种基于“线上＋线下”相结合的混合式教学，强调学生的主动参与。在课前，学生可以通过线上自主学习的方式提前开始课程学习；在线下课堂教学中，采用以学生为中心的任务驱动、项目驱动、翻转课堂等教学方式，突出师生交互式教学。

导言是学生的重要学习资源。导言的功能是让学生在课前就能提前了解本次课程的学习任务、学习活动、学习方式以及遇到问题时的解决途径等，以保证学生提前做好学习计划，及时完成学习任务。同时，导言还有一个重要功能，那就是激发学生对本课程的学习兴趣。

《微观经济学》是一门研究人们如何进行选择的学问，与学生的日常生活联系十分密切，教师可以相对容易地找到与课程内容相关的案例。在授课过程中，我们每章均以“生活中的经济学”作为开篇内容，这不仅可以有效激发学生的学习兴趣，还可以让学生通过生动的案例了解所学的内容是如何应用于现实生活的。以“导论”为例，我们在云班课平台上传了新冠疫情以来口罩价格过山车式波动的影像资料，然后提出问题让学生思考——“口罩价格为什么巨幅波动”“你买过最贵的口罩是多少钱”“国家是否应该管制口罩价格”等。运用云班课提供的讨论功能，学生在课前就可以发表自己的看法，同时也能看到其他同学的看法。

同时，我们上传了本章的授课 PPT 和自制授课短视频（以知识点为模块录制，5～10 分钟/段），学生需要在课前自学。自学主要是为前测和小组课程讲解做准备，小组在课程讲解环节的表现会由其他小组来打分。我们的经验是，每章开始之前就要给学生布置自学任务，培养学生自学的习惯；学生之间相互打分可以激发学生的自尊心、好胜心和进取心，锻炼其团队协作能力和表达沟通能力，同时还可以培养其“有价值”的创新能力。具体要求见表 7－1。

表 7－1 《微观经济学·导论》学习任务清单

一、课题名称：《导论》
二、学习目标 1. 知识目标 • 掌握什么是西方经济学 • 掌握微观经济学和宏观经济学研究对象的区别 • 了解微观经济学发展历程 2. 技能目标 • 初步了解微观经济学基本研究方法 3. 情感目标 • 接受并正确认识微观经济学 • 培养对微观经济学的兴趣 • 明白发展经济的重要性
三、学习内容 1. 什么是微观经济学 2. 微观经济学的由来与发展 3. 微观经济学的研究对象 4. 微观经济学的研究方法 5. 怎样学习微观经济学
四、学习重难点 1. 学习重点：微观经济学和宏观经济学研究对象的联系和区别；微观经济学的研究对象；如何正确看待微观经济学 2. 学习难点：稀缺性的概念；微观经济学与政治经济学的联系与区别；微观经济学的研究方法
五、线上学习资源 教学微视频、学习任务清单、教材、PPT 等
六、线上学习方法 1. 观看教学微视频，完成相关作业和练习 2. 以小组为单位（每组 5～7 人）开展合作学习、问题解答与模拟练习，完成团队作业

（续）

七、学习任务要求 1. 课前学习任务要求 • 通过学习教材、观看教学视频、小组讨论等方式，完成并掌握蓝墨云班课平台上的课前测试题的相关内容，并记录下学习困惑 • 小组内分工合作，集体提交“美团案例”分析报告 1 份，制作相关 PPT 并将其作为展示素材 2. 课堂学习任务要求 • 通过讲授、讨论等形式讲解课前测试题中存在的主要问题，以及学生通过平台反馈出来的问题 • 按照教案讲授课程重要知识点 • 学生积极参与课程案例讨论、小组发言等，以翻转课堂为主 3. 课后学习任务要求 • 通过云班课平台提交课程总结 • 完成课后测，通过平台提交问题 • 小组以“特殊的交易习惯”为题，对某一区域或群体存在的特殊交易习惯或交易行为进行调查分析（包括交易形式、交易方式、产生原因、影响分析等），制作成 10 页左右的 PPT 并通过云班课平台提交
八、课程成效反馈 通过《导论》一章的教学体验，你认为混合式教学模式有哪些优点？ 你认为本章课程的教学还存在哪些不足需要改进？你对该课程还有哪些意见或建议？

本书构建的六步法混合式教学模式，选取蓝墨云班课作为主要的线上教学平台，这一线上教学平台能显著减少教师的无效工作时间或低效工作时间，增加师生互动的时间，提升时间利用效率。

二、学习目标（O）

学习目标是混合式教学模式的核心所在。之所以这样说，是因为混合式教学是以目标为导向的，学习目标对教学内容、教学过程、教学方式和课程评价起着制约作用[74]，学习目标设计则是以教学理念为指引方向。混合式教学的目标在于让学生主动参与到学习过程中，取得深度学习和高阶学习成效[21]。因此，在混合式教学模式下，学习目标设计理念应从传统课堂教学模式中以知识传递为主转向以能力培养为主。英国国家学术奖理事会认为，高校课程设计应致力于提高学生的想象力、理解力、判断力、沟通交往能力、解决问题的能力、整合知识的能力、拓展学习能力和独立思考能力，而且必须致力于培养学生探究性、创造性的思维方式，同时注重培养他们的批判性思维[193]。

学习目标的设定应符合 SMART 原则：S 代表 Specific（明确性）；M 代

表 Measurable（可测量）；A 代表 Achievable（可实现）；R 代表 Relevant（相关性）；T 代表 Time table（时间性）。让学生明白在课程中所要学习的重点、知识、价值及能力。学习目标在设计时需要分类、分层、分阶段设置，我们在具体实践中，根据布鲁姆的认知目标分类理论，将微观经济学课程的学习目标进行分类、分节次的细化[194]。

《微观经济学》课程围绕西南民族大学管理类专业本科生人才培养目标展开。其目的是通过系统讲授微观经济主体的决策规律以及市场经济的客观运行规律，为学生构建起用于分析市场机制运行的理论框架，指导学生掌握微观经济学基础理论、分析方法和分析工具，从而为学生进一步开展专业课程学习和学术研究奠定理论基础、提供研究方法并搭建思维框架。通过学习这门课程，学生能够具备主动关注经济热点、难点的高阶思维能力，形成综合分析和科学评判的专业素养，养成与时俱进、开拓进取的创新精神。

三、前测（P）

在传统教学模式下，高校教师虽然也会布置不同类型的课后作业，但通常不会涉及预习性作业，即便是布置了，通常也没有实质性的检查和反馈。也就是说，高校课程教学中的预习环节要么是空缺，要么是“空转”，导致教师对学生相关基础知识掌握程度的了解普遍偏低。而在混合式教学模式下，使用线上教学平台能够便捷、高效地通过课前测和课前反馈等方式解决预习检查问题。这既有利于督促和引导学生做好课前预习，也有助于教师收集学生反馈，掌握学生学习情况，从而更有针对性地做好课堂教学工作。

多项研究证实，重复测评和反馈能强化学习[21]。如果在不同章节穿插课程其他章节内容的练习，进行多样化测试可以使学生学得更好[195]。在混合式教学模式下，学生通过学习平台作答并提交后，教师可以在平台上设置自动显示正确答案，部分答案还配有答案解析。如此一来，能够帮助学生第一时间纠正错误，同时为师生双方提供反馈信息，这也便于教师进一步完善教学设计。

上课之前，学生需要先了解微观经济学的基本概念。上课时，教师先通过在云班课上以选择题、判断题等形式实施一个小测验，掌握学生对本章内容的预习情况以及学生的知识储备。这样做的目的有：一是以测促学，引导学生提前预习；二是以测助教，帮助教师了解学生对先导理论的掌握情况，以及掌握哪些知识点需要重点讲解；三是以测评学，将课后测与课前测成绩比较，评价学习效果。预习与前测相互促进，通过预习提高前测成绩，通过前测督促学生主动预习。

在首次课之前，我们课前测内容还包括了学生自我介绍（50字+照片）、对本课程的期待和要求，目的是塑造平等合作的课程学习氛围。

教师可以使用云班课平台测验工具定期检查学生完成指定阅读和作业的情况，可检查学生准备情况和对概念的理解。这些简单测试能够激励学生跟进课程材料，鼓励他们将更多时间用于完成手头任务。在线测试工具为学生提供了“反复操练，直至正确”的测试方式，因为它允许学生多次测验以掌握内容。通过线上平台进行测验，还有一个很大的优势，就是可以极大地节约教师的评阅时间，将教师从简单重复的劳动中解放出来。

四、参与式学习（P）

参与式学习是混合式教学的核心环节，在这一环节，教师根据学生课前自学和课前测验的反馈结果实时了解学生的学习状态，有针对性地进行课堂教学活动设计。线下课堂教学的面对面学习活动可能是混合式教学设计中最有价值和最核心的环节，教师应尽可能设计参与式、探究式或体验式的学习活动，让学生学得有趣、学有所思、学有所得、学有所用。具体教学形式包括学生讲课学生评价、学生提问学生回答、案例点评、研讨辩论、项目汇报、分组讨论、难点答疑、同班互评等[16]。在这一环节，教师需要解决课前预习环节反映出来的共性问题及教学中的难点问题，针对课程重点内容和难点内容，进行重点讲解并展开讨论。还可以对教学内容适当拓展，帮助学生了解和掌握知识点之间的内在联系。在混合式教学模式下，传统课堂已经翻转为以学生为中心的全员互动课堂，即翻转课堂。相比线上学习，面对面学习有其独特的优势。一方面，它可以满足学生的情感需要。在师生面对面交流过程中，学生更容易感受到教师的情感投入，更容易与教师和同学产生情感交流。心理学研究表明，情感交流有助于提升学习成效[196]。另一方面，它可以训练学生的沟通交流能力。在面对面学习中，学生可以通过自然语言、肢体语言等与同学、教师进行密切交流，培养学生的人际沟通能力[197]。因此，在面对面学习活动设计环节，要充分考虑线下学习活动中听和说所具有的优势，尽量减少教师讲课的时间，让面对面学习成为诊断学生知识性错误、培育批判性思维、开展团队协作学习以及促进学生主动参与学习的机会。

根据混合式教学模式的具体组织形式，可以将混合式教学划分为三类模式[197]：第一类是过渡模式，以传统课堂教学为主：课程教学仍以传统课堂学习方式为主，同时辅以少量的线上学习或线上练习，并将线上学习活动计入过程性考核成绩。目前，我国高校多数课程的混合式教学实践仍处于该阶段。第二类是主体模式，以传统课堂＋翻转课堂为主：学生利用线上学习平台自学部分课程内容，教师基于课程内容分析，结合学生自学反馈结果，确定哪些内容采用传统课堂教学，哪些内容采取翻转课堂形式。在该模式下，有些课程内容仍选择传统课堂授课方式，有些则全部采用翻转课堂形式，但大多数是融合传统课堂与翻转课堂形式的混合课堂，这一模式实施起来相对容易，越来越多的教师和课程采用这一模式。第三类为理想模式，以翻转课堂为主：该模式适用于难度适中或基础性较强的课程，课程主体内容由学生通过线上学习平台自学完成，线下课堂主要通过专题讨论、作业展示等形式展开。在实际教学活动中，教师应根据学生特点、课程特征、学校资源条件等选择适当的学习模式。

有研究发现，课堂讨论时长占课堂时间的比例在30％～50％时，学生满意度显著高于不讨论或100％的课堂时间都用于讨论的班级[142]。《微观经济学》属于理论经济学范畴，是管理类专业的基础课程，于大一下学期开设，大多数学生还未习惯混合式教学模式，因此，我们将课堂教师讲授时间设置在50％～60％，教师讲授具体时间占比可根据课程性质、课程内容、教学对象特征等进行灵活调整。例如，我们在MBA的《管理经济学》课程中，将教师讲授时间占比设定为30％～40％，将更多时间留给师生讨论。

实施参与式学习的主要目的是激发学生学习的内生动力，调动学生的学习主动性和积极性，以学生为中心，让学生成为课堂的主体，教师由课堂控制者和灌输者转变为引导者和解惑者。教师需要通过教学改革找到能同时实现教师“乐教”、学生“乐学”的有效方法，创造有趣、合作、高效的学习环境，让师生平等开放地交流，鼓励学生树立反思式思维，自由发言。从我们的教学改革经验来看，参与式学习形成的交互式课堂最大的优势在于可以吸引学生积极参与课堂，培养教师与学生之间的良好关系。实施混合式教学后，师生之间的关系明显比以前更加融洽。在混合式教学环境中，学生与教师讨论的领域不再局限于课程知识，与学校无关的个人生活也会在讨论之列，这给了教师鼓励学生追求梦想的机会，也为开展思政教学提供了合适的机会和途径。

为了增加课堂的趣味性、吸引力和创造性，参与式学习环节需要设计充足的课堂互动。例如，在导论中讲到人性假设时，可以让学生讨论是“人性恶”

更准确还是“人性善”更准确，不同的假设会产生不同的结果。首次上课时，我们都会用到校门口取外卖排队的照片，学生提出了很多有价值或有创意的建议，学会了从经济学角度分析问题。

参与式学习环节还可以开展小组案例讨论，我们一般是使用最现实、最贴近学生实际的例子。近几年我们用过的例子有：滴滴打车 VS 出租车、瑞幸咖啡 VS 星巴克、共享单车生存之道、学生宿舍有没有更优的分配方式、学生宿舍能否养宠物以及少数民族非物质文化遗产如何实现市场化等。在学生小组讲解知识点，巧妙插入“组内互评”“同学评分”和“教师点评”机制，将评分成绩纳入平时成绩体系的环节，以此强化学生的主动性。不仅如此，“角色扮演”活动引入也为学习增添了趣味及增加了深度，如通过“百元竞拍”游戏，让学生深刻领会“诈骗陷阱的防不胜防”；通过“强盗分金”游戏，让学生深刻理解和应用博弈规则。2021 年暑假，我们还带领学生深入凉山州悬崖村、易地扶贫搬迁安置点沐恩邸社区等地，通过具体社会实践进一步了解了经济学知识的作用和价值。

关于课堂讨论或线上讨论，在教学实践中我们发现，如果教师不明确地给出有关讨论的具体要求，或者没有“发帖或发言可以获得积分”“同学评分计入过程性考核成绩”等明确的激励，学生往往没有兴趣或动力在论坛上发帖。因此，我们在具体实践中一般会对网上讨论制订具体的规则，如“发帖不少于 100 字，评论不少于 50 字，禁止简单粘贴、复制；本次讨论计入平时成绩 3 分。”

在课堂教学的结尾，教师一方面要对学生通过互动讨论激发出来的创新性观点和想法进行总结性评价，对学生从多视角认识问题、分析问题和解决问题给予充分的肯定，对学生进行思维方向、价值观方面的正确引领，拓展升华学生对于相关知识的理解；另一方面，要对整节课的知识点进行归纳、整理和评析，指出需要重视和注意的知识点，并布置课后作业。

五、后测（P）

参与式学习后的学习互动内容一般包括课后测试、项目报告、小组作业、多媒体作业等，通过课后活动设计，引导学生对学习内容进行总结反思和自我评估，进而达到查缺补漏、学以致用的效果。这些类型的课后作业不再以记忆性知识点作为考核重点，而是引导学生通过高阶学习进行知识建构，可以有效检测并训练提升学生对知识的综合应用能力和创新能力。

课后测一般安排在每章内容学习完成之后，目的在于了解学生对课程知识的学习情况，评测其理解和应用水平。教师可通过蓝墨云班课平台发布课后测题目（目前几乎所有的线上教学平台都具备课后测功能），学生完成提交后，云班课的数据统计功能可以第一时间提供反馈信息。教师获得反馈，对共性问题可进行补充讲解，并对教学内容和过程予以完善；学生获得反馈，针对问题及时做好复习。教师还可以对比学生前测与后测的成绩，对学生实施针对性指导。对于共性的难题，教师可以拍摄专门的讲解视频，以便于学生有针对性地观看学习。

微观经济学具有很强的应用性，学生在理解和掌握理论知识点后，还要学会将所学知识用于分析现实生产生活中的具体场景。教师在考查学生知识掌握情况时，要注意引导和培养学生的理解能力和应用能力，以实现高阶学习目标。

六、总结（S）

课程总结是在每章内容学完后进行的回顾和小结。重点要对知识点的逻辑脉络进行梳理，指出本章的重点、难点以及易错点，提升学生对本章知识的整体把握和理解。操作上，可安排学生自行总结并提交至云班课平台。一方面，学生通过梳理章节内容，可以对重点、难点及易错点有进一步加深理解；另一方面，在梳理过程中，通过比对导言中列出的课程目标，他们能检视自己的学习成果和学习效果，及时查漏补缺。教师可通过学生对教学质量的总结评估及时调整课程内容和优化教学设计，持续提升教学质量。

课程测验、讨论、总结等课堂评估技术贯穿于整门课程，为学生反思自己的学习提供不间断的机会，也为教师适时调整课程设计搭建了平台。另外，教师也可将从这些活动中收集到的反馈意见，及时与学生分享交流，帮助他们制订和形成自己的学习策略。

对教师来说，在混合式教学模式下，课程设计不是一劳永逸的，而是一个持续更新、不断完善的过程。混合式学习环境的多样性和可变性，在为教师提升教学质量、提升学生培养质量带来重大机遇的同时，也提出了挑战。教师需要根据学生学习活动的反馈情况及时调整课程设计。这个设计，可能是添加新的教学内容、使用新的授课方法，也可能是更新课程测验内容、测验方式，甚至是更换学习平台。总之，教师需要根据教学过程中学生的学习情况和线上平台数据的反馈情况，及时完善教学内容、教学流程、教学方式等，进行课程再设计，以保证教学目标的达成度。也就是说，混合式教学模式是以学生学习成效为导向的，学习目标达成度是整个课程设计的核心，这也是 OBE 教学理念的真正贯彻。

六步法模式中，除“参与式学习”环节外，其他五个环节均是在线上完成的，线上与线下有机衔接、互为补充，协同提升课程学习成效。在线上学习过程中，学生借助所提供的课程资料主动学习、自主探究，这种方式能更有效培养学生的自主学习能力以及分析问题和解决问题的能力；线下课堂教学环节，为学生表达自身看法、开展讨论辩论或者进行质疑反馈提供了更多时间和机会，可以更有效地锻炼学生的语言表达能力，加深学生对课程知识点理解的深度和广度，以达成高阶学习目标。

第四节　“线上＋线下”六步法混合式教学模式总结

在六步法模式下，一方面，教师能够借助云班课发布丰富的教学资源，包括课件、课程视频、习题解答、辅导资料、案例等，将教学活动延伸至学生课余自主学习时间，给学生充足的时间去理解并消化课程内容；另一方面，教师可利用云班课搭建在线答疑解惑平台，这可以有效克服课堂教学固有的时空局限。通过课前测和课后测，教师可及时掌握学生学习情况，进而根据反馈适时调整教学内容和教学设计，有效提升课上、课下学生时间利用效率和学习成效。该教学模式真正践行了“以学生为中心”的理念，不仅有效达成课程培养目标，而且可以充分调动学生的学习主动性和积极性。在此模式下，学生的学习状态得到明显改善，教学成效也得到了显著提升。

一、整体效果

我们课程组已探索使用六步法教学模式五个学期。近年来，该模式在西南民族大学的应用也在逐步增多。从前期实施效果看，在以下几方面有了显著改善：一是学生全时段“忙起来了”。课前忙——因为有课前测需要完成，得分会被公开，促使学生提前做好预习；排到讲课的小组是最忙的，需要提前充分研读教材，参阅众多参考资料，力求完全搞懂。有的小组为了完成 30 分钟左右的课程，整整花了一周的时间作准备，做了几十页笔记。课中忙——学生要集中精力学习，因为有随机提问和课后测的压力。课后忙——上课没有听懂的地方，学生在课后需要通过云班课观看教师拍摄制作的知识点短视频，并上传每章总结。平时忙——经常会有小组辩论和案例讨论的任务，这些需要各学习小组在课下搜集整理分析资料。学生不再是传统教学模式下简单的上课被动听，而是需要提前预习，自主学习，积极思考，参与调研、研讨，进行深度学习，实现了“课业难起来”的目标。二是教师在课堂上“闲下来了”。传统教学模式下，教师更多是课堂忙——需要一直讲，但课前课后相对轻松。在六步法模式下，由于将多数时间留给了学生，教师在课堂上的角色更像是导演或主持，主要承担引导和控场工作。相比传统教学模式，该模式下教师在课前、课后的工作量会增加很多，课前需要做大量前期准备工作，如重新备课、重新设计教案、准备视频、上传有关素材等，但是这些工作更多是在首次使用该模式时完成，后面学期则更多是完善。课后工作量的增加则是持续性的，因为在该模式下教师需要在每次课后都要线上答疑，每章过后都要进行总结，这比传统教学的工作量要大很多。有些比较难的章节，答疑的时间有时会超过上课时间，这对教师是一个很大的挑战。我们正在考虑将常见疑问点整理成册，以提升答疑效率。三是师生沟通“畅起来了”。云班课的使用使得师生沟通摆脱了时空限制，师生关系更融洽，真正实现亦师亦友。四是课程思政“实起来了”。2019 年 3 月，习近平总书记在学校思想政治课教师座谈会上提出：“深入挖掘其他课程和教学方式中蕴含的思政教育资源，实现全员全程全方位育人。”[198]六步法模式真正落实了习近平总书记对于思政教育的明确要求，在这一模式下，思政教育不再是枯燥的说教，而是在教师示范、师生交流互动、学生讨论辩论碰撞中真正做到了入耳入脑入心，使思政工作落地见效。

二、对学生的价值

在该模式下，改变和提升最多的是学生的学习状态、学习能力和学习成效。一是学生的出勤率明显增加了。最近三学期我讲授的《微观经济学》（每学期 3 个班）出勤率从未低于 90%，更主要的是学生上课玩手机的情况明显减少了，学生的头抬起来了，学生敢反驳教师了。二是考试成绩显著变好。以前总是有上课不来、考试不过的学生，相当于没学这门课，这种现象已成为顽疾。现在基本实现了全员有所收获，2022—2023 年度第二学期三个双语行政管理班实现了“零挂科”。三是人才培养质量真正实现了全方位的提升，实现了“质量高起来”。学生通过本门课程不仅学到了理论知识，学会了应用实践，更深刻地理解了中国特色社会主义制度的历史优越性。

三、对教师的价值

一是有取有舍抓重点。在该模式下，教师提前将课程知识点录制成短视频（5～10分钟/部）并上传到云班课平台，学生利用课下碎片时间学习，结合课前测结果，教师在课堂上可以有重点地进行讲解。二是逐步积累，提效率。首次使用该模式需要做大量前期准备工作，如每堂课的设计、习题、资料、视频制作等，但后期只需要增补完善，可大幅提升工作效率。三是教学相长出成果。实施参与式教学，一方面可以发现学生的兴趣特长，引导他们参加创新创业比赛，另一方面可以组织学生参与调研和课题研究。四是便于教师做好授课进度控制。按照六步法模式，我们对每一次线下课程都进行了具体的流程设计（见后面“第五节 课程教案设计：以‘导论’为例”部分），以确保每次课的内容都能高质量完成。我们在调研中发现，管理类专业的很多课程与实务联系密切，因此，有些教师在授课时会结合自身实践进行讲解。这种方式虽然增加了教学的趣味性和实用性，但如果对案例讲解或经验介绍缺乏有效约束，可能会过多占用理论教学和学生讨论的时间，最终导致课程内容无法有效完成。甚至有些课程，教材内容仅完成一半，课程就草草结束了，这严重影响了学生专业知识的完整性。在六步法模式下，一学期的对教师知识体系和教学技能提出了更新的要求。教师在学习和师生互动过程中持续成长，从而实现了“教师强起来”的良好局面。

自在线教育出现，特别是MOOC盛行以来，曾有一种担忧广泛流传，即教师最终会被信息技术取代。然而，在混合式教学模式下，教师的作用并未弱化，实际上教师变得更加不可替代，学生对教师的需求更大了。因为在混合式教学模式下，教师除了需要完成传统教学模式中传递教材知识的任务之外，还需要为学生创造额外价值，需要为学生营造一个他们能够掌控学习自主权的学习环境[42]。当然，这也对教师提出了更高的要求。

总的来讲，在实施六步法模式后，虽然教师的工作量有所增加（前备后评），但学生的学习积极性和学习效果明显提升了。最近几学期我们已在本科生《宏观经济学》《劳动经济学》以及研究生（学硕＋专硕）的《管理经济学》《土地经济学》等课程使用该教学模式，发现六步法模式对于管理类大多数专业课程都具有很好的应用推广价值。

第五节　课程教案设计：以“导论”为例

本章教学内容：西方经济学及西方经济学的研究方法。

本章教学重点：稀缺性的概念、微观经济学的三个基本问题。

本章教学难点：西方经济学发展脉络梳理。

本章教学目标：

- 掌握什么是西方经济学
- 掌握微观经济学和宏观经济学研究对象的区别
- 了解西方经济学发展历程
- 了解经济学的基本研究方法

本章总课时：3 课时

一、西方经济学的研究对象及由来与发展

（1）教学内容：西方经济学及其研究对象、西方经济学的由来与发展

（2）教学重点：微观经济学和宏观经济学研究对象的区别

（3）教学难点：稀缺性的概念

（4）教学目标：

- 了解西方经济学的概念
- 了解西方经济学的由来与发展
- 掌握微观经济学和宏观经济学研究对象的区别

（5）学时分配：2 课时

（6）教学过程设计（表 7－2）

表 7－2　教学过程设计表（第一次课）

六步法	教学环节	教师行为	教学媒介	行为目的	学生行为	分配时间
第一步：引入主题	导言	• 课前，通过蓝墨云班课平台上传导论PPT、课程视频、本次课程相关案例资料等 • 说明组队要求	• 蓝墨云班课； • B站	• 让学生提前了解本次课所讲主要内容和难点所在 • 通过观看案例资料，提前思考 • 组建学习团队，5~7人/队，提出队名	• 观看幻灯片、视频 • 思考 • 协商组队	课前（40 分钟）

（续）

六步法	教学环节	教师行为	教学媒介	行为目的	学生行为	分配时间
第二步：学习目标	布置教学目标	• 本课程的目标 • 本次课的目标	• 蓝墨云班课	• 让学生对本门课程和本次课程的目标有个清晰认识，从一开始就具备学习目标感	• 观看幻灯片	
第三步：课前测试	摸底＋破冰	• 线上回答“什么是经济学？” • 学生线上提交50～100字自我介绍（附照片） • 提出对本门课程的期望和要求	• 蓝墨云班课	• 提前了解学生以及学生对西方经济学的了解程度 • 破冰—构建开放与合作的学习氛围	• 线上作答提交	
第四步：参与式学习	进入课堂	• 安排学生扫描二维码来点名	• 蓝墨云班课	• 实现课堂点名	• 手机扫码	1分钟
	反馈课前信息	• 对学生对案例的讨论、自我介绍和课程要求进行回应 • 对于典型回答，进行针对性提问	• 幻灯片	• 与学生互动 • 回应学生关心的问题	• 回答问题	10分钟
	课程注意事项	• 介绍课程注意事项 • 教学方法和考核方式介绍	• 幻灯片	• 让学生了解本课程注意事项和考核方式，以便做好学习规划	• 观看幻灯片	5分钟
	教学目标介绍	• 介绍本门课程和本次课的知识目标、技能目标和情感目标	• 幻灯片 • 蓝墨云班课	• 使学生明白通过本门课程、本次课教学，他们需要掌握什么，应该具备什么技能	• 观看幻灯片 • 思考	5分钟
	课程重难点	• 本节教学的重点和难点	• 幻灯片	• 使学生知晓本节教学重点和难点所在	• 观看幻灯片 • 思考	2分钟
	讲授授课	• 什么是经济学 • 经济学的分类	• 幻灯片	• 了解什么是西方经济学 • 微观经济学与宏观经济学的研究对象与区别	• 观看幻灯片 • 听讲 • 思考	10分钟

（续）

六步法	教学环节	教师行为	教学媒介	行为目的	学生行为	分配时间
第四步：参与式学习	案例讨论	• 你的恋爱是否接受他人干预 • 按需分配何时能够实现 • 彝族传统服饰察尔瓦能否实现商品化？空间有多大 • 从经济学视角预测你家乡二十年后的样子 • 学校宿舍分配的规则有无改善空间？	• 幻灯片 • 蓝墨云班课	• 学习用经济学理论解释现实问题 • 学习团队合作 • 五选一思考回答	• 思考 • 个人发言 • 讨论 • 小组发言	12 分钟
	讲授新课（第二节）	• 微观经济学与宏观经济学的区别	• 幻灯片	• 明白微观经济学与宏观经济学的联系与区别	• 观看幻灯片 • 思考	5 分钟
	讲授新课	• 西方经济学的科学因素和阶级属性 • 西方经济学与政治经济学的区别	• 幻灯片	• 学生能正确认识西方经济学 • 明白新时代如何正确看待西方经济学	• 观看幻灯片 • 思考 • 抢答	6 分钟
	讲授新课	• 讲授西方经济学的由来与发展 • 重商主义、古典经济学、新古典经济学	• 幻灯片	• 明白重商主义、古典经济学、新古典经济学的发展背景、主要观点、演进规律	• 观看幻灯片 • 思考	7 分钟
	案例讨论（商品价值的决定）	• 商品价值是由什么决定的 • 为什么水便宜而钻石贵 • 大学生收入不如送外卖的，是否正常 • 2021 年 5 月，36 岁的薇娅和丈夫以 90 亿元身家跻身 500 富人榜，如何评价 • 按照马克思的价值理论，玉石、乌木、原油等有无价值	• 幻灯片 • 蓝墨云班课	• 通过讨论、辩论，理解商品价值的决定 • 明白西方经济学理论与马克思主义经济学理论的区别所在	• 个人发言 • 小组发言 • 对不同意见进行辩论	10 分钟

（续）

六步法	教学环节	教师行为	教学媒介	行为目的	学生行为	分配时间
第四步：参与式学习	讲授新课	• 讲授当代西方经济学的产生背景及主要观点	• 幻灯片	• 了解当代西方经济学的主要观点 • 理解西方经济学对中国经济发展的指导价值	• 观看幻灯片 • 思考	5 分钟
	案例	• 对中国古典经济学思想进行介绍	• 幻灯片	• 了解中国古典经济学思想及其现实意义 • 提升对中国传统民族文化的认同感	• 观看幻灯片 • 思考 • 布置作业	10 分钟
	课程小结	• 对本次课所讲内容进行总结	• 幻灯片 • 蓝墨云班课	• 对课程内容进行总结、收尾	• 观看幻灯片 • 回顾 • 思考	3 分钟
第五步：课后测试	布置作业	• 6 道选择题 • 4 道判断题 • 可选择重新提交课前案例题	• 蓝墨云班课	• 学生通过课后测评估内容掌握程度	• 回答问题 • 重新思考	课后
第六步：每课总结	师生反思本次授课内容	• 学生向平台提交 100 字学习感想（学到了什么，以及还有什么仍不清楚） • 教师对本次课进行总结反思	• 蓝墨云班课	• 对授课进行评估 • 一对一回答学生问题 • 集中问题下一次予以统一回答 • 完善课程设计	• 线上作答 • 师生交流	课后

（7）板书设计：经济学定义

西方经济学：微观经济学、宏观经济学

（8）教学反思

二、西方经济学的研究方法，怎样学习西方经济学

（1）教学内容：经济学研究方法

（2）教学重点：经济学的基本假设

（3）教学难点：经济学研究方法

（4）教学目标：

了解并能初步应用经济学的基本研究方法

（5）学时分配：1 课时

（6）教学过程设计（表 7－3）

表 7－3　教学过程设计表（第二次课）

教学步骤		教学内容	支撑教学目标	教学方式方法	学生活动（分钟）	时间分配（分钟）
课前完成	导言（B）	• 云班课平台上传课件、课程视频 • 本节参考资料	1，2	线上平台	10	
	目标（O）	• 发布本节课程目标			2	
	前测（P）	• 研究方法测试题			2	
课堂讲授		• 西方经济学的基本假设（重点）		讨论：人性是善是恶？人是否是理性的	10	20
	二、经济学研究方法	• 经济学研究方法 • 演绎法和归纳法 • 经济模型 • 静态分析、比较静态分析和动态分析 • 实证分析与规范分析 • 均衡分析与边际分析 • 定性分析与定量分析	2			10
	三、怎样学习西方经济学	• 坚持用马克思主义立场、观点和方法进行分析			2	5
		• 深入了解资本主义发展的历史				5
		• 紧密联系中国特色社会主义的实践			2	5
课堂小结		• 经济学发展历程 • 经济学研究方法				5
布置作业（P）		• 6 道选择题＋4 道判断题			10	
教学反思（S）		• 学生向平台提交 100 字学习感想 • 教师对本次课进行总结反思		线上平台	5	

（7）板书设计

经济学发展历程：史前经济学、古典经济学、新古典经济学、新古典综合

经济学

经济学研究方法：演绎法和归纳法，经济模型，静态分析、比较静态分析和动态分析，实证分析与规范分析，均衡分析与边际分析，定性分析与定量分析

（8）教学反思

第六节　混合式教学模式下课堂教学环节设计

基于上一节所制订的课程教案设计，本节我们以《微观经济学》“导论”第一讲的内容为例，来说明混合式教学模式下课堂教学的具体设计（表 7-4）。

表 7-4　课堂教学环节设计

步骤	时间	任务设计	备注
1	1 分钟	• 扫码点名：蓝墨云班课投屏	展示技术平台应用
2	12 分钟	• 回应课前布置的线上平台案例分析——美团 • 针对美团外卖设置的 7 个问题，每个问题请一位线上回答最具代表性的学生来回答（可投屏选择），其他有不同意见的学生可以进行补充 • 让学生现场思考对外卖的评价，随机抽取一个小组回答 • 如果时间有充裕，回答第二个案例——薇娅收入；如果时间已满 10 分钟，则跳过该案例	展示师生互动和小组学习的情形
3	2 分钟	• 介绍课程注意事项 • 课程考核方式 • 要求学生保质保量完成课前课后任务并在平台提交	展示全方位考核
4	5 分钟	• 简单介绍本课程的目标——知识、技能＋情感 • 简单介绍导论的教学目的＋目标 • 告诉学生这部分应该是课前自学即可完成的	展示线上线下内容的分工
5	2 分钟	• 介绍本章课程的重难点 • 提醒学生在课前课中课后对重难点予以关注 • 提醒学生对于课前自学和课中听课未能理解的问题可在云班课平台向教师提出	课堂内容有加有减
6	12 分钟	• 什么是西方经济学 • 西方经济学的分类：微观经济学和宏观经济学 • 微观经济学和宏观经济学的定义 • 微观经济学的研究重点 • 宏观经济学的研究重点	课程讲授 其间如果时间允许可以有小案例

（续）

步骤	时间	任务设计	备注
7	8 分钟	• 对于 PPT 上的 5 个案例，让学生先思考 • 通过云班课随机抽取的方式，让 5 位学生回答问题 • 有不同意见的学生或者想发表想法的学生可以举手发言 • 如果时间允许，学生以分小组形式讨论学校现行宿舍分配方式产生的影响	展示云班课的抽查功能
8	3 分钟	• 以表格形式对本节课做个收尾 • PPT 内容为微观经济学与宏观经济学的区别 • 时间紧张就简单讲，如果时间充足，可再次讲述以加深学生的印象 • 福利最大化这个知识点是可以调控时间的	展示每节课都有小结
9	3 分钟	• 西方经济学的科学因素和阶级属性 • 西方经济学与政治经济学的联系与区别	课堂讲授
10	5 分钟	• 学生通过现场查阅资料，回答 PPT 上的 3 个问题 • 回答问题采取抢答方式 • 时间充足，问其他学生有无补充	展示网络应用能力和学生组织能力
11	8 分钟	• 开始第二节内容：西方经济学的发展 • 讲授重商主义 • 讲授古典经济学 • 讲授新古典经济学 • 以 PPT 中的内容为主，时间充裕，可适当扩展 • 告诉学生教材上有的内容我们课上简单讲	展示课堂讲授 展示课程思政内容的设计
12	7 分钟	• 讨论 PPT 上的 5 个案例 • 对于第 4 个案例，小组讨论形成一致意见，抽取 2 个小组回答，其他组或学生可以补充	案例讨论
13	7 分钟	• 雪天高价防滑链视频，完整视频让大家课下观看，并分小组制作 PPT • 课堂上只是展示一小段 • 现场抽取一个小组进行展示 • 如果时间不够，也可以让学生回答 PPT 上提出的 4 个问题	案例讨论 小组展示 思政教育
14	3 分钟	• 讲授当代西方经济学的产生背景和主要观点 • 西方经济学对现阶段中国经济发展的启示	课堂讲授

（续）

步骤	时间	任务设计	备注
15	8 分钟	• 介绍中国古代丰富的经济学思想 • 让学生现场查询中国古代典型的经济学思想，举例说明可以小组讨论，每个小组举一例	思政教育 头脑风暴
16	2 分钟	• 本次课小结	课程小结
17	2 分钟	• 布置课后任务 • PPT 上有展示	课后任务布置

第七节 课程考评

泰勒认为考评就是将实际教学结果与理想教学目标相比较的过程，通过系统地收集分析信息，评估实际教学活动实现预设目标的程度[199]。可见，教学评价与教学目标具有对应性和关联性，混合式教学的核心目的是培养学生的综合能力[74]。1999 年教育部颁布的《国家基础教育课程改革项目概览》指出，“应构建评价目标多元化、评价主体和评价手段多样化、既关注结果也关注过程的新型评价体系”[86]。可以说，直到实施混合式教学，早在 1999 年提出的这一改革目标才具备了顺利实现的可能。

在传统教学模式下，课程评价标准和评价方法是单一的，没有考虑课程或学生的个体化差异，重视结果评价而忽视过程评价，期末考试成绩占总成绩的70%甚至更高，这容易导致学生平时不重视、临考搞突击的现象。这既不利于教师及时改进教学，也不利于学生养成良好的学习态度和学习习惯[200]，更不利于课程培养目标的高效达成。混合式教学模式下课程评价设计应聚焦于通过评估确保预期学习成效更好实现，课程考评活动包括诊断性测评、过程性测评和总结性测评[201]，过程性测评活动可针对课前线上学习、课中线上学习、课中面对面学习、课后线上学习分别进行设计。一方面，可以通过提高平时成绩所占比例，引导学生重视平时学习过程；另一方面，有利于教师及时发现学生学习过程中存在的问题，持续改进教学[200]。

课前线上学习测评的目的在于快速测试学生对学习材料的掌握情况，属于诊断性测评。这种测评活动的题型一般是单选题、多选题和判断题，测试时长一般为 3～5 分钟，每一章的线上学习内容均对应有这一类练习，测验成绩均计入平时成绩。其中，课程视频学习频率、学习时长、回放记录等数据有助于教师了解学生学习情况和学习难点所在。

课中线上学习考评主要目的在于检测学生线上学习投入、知识理解和分析能力的达成度，一般采用基于案例的在线讨论方式进行。对在线讨论进行评分，需要一套与预期目标相匹配的明确标准。根据 Knowlton 的研究，在线讨论的考评标准制订需要注意：一是标准必须简洁清晰；二是讨论内容必须基于案例内容；三是回答内容具有批判性思维与分析；四是尊重其他参与讨论的学生；五是具有启发性，能激发进一步讨论，拓宽讨论视野；六是能提供新的讨论线索[21]。除以上标准外，还需要一个评分量表，以实现更科学的评价。

线下课堂面对面考评的主要目的是评估学生知识运用能力、创新能力以及沟通能力。考评内容主要是学生参与课堂提问、小组讨论、项目汇报以及在同伴互评中的表现，教师需要对各类学习活动制定相应的评分细则，以方便学生进行科学合理的互评。在网络环境下，学生可以通过课堂笔记、学术论文、项目报告等形式来展示、分享自己的学习成果。

课后学习评价的目的同样是检测学生知识掌握运用程度及其创新能力。学生通过线上平台进行同伴互评，可以提升学生的评判鉴别能力，同时引导学生相互学习。此外，也可以设计学生的自我评估，并纳入最终的课程成绩中，自我评估能够激发和提高学生的元认知意识。

在经过多年实践的过程性评价中，我们还设计了期中考试环节。实践表明，这一测评环节对于提高学生学习积极性和课程考核过关率具有积极作用。对于期中考试得分较低的学生而言，相当于给他们在学期中间进行了一次警示，有助于提升其对课程的重视程度。对于学习态度不是很积极的学生，如果不在期中给予警示，累积到期末，要想考评过关就会变得非常困难。对于部分确实存在学习困难的学生，如果期末考试成绩较低，平时可以通过在课前测、课中测和课后测环节积极表现，积累高分，即使期末考试成绩差一些，也可通过平时成绩进行弥补，实现过关。

在《微观经济学》课程中，课程成绩由八部分构成：资料学习占 15%，课（前）后测占 5%、课后组内互评占 5%、同学评价占 5%、出勤占 5%、回答问题占 5%、期中考试占 20%、期末考试占 40%。

第八章　研究结论与对策建议

第一节　研究结论

本书旨在通过测评管理类专业学生对混合式教学模式的满意度，找出管理类专业混合式教学质量的影响因素及其影响机理，并根据相应的研究结论提出改进混合式教学模式的建议，以提升学生对课程的满意度，为高校各专业创新教学模式提供借鉴和参考。本书首先通过文献分析法总结了混合式教学模式的国内外研究现状；其次，利用问卷调查法和结构方程分析法，对民族院校管理类专业参与混合式教学的学生满意度的影响因素模型进行了研究，通过调查数据计算出各因子之间的影响效应，最终得出相应结论与建议。

一、学生满意度影响因素的全模型构建

经过初始模型构建，并进行多轮修正，得到影响混合式教学学生满意度的最终模型（图 8－1）[18]。该模型坚持 OBE 和“以学生为中心”的教育理念，从学生视角出发，通过制作量表测评学生对教师形象的满意度，对混合式教学的期望程度，对混合式教学模式质量和价值的感知度，对混合式学习方式的满意度和学习适应程度以及对混合式教学模式的满意度、抱怨度和忠诚度，充分体现了混合式教学模式“以学生为中心”的教育理念。

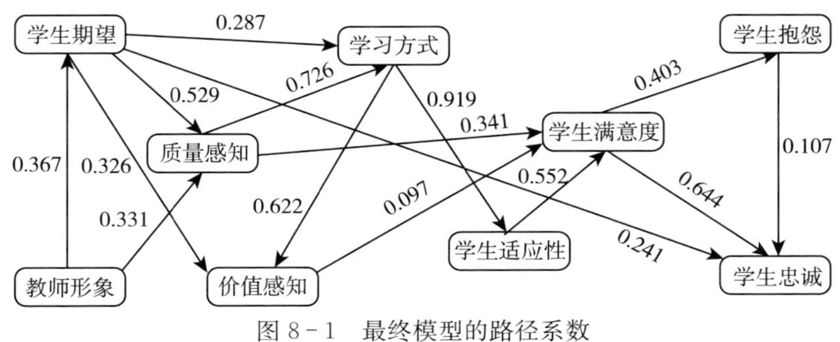

图 8－1　最终模型的路径系数

二、学生满意度的主要影响因素

研究结果显示，教师形象、学生期望、质量感知、价值感知、学习方式、学生适应性会通过影响学生满意度，直接或间接地影响学生对混合式教学模式的忠诚度。其中，学生期望和质量感知对学生忠诚的影响较大，总效应均超过了 0.5。从学生期望角度看，未来需要加大混合式教学模式的宣传推广力度，引导更多学生认识和接受混合式教学；从质量感知角度看，应该认真研究分析影响教学质量的各个因素，提升教学质量是教学模式改革的最终目的，也需要引导学生对教学质量做出更客观的评价。

学生满意度的主要影响因素有教师形象、学生期望、质量感知、价值感知、学习方式、学生适应性，其中，影响效应最大的是质量感知。此外，从主要影响因子的量表测评得分均值来看，由大到小依次是教师形象、学生期望、质量感知、学习方式、价值感知、学生适应性。教师形象得分最高，说明学生对民族院校教师素质的评价是比较高的，反映出民族院校在师资引进培养方面至少在教学层面取得了突出成绩。

三、现阶段混合式教学模式的优点及存在的问题

（一）混合式教学模式呈现出的优点

1. 提高了教学资源的丰富性和学生获取学习资料的便捷度

在对质量感知量表的统计中，我们可以看到绝大部分学生认为混合式教学模式所提供的线上资料（包括图片和文字）清晰、合理，且对线上平台提供的学习导航、学习记录等功能的体验感较好。同时，大多数学生对于教师在教学中引入新的学习资源的期望也得到了满足，他们在学生满意度量表中也认为“教学资源的丰富性”是符合实际情况的。因此可以得出，混合式教学有利于教师在教学过程中引入多种形式的学习资源供学生分享，学生接受学习资源的体验感比传统教学模式更好。

2. 促进了师生间信息的传递与反馈，节约了解决问题的时间成本

学生在价值感知、质量感知和学生学习方式量表的选择中，对于包含“沟通和交流”的选项普遍认为满意和符合，并且满意度量表也体现出学生对和同学、教师之间的交流很满意。在混合式教学模式中，教师发布学习任务后，学生需自主学习完成任务，线下遇到问题可通过课堂上面对面的讨论进行解决，线上遇到问题则通过各类教学平台和网络工具进行答疑。因此，相比传统教

学，混合式教学可以提供多种方式和渠道促进师生交流，使每个学生都能很好地参与到学习任务中，加深对知识的掌握，提高解决问题的能力和协作能力。

3. 优化了教学设计，提高了教学的精准化和个性化水平

混合式教学模式抓住了“混合”的本质，在模式设计中更注重教学的系统化、精准化和高效化，将学习任务、教学资源、教学活动、教学评价等教学要素有机整合在一起，提高了教师的教学效果。同时，混合式教学模式也充分利用了各类网络教学平台，对学生学习情况进行过程性评价，使得学生在学习过程中能够得到及时评价和信息反馈。学生也可以根据自身的适应性选择不同的教学资源和学习方式，加强对专业知识的精准掌握，提高学习的个性化水平。

（二）混合式教学存在的问题

混合式教学模式在取得良好教学效果的同时，也存在一些有待进一步改进的问题。

1. 混合式教学的教学平台界面设计和功能设置还有待进一步改进

学生在平台功能的操作上出现困难会影响其学习效率。从我们的调查结果来看，主要有以下几类情形：一是目前很多线上平台的设计需要进一步优化，很多平台设计得比较复杂，短期内难以自如使用，影响了师生采用的积极性。二是不同课程、不同学生对不同平台的适应和接受程度是不同的，选择平台同样需要因地制宜、因人制宜。三是线上平台选择过多，有些专业或班级甚至出现了一门课程采用一个平台的情况，在调研中曾有学生反映“手机上有 5 个 App，很容易搞混”。在不同的学习平台间频繁切换，无疑会增加学生们的学习成本，造成资源浪费。

2. 线上学习氛围有待改善

混合式教学采取线上和线下相结合的教学方式，但线上学习的氛围往往没有线下课堂好。例如学生在听网课时很难集中注意力到课程内容上，从而使得学生的学习兴趣减弱。目前，国家层面对混合式教学非常重视。在此背景下，各高校推动混合式教学的力度都很大，这就难免会出现为混合而混合的现象。有些教师单纯为了学校的补贴或奖励实施混合式教学，对于本门课程是否适合混合式教学、怎样进行混合式教学效果更好，缺乏充分的考量；对于线上教学的内容缺乏认真准备和充分设计；对于学习成效缺乏足够科学、合理的考核。导致线上教学流于形式，进而对学生的满意度产生负面影响。

3. 混合式教学加大了学生负担

混合式教学模式容易出现学习任务和教学活动在时间上难以协调的问题，

且学生在接收太多信息后会感到压力剧增，难以高质量地完成学习任务。实施混合式教学的背景和驱动力之一就是各课程课时的压缩，使得按照传统课堂教学无法高质量地完成知识的讲授，因此需要学生利用课余时间进行线上学习。如果采用混合式教学的课程比较多，这势必会造成学生时间的紧张和冲突。

4. 混合式教学存在形式主义问题

部分教学活动可能存在形式大过内容的问题，没有真正促进学生知识的内化和能力的提升。调研发现，有些线上教学活动要求学生观看课程视频，很多课程视频缺乏科学的设计，就出现了学生打开视频将其放在一边，而根本未看的情况。有些课程视频是学校统一购买的，可能并不适用本校学生，这不但造成时间和教学经费的浪费，也对混合式教学的形象产生负面影响。

第二节　对策建议

尽管混合式教学的目的是想通过先进技术的应用和教学过程的重新设计，让学生成为学习的主角、成为学习的主动参与者，但其应用是一项系统工程，教师实际运用起来，整个教育系统实施起来就会变得非常复杂。混合式教学并不是简单地将教学与现代技术、不同学习方式与学习环境相结合。例如，乔纳森·伯格曼等指出，实施混合式教学，仅是教师个体就需要克服四个方面的障碍：一是思维障碍，教师如果还是运用传统的教学思维，混合式教学就会难以实施；二是技术障碍，教师需要重新学习信息技术的应用，这对教师尤其是年龄偏大的教师是一个很大的挑战；三是需要找到合适的时机，混合式教学的成功实施同样需要天时地利人和；四是教师、学生及学生家长的配合，新的教学模式需要教师、学生和学生家长三方面的密切配合才能取得理想成效[42]。可见，混合式教学模式的实施是一项复杂的系统工程，需要多方协同共建，既不能剃头挑子一头热，也不能急于求成。

一、以 OBE 理念作为混合式教学改革总指引

OBE 理念发源于 20 世纪 90 年代的北美，代表人物是斯派蒂（Spady）[202]。OBE 理念关注的重点不是学生分数，而是学习结束后学生真正拥有的能力。OBE 理念强调在培养学生的第一个环节就应该制订清晰的架构和愿景，这个愿景也是制订专业培养方案、开发课程、设计教学模式、选择教学方法和评价教学成效的出发点[203]。因此，从专业教学模式改革角度看，如何设定专业人

才培养目标及该专业学生需要具备什么样的核心能力，在实施以学生为主体、以能力培养为目的的教育改革背景下就显得尤为重要。

一般来说，各专业在制订本专业培养目标时需要综合考虑三方面因素：一是学校人才培养目标，本专业人才培养目标的制定需要在学校总体目标的大框架下进行，这样才能与本校其他专业实现协同发展，如虽然同样是市场营销专业，四川大学和西南民族大学的培养目标应该是存在很大差异的；二是社会需求，各专业培养的学生最终要走向社会，毕业生是否能满足社会需求是学生培养质量的试金石，各专业在制订培养目标时需要充分考虑行业企业需求和社会需求，尤其是需要对未来的人才需求趋势进行科学精准的预测；三是本专业能够培养的人才特征，这需要将学校定位、专业特点、生源特征、就业特点相结合考虑[204]。

在传统的教育理念下，教学计划的核心是确定要上哪些课程，而专业课程体系的构建往往是基于各学院教师团队的“主观理解”，甚至是直接照搬同类学校或对标学校的课程体系，缺乏学生的充分参与和双向互动。而在 OBE 理念下，教学目的是确保毕业生达到预先设定的目标和能力要求，教学计划明确反映对培养目标的支撑，上“好”课就是有效地完成相应的“支撑”。基于 OBE 理念的人才培养教学体系设计如图 8-2 所示。

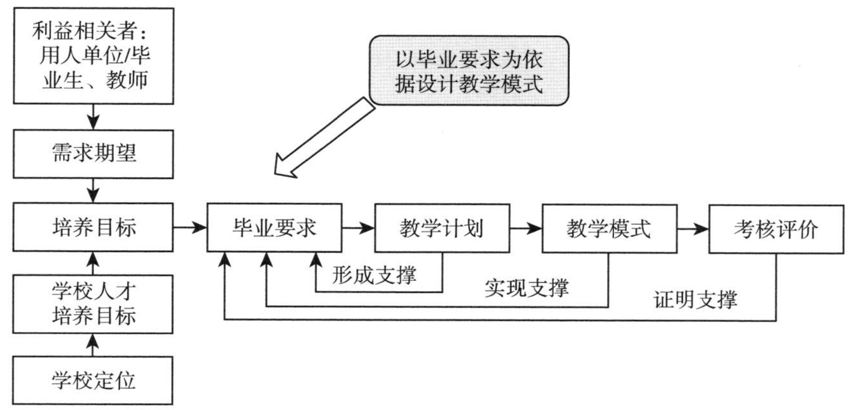

图 8-2 基于 OBE 理念的人才培养教学体系设计思路

二、关注“以学生为中心”教学理念与需求

如何实现并确保学生的中心地位，是线上+线下混合式教学模式改革必须解决的核心问题。在混合式教学中，教师在课程设计和教学实施中需要更多地

考虑“学生需要什么”，而不是“我们能提供什么”。需要从学生的角度考虑“如何让学生学得更好”“如何取得更好的教学效果”等问题，并努力达成这些目标，这既是教师职业道德所要求的，也是符合教师自身利益的[205]。实施混合式教学的一个重要目标就是鼓励和引导教师改变传统教学方式，离开三尺讲台，努力去营造积极主动的学习环境，让所有学生主动参与学习[42]。在混合式教学模式下，教师角色必须改变，教师不再是知识信息的管理者和传输者，应该成为学习的促进者。当教师角色转变并胜任了新角色时，学生就能在学习过程中收获更多。教师只有积极转变角色才能避免被信息技术取代，才能真正成为教育不可替代的一部分。

在“互联网＋”时代，以 MOOC、SPOC 为代表的在线学习形式为高校教学提供了新选择、注入了新活力。“以学生为中心”的教育理念得以更有效地贯彻，学生的中心地位得到进一步彰显，学生可以更加自由地、高效地开展在线学习[205]，这既大幅提升了学生的时间利用效率，也有效解决了教学资源的配置不均衡问题，可以大大推动教育均衡化发展。因此，实施混合式教学模式改革，需要秉承“以学生为中心”的教育理念，充分利用信息技术优化学习环境，将“互联网＋”、数字化、中国式现代化、中华民族共同体意识、课程思政等元素有机融入课程建设，通过共建、共享、共评，提升学生学习主动性，提高优质课程资源的受众面和利用效率。充分发挥教师作为学习设计者的角色功能，将信息时代的教学理论、学习发生机制、线上教学设计原则等与具体教学实践相结合，构建“以学生为中心”的混合式教学模式。

教师作为教学改革的主导者，需要提升自身的数字素养与数字能力。教师应该具备通过研究线上学习平台的教学活动记录，即时监测自己的教学活动和学生的学习活动，并对学生学习状况进行精准评估，找出自己在教学中存在的不足或薄弱环节等，进而完善课程设计、优化教学方式，培养和提升实施混合式教学的能力[14]。同时，混合式教学与传统教学模式不同，它不再是以教师为中心，而是以内部分异明显的学生为中心，这对教师的知识储备、知识更新、应变能力、课堂组织能力等都提出了更高要求。在混合式教学模式下，教师自身更需要具备自主探究学习的意识和能力，需要熟悉在线教学的特点与规律，牢固树立并遵循以学生为中心的教育理念，尊重学生在线学习的特点。混合式教学是在知识经济和信息技术快速发展的大背景下，教育界对教学理念和教学过程的自觉反思，本质上是一种“以学生为中心”的教学过程。

“以学生为中心”的理念还涉及课程视频的选用和制作，经过近几年线上教学、MOOC、SPOC 等教学新技术、新方式的繁荣发展，对于绝大多数教师、绝大多数课程来说，在网络上可以相对容易地找到相似内容的课程视频，在这种情况下，教师自己是否还要制作视频呢？毕竟，教师所教的任何东西都有可能被超越。但需要注意的是，乔纳森・伯格曼等认为，成功的混合式教学的一个重要特征就是能够创造性地使用当地学校的教师或教师团队制作的教学视频[42]。我们的教学体验以及在本书访谈中其他教师的体验，都证明了如果完全使用商业机构或者各平台上已有的课程视频，即使是制作质量很高的双一流课程，其实际教学效果也可能并不理想。反观教师自制视频，尽管视频质量可能与一流课程还有差距，甚至视频还不成体系，但效果却比较好，也更能受到学生的欢迎，这是因为教师自制视频拥有一个优秀教学最基本的特征：和认识你的学生建立联系！因为你是他们的教师，而你的学生对那些随便在互联网上接触到的人并不熟悉。学生通过教师提供给他们的知识内容，能够看到和感受到教师在他们身上的所有投入，他们认可直接参与他们生命成长的人，喜欢善于因材施教的教师[42]。

调研中发现，目前各高校有一个不好的倾向，就是支持教师使用中国慕课、爱课程等成熟平台上的课程，这些课程质量虽高，但很难与本校课程教学无缝衔接，也难以完美契合本校学生实际需求，容易出现为混合而混合的问题，使混合式教学流于形式。从教学质量考虑，高校应该鼓励本校教师制作适合本校实际的课程视频，并选取部分质量较高的课程对外推广。

三、加大学习平台建设投入与宣传力度

中国是人口大国，同时也是教育大国，2020 年全国教育事业发展统计公报显示，中国各级各类学历教育在校生为 2.89 亿人，各类高等教育在学总规模达到 4 183 万人[206]，这意味着线上教育在中国具有极大的市场空间，也为网络教学平台提供了巨大的发展机遇。多项研究发现，网络教育平台的功能特征对学生完成学习任务具有显著影响[138][207]。大规模混合式教学的顺利实施，需要以完善的网络条件和教学平台作为支撑。尽管教师个体的教学组织能力、专业技术水平及职业素养在一定程度上可以弥补在线学习平台功能设计缺陷，但平台的功能设计、操作界面等会显著影响教师的教学设计、教学组织，进而影响学生对混合式教学的主客观评价[88]。随着在线学习的飞速发展，大学的有形围墙正在逐渐瓦解，信息技术的发展为优质教育资源共建、共享提供了可能性和可行性，市场在教育资源配置中的作用和影响力逐渐增大，高校利用信

息技术实现教育资源校内校外共享，这有助于提升教学效率，也有助于教学资源的充分利用[14]。在这一背景下，为跟上教育技术和教育理念的变化，提升教学成效，教师不仅需要立足学科前沿持续更新和充实教学内容，还需要站在技术潮头不断地创新和丰富教学方法。教学改革的主导者始终只能是教师，混合式教学对教师提出了更新、更高的要求，这是高校教师必须直面的挑战。

根据学生调查问卷的反馈，有超过30%的学生对线上平台的运行表示不满意，不满意的原因主要集中在平台操作有问题上。如果校园网容量不足，遇到大量学生同时使用网络时，往往会速度很慢，造成系统卡顿、闪退等，导致很多学生无法及时参与在线签到、测验、评价等。另外，打开网站出错、测验系统提交出错等现象也经常出现。“校园网信号很不稳定，用流量又很贵!”“这个平台有时很卡，很多次测验题做了一半就退出了。”“线上签到，没有在教室的学生远程也可以签，感觉不公平。”在我们对教师的调研中，也有很多教师反映平台使用中存在的问题，如各平台良莠不齐，MOOC 和 SPOC 平台使用难度较高以及容易出错等。“对于我们老教师来说，熟练掌握平台还是有难度的。”“我这学期有五个班，如果学生在线上平台的每个问题都回答，太花时间了，可如果不回答，又会打击学生的积极性。”

线上平台的建设、维护、更新等需要人力、物力、财力的持续投入，需要对课程相关内容（包括内容、课件、案例、习题等）进行持续的更新、维护、管理，它不是一劳永逸的。同时，线上平台的稳定性直接关系到学生对混合式教学模式的体验、满意度和忠诚度，需要相关平台公司持续改善平台的稳定性、优化平台的功能设计，保证使用的流畅性和学生学习的有效性。对于各个高校来说，可以在广泛征集师生意见的基础上，重点选择2～3个平台进行推广使用。这样做，一是保证了选择的平台适合本校实际，减少任课教师的盲目选择，避免资源浪费；二是有助于学校有针对性地进行培训，进行相关软硬件的采购与完善，进行优质教学资源的共建共享，提升资源利用效率；三是减少平台使用数量，有助于降低学生使用不同平台的转换成本，减轻学生负担。

混合式教学模式下的在线教学存在教与学的时空分离现象，因此，如何合理高效地利用各类教学平台和教学工具，成为提升教学成效的关键。事实上，技术革命带来了高频率的教学工具更新，表面上看似乎为教学创新提供了无数新可能，有利于教学方式的革新，能够提升教学效果。但在具体教学实践中，由于教学平台、技术工具过多、过杂，各公司或平台之间出于竞争需要，常常会有意制造差异性，提升用户转换成本，导致很多平台之间缺乏良好的兼容性，操作烦琐，给师生造成很大负担，实际上反而会降低学习效率，多平台频繁切换也使学生难以形成系统化、持续性的学习习惯。在多平台背景下，最理想的方式应该是通过多平台融合打造全智能交互式课堂，但这对教师的能力要求非常高，不是所有教师都能够胜任，可能需要学校成立专门团队来集中研究、设计、开发、培训以及推广，且不同学科、不同课程间存在较大差异，短期内可能难以具备打造"统一理想模式"的条件。教学平台没有最优、最佳，只有最合适的，合适的才是最好的。因此，在开展混合式教学之初，教师可以根据课程特点和学生特征选择合适的教学平台，指导学生尽快熟练掌握平台使用方法，并根据学生的使用反馈对线上教学内容和教学流程进行完善。如果学生在熟悉后，对该平台仍具有较高的抵触情绪，教师可以考虑更换平台。建议对学生混合式教学的相关培训从新生入学教育就开始，因为作为新时代的大学生，很多学生在中小学阶段就已经初步接触了混合式教学模式，而且混合式教学在部分条件较好的中小学被采用的比例和普及力度是完全不逊色于高校的。但这也导致了大学生对混合式教学的接受程度和习惯程度存在巨大差异，新生入学教育可以结合这一特点，一方面对不熟悉混合式教学的学生进行培训，另一方面引导学生之间通过互助尽快熟悉混合式教学模式。现阶段，混合式教学尚处于初级阶段，在这一阶段，高校可以鼓励教师进行大胆探索创新，探索出多种不同的混合式教学平台使用模式，从中选择适宜模式进行推广。

目前，各高校都非常重视对年轻新进教师的培训，在培训中有意识地加大了混合式教学模式的人力、物力和时间投入，但往往忽视对在职老教师的培训。这会形成两个不利局面：一是新进教师大多是刚毕业的年轻博士，缺乏课堂教学经验，对于课堂教学存在的问题，对于为何要使用混合式教学是缺乏感性认知的，缺乏问题导向的培训必然会影响培训效果；二是在职老教师是一个学校教学力量的主力，但对这部分教师的培训却被长期忽视，造成教师们采用混合式教学多是自发式地摸索，不仅效率低，效果也很差。高校应该对所有在职教师进行统一全面的混合式教学培训，在全校范围内形成实施混合式教学的浓厚氛围。

四、引导教师积极参与混合式教学

随着高等教育大众化与普及化的深入推进，教师的发展定位也需要按照伯顿·克拉克倡导的"研究、教育、学习"三原则，与时俱进地进行转型升级，以适应新时代对高校教师职业的新要求[14]。

对于混合式教学模式而言，影响其运行成效的因素是多方面的。其中，教学过程是教学模式的实施过程，是影响教学成效的最重要因素。混合式教学作为一项教学模式创新，实现了教师角色定位的根本性转变，以及教学理念与教学方式的重大变革，对教师个体提出了新的更高要求，要求教师必须具备与混合式教学模式相适应的专门的教学知识和教学能力，才能成功开展混合式教学。同时，也要求教师转变多年以来形成的固有思维方式，必须放弃对学生学习的控制权。国内外学者的研究成果都表明，推动混合式教学模式改革，需要从机构、教师和学生三个不同层面做好准备，其中教师的准备是最关键的[208][209]。有国外学者研究指出，在线学习与传统教育实现有效融合，前提之一是解决教师群体中普遍存在的低数字素养问题[210]。在高等教育中，成功实施混合式教学的前提是教师拥有设计教学模式的知识和能力[211]，融合线下与线上资源的混合课程教学颠覆了传统的课程教学模式，需要教师具备重构课程内容的能力，需要能够对教学课件和教学视频根据教学模式的变化进行重新设计制作，需要更强的教学组织能力。因此，提升教师的混合式教学能力，应成为优化教学模式实施效果的重要着力点，这也是发挥教师主导作用的重要保障。韩锡斌和葛文双（2018）通过调研发现，现阶段，国内高校教师使用信息技术实现教学模式创新的能力和信息化教学研究能力有待提升[212]。在综合分析高校教师混合式教学能力结构、学生满意度等影响因素作用机理的基础上，本书构建了教师混合式教学能力结构图（图 8 - 3）。

由图 8 - 3 可知，现阶段，混合式教学在具体实施中存在一系列问题，如学生在线学习监控难、师生互动效果差、教师课程资源建设能力不足等。混合式教学作为一项重大的教学理念和教学方式变革，在实施之初存在这样或那样的问题是难以避免的，但这些问题都可以通过有针对性的主题培训得以解决。对于年长的教师来说，掌握并熟练运用信息化教学平台各项功能可能存在一定困难，并且混合式教学模式下很多课程框架也需要重新设计，为此学校应定期或不定期开展相关技术或业务培训，指导教师如何正确操作使用教学平台、如何使用和制作课程视频、如何收集和分析平台数据等；对于年轻新进教师，他们存在的主要问题是教学经验不足，学校可以采取“一帮一”培训形式，由经验丰富的教师进行指导，同时开展教学示范课或观摩课培训。有研究指出，最有效的教学策略就是高度结构化的讨论策略[213]。实施混合式教学，需要教师能够以结构化的引导策略引导学生进行有效互动，将讨论不断推向深入。这种互动不是像传统教学模式下通常采用的那种简单的回答问题，而是让学生在讨

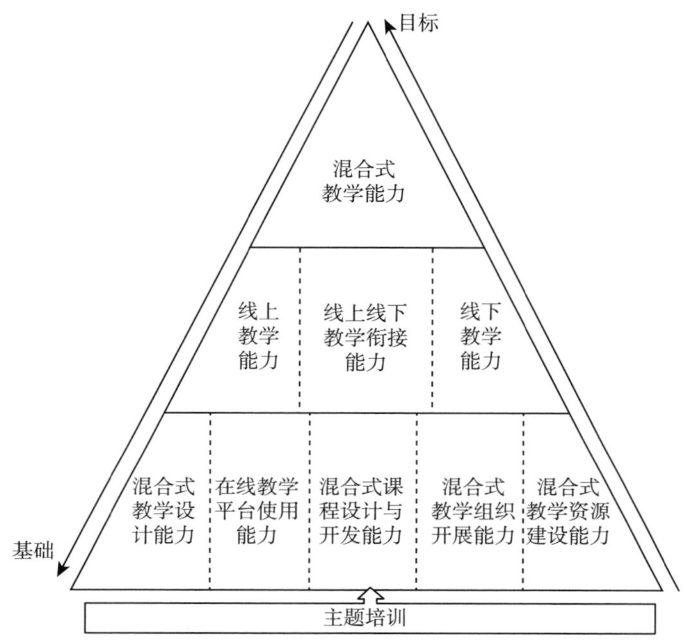

图 8-3 高校教师混合式教学能力结构

论中进行有意义的学习和知识建构。现阶段，中国高校教师在引导师生互动方面的经验和能力是有所欠缺的，“单向灌输”依然是教师最擅长的教学方式和“最舒适”的教学模式，但这一现象必须要扭转，这就需要对教师进行针对性的教育引导和培训。

对所有加入混合式教学的人而言，混合式教学最大的障碍就是大家没有得到恰当的培训。只有对所有加入混合式教学的人进行正确的培训才能更好地实施这种模式[42]。一直以来，中国高校普遍存在的问题就是师资培训缺乏。很多高校除了入职时有个集中的培训之外，往后再无系统性培训，教学技术主要依靠个人独立摸索。调研中发现，很多教师名义上采用了混合式教学，但并没有真正理解混合式教学与传统教学模式的差异所在，仍然在课堂上对课程内容从头至尾进行完整的串讲，导致教学创新流于形式。高校管理部门、学院、教师等作为理性经济人，其都会以各类考核评价标准为行为导向。现阶段，不管是高校排名竞争、双一流竞争还是教师晋升竞争，基本上是以拼项目、拼科研为主，因此，高校各方的精力也都会倾向于科研，教学质量只要过得去即可，师资培训逐渐形成了“高校不重视，教师无动力”的现实局面。高校教学对象和社会需求持续变化、教学内容不断更新、教学技术日新月异，在这一背景下，如果教师不能持续学习、不断成长，高校教书育人的初心使命就难以完成。

混合式教学模式改革涉及教学内容、教学方案、教学流程设计、课程资源、学生指导、教学平台设置等多方面的重构，前期准备工作难度较大，单个教师难以独立完成，即使勉力完成，也无法取得理想成效。在具体操作上，学校可以通过教改项目的形式引导教师组建混合式教学创新团队，组建包含教改专家、一线教师、教学管理人员和网络技术人员在内的课程团队，集中力量解决由无到有的难题，再进一步实现由有到优的提升。

在中国，与中小学教育相比，大学教育可能最不重视对学生进行学习方法教育。大学生接受的学习方法或研究方法培训多是针对具体课程开展的，缺少关于普适性学习方法的专项培训，例如对如何适应混合式教学的培训就严重不足。在混合式教学实施过程中，教师常犯的一个错误就是以为学生知道如何有效地观看视频。乔纳森·伯格曼等人的研究发现，对于学生而言，在线观看课程视频并不是一件无师自通的事情。学生首先需要学会如何去看一段课程视频，而这需要教师对学生进行针对性的指导，提高他们观看视频的效率，这也是对他们学习能力的一种培养。在一开始，教师可以和学生一起在线下课堂上观看几个课程视频，现场指导学生如何去观看，并通过平台进行师生、生生互动。在这一过程中，教师可以在需要时随时暂停视频，与学生讨论应该如何观看视频，如何从视频中快速抓取需要的信息。在学生初步掌握观看视频的要领后，教师在课堂上让学生单独观看一段新视频，学生利用前面所学的技能进行学习，教师在旁对学生的学习过程进行监测评估，对存在的问题进行指导，确保多数学生能够准确地掌握线上学习的技术。需要注意的是，并不是每个学生都能通过课程视频掌握所有的知识内容，没有掌握或掌握起来存在难度的知识点，学生可以通过线上平台进行反馈，教师通过整理分析学生的反馈，在线下课堂进行重点讲解。也就是说，线上课程视频的重点任务是介绍知识内容，学生只有在真正有教师在场的教室里才能完整地掌握知识[42]。从这个意义上来说，混合式教学模式下课堂教学的重要性不但没有降低，反而增加了，所以需要进行课堂教学的重新设计。

五、重构教学内容，重新进行教学设计

当前正处于信息爆炸时代，学生获取信息的途径、方式、广度和深度与过

去相比已发生巨变，他们可以极为方便地通过科技设备和多种渠道轻松地获取任何信息。在这种背景下，我们必须反思如何更好地教导学生；反思当学生可能接触到过量的信息时，作为教师，应该如何设计教学？事实上，实行混合式教学，需要每位教师制订个性化教学计划，并尽可能地根据自己所教的课程、学生特征以及个人风格的实际情况将混合式教学工具和方法融入其中，最大限度地提升学生的适应性。

混合式教学不仅仅是简单的“线上＋线下”的混合，也不是布置一个视频、解决课堂上的问题任务那么简单，而是需要将两者进行有机融合，需要重新对教学进行设计，教师必须计划、参与、提高和修订课程设置。“线下”不应是线上内容的重复讲解，也不应该与线上内容完全独立、毫不相关，所以两者的有效衔接和有机融合是混合式教学设计需要重点考虑的。西南民族大学在目前开展的混合式教学中，明确规定每门课程可以有30%左右的内容采用线上教学方式，具体哪些内容分配给学生进行线上学习，任课教师有自由选择的权利。不同类型的课程可采用不同的线下教学方式，如课程采用翻转课堂方式，课程教学以学生讨论为主，教师主要承担导演角色；或者课程采用小组项目展示、课堂讨论、调研实践、专家讲座等多种形式相结合。对于混合式教学来说，没有一种方法是万能的、普适的，即使是同一位教师讲授的同一门课，在不同学期针对不同的班级，混合式教学设计也应该是存在差异的，最理想的状况是每一门混合式教学课程都是独一无二的。

调研中发现，部分教师采用了MOOC或SPOC课程作为混合式教学的线上学习内容，但具体实施效果并不理想，这是因为这些线上课程内容和测试题的设计缺乏针对性。部分教师表示不适应本校学生，而部分学生也反映课程较难，很多学生选择中途放弃。有些教师在实施混合式教学的过程中发现，部分学生并没有按时观看课程视频，于是就中途放弃了实施混合式教学。面对这一问题，我们认为，一方面，教师要做好身份转换，由先前课堂的管理者变为学生的引导者，帮助学生尽快熟悉并适应新的教学方式。同时，通过良好的师生互动，如线上平台的作业区、考试区或讨论区等，对学生反映或提出的问题给予及时反馈，能够与学生共同探讨一些复杂的或有争议性的内容，调动学生学习积极性和主动性，培养其提出问题和解决问题的能力。另一方面，教师要对已有的线上课程进行事前评估，如果对学生来说，虽存在挑战但经努力是可以克服的，那这类课程可以采用已有的线上课程，这也有助于学生接受更高水平的课程资源，有利于其专业学习的提升；如果难以找到适合本班学生的线上内容，任课教师可通过建立课程团队的形式，组织相关教师自制线上教学内容。同时，这些自制教学内容也可以作为教师的教学成果。

开创一门成功的混合式教学课程需要教师制订周详的计划。调查中发现，学生反映部分课程存在线上线下环节整合设计不理想的情况，例如，线下环节是线上环节的重复，线上视频无法与线下内容无缝衔接等。访谈中，有教师也指出，线上线下两部分内容的有效结合是混合式教学成功与否的关键，但也是难点和挑战，需要重新梳理设计教学内容，甚至需要根据教学模式的变化对课程内容进行重构，并进行有针对性的教学设计，也需要采取措施确保学生有效完成线上教学内容。

在混合式教学模式下，教学内容不应局限于教材内容，教师可以在总结以往教学经验的基础上，结合学生特点和社会经济发展热点，将教学内容从教材内容扩展到社会时事，从专业知识扩展到课程思政、素质教育等多维度内容。在混合式教学模式下，学生课余时间得到了更有效率的利用，为线下课堂实现高阶学习腾出了宝贵的时间，教师可以通过线上平台为学生提供丰富的网络资源，也可以挑选与课程紧密相关的内容并将其引入课堂教学，满足学生们多样化、个性化的学习需求，也为学生自学提供便利[214]。教师应该根据课程特点和学生的学习习惯，在课堂教学中精选教学内容，系统讲解理论性较强的内容、课程重难点以及通过线上平台反馈出来的共性问题；针对学生在线自学的内容，可以通过线上答疑、作业、测验等多种形式进行检测和指导。混合式教学设计应实现课堂学习和线上学习的有机融合，将知识学习和能力提升置于同等重要的地位，更好地提升学生的培养成效，实现学生知识学习、能力培养、价值塑造三方面的综合发展[81]。

在课程内容设计方面，教师应该结合混合式教学的特点重构课程内容，课程内容应在基于教材的基础上高于教材，应及时将最新的理论进展、真实案例等融入教学内容中，防止学生所学与社会现实严重脱节，出现“两张皮”现象。伴随着中国发展步入新时代，培养什么人、怎样培养人、为谁培养人，成为高等教育必须面对和回答的根本性问题，课程思政的出现，正是对这一问题的正面响应。在混合式教学设计中，教师应结合课程内容将课程思政内容融入其中，以真正实现立德树人的根本目标。

六、合理安排课堂教学活动

对混合式教学理解错误的观念之一就是认为学生只在上课之前通过视频进

行学习，然后在上课期间做其他事情。尽管很多教师是这样开始混合式教学实践的，但是他们很快就意识到，与视频的创作和观看相比，课堂上所发生的事情要重要得多[42]。从教学方法上看，阅读一份资料，完成一项课程活动，观看幻灯片或课程视频，它们之间的差异并不大，所有这些教学设计或教学活动都只有一个目的，那就是希望学生们能够提前熟悉和思考相关课程内容，有准备地来到课堂。利用视频开展混合式教学是一种简单的方法，这种我们熟悉的媒介能够让学生积极学习[42]。

在进行课堂教学活动设计时，提高学生参与度和高质量完成学习任务是需要重点考虑的方面。在混合式教学的线下课堂教学环节，教师可以设计更多以学生为主体的教学活动，如课堂小游戏、主题辩论、案例角色扮演、翻转课堂等，给予学生更多畅所欲言、展示自我的机会，引导其积极参与到课堂问题的讨论中，营造积极的课堂学习氛围，培养学生的高阶思维能力。同时，课前预习是实施混合式教学的重要环节，应合理设置课前学习的内容和频率，使学生既能顺利完成课前学习任务，又能提高自我效能感，提升其学习兴趣和学习信心。混合式教学模式下，学生线上自学以及完成课程作业等任务的质量，会对线下课堂教学和整个课程的教学效果产生重大影响，线上学习效果差是很多教师被迫中途停止实施混合式教学的一个重要原因。我们的经验表明，从第一节课起就明确提出要求、树立规矩，让学生养成认真完成线上学习任务的习惯。具体而言，一方面，教师要明确线上学习内容的具体要求，对于线上学习要求掌握的内容，线下课堂不再讲授，让学生意识到线上学习不是可有可无的辅助，而是必须完成的任务；另一方面，借助线上习题练习发现班级存在的共性问题，然后在线下课堂予以集中讲解，这可以大幅提升课堂时间利用效率。

需要注意的是，在线学习不应该被看作是课堂教学的补充，而应该被看作是实施混合式教学所必需且有价值的要素，将课堂教学和线上教学统筹考虑，纳入统一设计，才能真正实现混合式教育的潜力、价值和优势。

为了检验和巩固学生所学知识，教师一般会让学生在课下完成相应的作业。通常，这些作业会比学生自己掌握的知识难度更大一些。如果学生在课堂上错过了重要内容，或者没能深入掌握相关知识点，又或者学习能力有限等，可能导致他们无法独立完成作业或作业成绩不理想。最后，学生只能带着挫败感走进课堂，这又会影响他们本次课堂教学的学习效果，进而陷入一种恶性循环。混合式教学模式下的课堂教学环节，学生会有更多的时间在教师在场的情况下有效地解决问题，可以有效克服传统教学模式的弊端。混合式教学是一场学习的革命，因为部分甚至大部分课程内容安排为在课余时间自学，教师能够在教室里灵活支配更多的时间，这样可以及时地指导学生，学生也能获得来自教师和同学的更多帮助。当学生所学超越了课程基本内容后，他们会学习得更深入，从而获得最大的满足感。

七、构建混合式教学的测评与监督机制

混合式教学的开展为教师灵活设计教学内容和教学流程提供了更广阔的空间和自由度，但教师需要认识到，这其中也存在挑战，因为它需要教师全面理解高阶学习环境、交流特征、不同学科要求以及资源拥有情况等。对于教师来说，首先，需要充分利用学习平台各项功能，加强对学生学习全过程的监督和指导，及时发现和解决学生在学习各个环节遇到的困难和问题，且保持与学生多种形式的沟通。其次，教师可以通过线上平台生成的大数据，分析学生的个人学习报告，了解学生在不同阶段、不同知识板块的学习状况，对学习上存在困难的学生及时提供帮助，对学习主动性较差的学生给予更多关注，引导他们改善学习状态。再次，教师需要改进和完善教学评价体系，包括由过程性评价、终结性评价构成的学习质量评价体系和混合式教学反馈体系。混合式教学的过程性评价按教学流程分为课前、课中和课后三个阶段，终结性评价可以通过期末总结汇报或考核测验两种方式进行。综合评价教学质量可以有效降低学生对于期末考试的过度依赖，提高学生对平时学习环节的重视和投入程度。同时，完善的教学反馈系统能够增强师生之间的交互性，帮助教师更有效地发现学生的学习困难，进而对学生进行针对性指导，提升其参与度，帮助学生实现高阶学习。

对于学生来说，可以通过教学平台针对混合式教学提出合理的建议，及时、准确地反馈学习体验与感受，便于教师及时改进教学方式和完善教学设计。学校或学院可选聘混合式教学经验相对丰富的教师担任教学督导，加强对混合式课程的督导，让督导结合自己的教学经验为任课教师提供有价值的建议。各教研室、学院或学校应定期组织不同层面的相关专题研讨会，为混合式教学的参与者分享、讨论课程再设计搭建平台，促进共同成长。

提供及时反馈是 Chickering 和 Gamson 在《大学优良教学七原则》中的一个关键原则[215]。混合式教学模式的改进是一个持续的过程，需要根据课程不同主体（学生、同事、督导等）的反馈不断地进行课程再设计，确保混合式课

程在持续改善中趋向完善。

八、提高大学生混合式学习适应性

从前面的分析可以发现，在影响混合式教学成效的诸多因素中，学生的学习态度和自主学习能力是众多影响因素中最重要的。因此，提升混合式教学模式实施效果首先就要引导学生树立正确的学习态度、提升其自主学习能力。端正大学生学习态度可以从三方面入手：一是增强大学生对学习重要性的认知；二是提高大学生对学习过程的情感体验；三是提升大学生对学习投入的意愿[207]。研究发现，大学生在学习过程中感受到的情感体验对学习行为的影响随着年龄的增长而增加[207]。因此，需要对大学生加强教育引导，帮助他们深刻认识学习的重要性，更重要的是要通过精彩的课程内容、丰富的教学方法、富有成就感的学习过程以及恰当的学习评价等，使学生对课程学习本身产生兴趣，形成积极稳定的学习体验。

研究发现，自我概念、学习归因和学习环境适应是影响大学生养成自主学习能力的主要因素。自我概念是一个人对自我的认知，是一个人的动力系统[216]。具有积极自我概念的学生更清楚自己的学习目标，在学习过程中遇到困难时，更愿意积极主动寻求帮助，并主动调整学习方法、学习方式，也更重视从自身方面进行反思总结。如果学生对学习结果进行内部归因，可以有效提升学生的自我效能感，激发出更强的学习动机。学习环境适应通过学习归因这一中介变量对自主学习产生影响[217]。因此，培养自主学习能力，首先应该帮助学生建立积极的自我概念，提升其自我效能感；其次，引导大学生进行内部归因，帮助其找到问题根源，从而更加努力；最后，学校应该为大学生营造良好的学习环境，提供优质的教育资源，改革传统的教学和评价方式，为大学生进行混合式学习创造条件。

需要注意的是，教师在学生初次接触混合式教学模式时，需要保持耐心，给予学生必要的时间来熟悉、适应和接受新教学模式。我们在具体教学实践中是利用两节课的时间介绍和培训混合式教学模式，使学生逐步熟悉相关软件功能，明确该模式的具体要求和教学流程设计，帮助学生以最快的速度转变学习习惯。教师在平台上传课前学习资料时，应构建起畅通的线上沟通渠道，给学生布置需要思考的问题，并鼓励学生提出问题，让学生带着问题去学习，对学生提出的问题应及时给予反馈。在线下课堂教学过程中，教师需要转变教学习惯，避免沿袭满堂灌式的传统授课方式，需要通过课堂讨论、翻转课堂等多样化形式让学生进行主动学习，主动去探索和建构知识。只有学生学会并习惯了主动学习，他才会成为教学活动的中心，混合式教学才能真正实现。

九、高校各环节协同配合

混合式教学改革是一项复杂的系统工程，它包含众多的子系统，如教师、学生、教学管理服务、教学评价等。各子系统通过教学实践相互作用、相互影响，不断调整和完善自身的功能和作用，推动教学质量不断提升。混合式教学各子系统中的任何一项发生变化都可能会影响整体系统的运行效果。可以说，混合式教学是对高校教学的一次根本性重新设计，它吸收了信息通信技术的巨大潜力，极大地消除了传统教学的时空限制。

实施混合式教学需要重新思考教学目标和教学设计，需要建构一整套可行的教学方法、策略、技术与工具。混合式教学模式的实施绝不仅仅是任课教师将一部分课堂内容分配至线上，或者仅仅是在课堂上增加提问环节。我们认为，混合式教学是一场系统性革命。从硬件方面看，学校需要及时添置、更新混合式教学所需的多媒体设备，升级配套的软硬件设施设备。为达到理想的教学效果，学校最好能够建设功能齐全的智慧教室，以方便翻转课堂、小组学习、角色扮演等新型教学活动的开展。软件建设包括加快学校教学管理信息化建设，探索适合混合式教学模式的质量保障与监控体系，完善线上教学的政策支持以及加强教师现代教育理念与教育技术的培训等。从我们在各高校的调研和多年教学实践来看，现阶段教学平台很多，平台更新也非常频繁。为了提升教学成效，一方面，同一高校使用的教学平台不应过多，以 3～4 个平台为宜，“过少”导致师生缺少选择，“过多”会增加师生尤其是学生的负担，且容易造成资源浪费。另一方面，需要加强对教师的培训，不管是新设备还是新平台的使用，都有一个熟悉的过程，如果只是使用其极少数功能，这不仅无法充分发挥混合式教学的应有作用，同时对资源投入也是一项巨大浪费。

从教师方面看，除了需要学习并掌握教学新平台、新手段、新技术的应用之外，相比传统教学，混合式教学对教师教学方法、知识储备等提出了更高要求，教师需要持续充电学习。有些课程很多教师反复讲了多年，课件、教案、案例等大多是现成的，按照传统教学模式进行课堂授课就能轻松完成规定的教学任务。但如果实施混合式教学，就需要重新设计教学内容、学生练习等环节，需要在网上提前布置预习任务、更新参考资料、组织线上讨论、开展翻转课堂等，这需要教师投入大量的时间和精力。在调研中，有教师反映，实施混合式教学后，教师的工作量大幅增加，付出的精力也更多，时间和精力付出几乎翻倍。即便教师有能力且有意愿实施混合式教学，也可能没有充足的时间。正如乔纳森·伯格曼所说，沉重的课程负担和舒服的旧教学方式往往让我们倾向于墨守成规[42]。这意味着，如果实施混合式教学，一方面需要唤醒教师的职业责任感，让教师意识到实施混合式教学、持续提高教学质量是作为高校教师的神圣使命；另一方面，学校需要为教师实施混合式教学提供尽可能多的引导和支持，例如教改经费专项支持、提高课时费系数、在职称评审中优先考虑等，让教师有足够的动力去探索教学模式创新。

混合式教学不会让教学变得简单，但是它会让教学变得更有效、更美好[42]。实施混合式教学会占用教师大量时间和精力，如果学校在薪酬体系、职称晋升等相关政策制度的设计上，不能保证教师有合理的回报，教师的参与积极性必定会受到影响。因此，学校首先要建立和实施多元、科学的教师评价体系，全面衡量教师的专业水平、教学科研能力、工作业绩、职业态度和师德师风等，各类考核评价不能过分倾向科研成果，应该给予教学足够权重；二是要提高教师考核制度的科学性，将目前每年用量化的指标考核教师的方式转变为周期性考核。

从专业培养方案和教学大纲看，混合式学习意味着需要从根本上重新定义和构建教与学，需要根据混合式教学模式的特点，重新编制专业培养方案和教学大纲，各课程的内容安排和授课计划也需要进行重构。从学生成绩评价来看，混合式教学模式下对于学生的评价应该是全方位评价，需要对学生参与课程教学的各个环节进行全面科学精准的评价，而不应该延续过去的那种简单粗暴的“课堂点名占40%＋期末考试占60%”的评价方式。从教学组织看，高校应当设立专门的部门负责统筹全校混合式教学改革相关事宜，包括制订混合式教学实施规划、确定资金投入的合适比例、及时调研反馈师生对教学的看法与建议等。同时，还需要加强对相关教师的考核，对混合式教学实施效果不佳的教师进行培训，并积极与教务部门沟通调整每学期实施混合式教学课程的比例，积极协调解决校生、校师、师生、生生之间在混合式教学模式实施过程中存在的各类矛盾冲突。

调研中发现，各高校、职能部门、学院等都认为应该推广混合式教学，实施混合式教学已经成为目前国内各个高校上下的普遍共识。但目前最大的问题是缺乏切实的保障机制，来引导和激励教师投入混合式教学实践。近些年，为了应对混合式教学改革的挑战，许多高校都启动了教师发展项目，为新进教师提供有关教学职责以及将先进教学技术融入教学实践的培训活动。这些活动通常包括技术培训工作坊、研讨会、讲座、暑期研修班等。当前，这类培训的困境在于，教师在参加培训后，虽然对新技术和新模式充满热情，但当他们回到工作岗位后，却发现根本没有时间，也得不到将新想法、新技能付诸实施的有效支持。而且，这类培训普遍缺少后续跟进环节。由于信息化教学技术和教学工具更新换代频繁，如果培训不是常态化、持续开展，教师很容易被迫中途放弃，进而导致新的教学技术与教学策略难以得到有效实施。

教师的专业发展注定是一项持久性事业，临时性的、不定期的培训很难带来根本的改变。专业发展项目应该有一个延展的时期，比如一学期或整个学年，以便让参与者有足够的时间去学习或改变他们的教学实践。现阶段我国部分一流高校对于新进教师会设有一年的学习期，在这一年里，集中对新进教师进行教学技术、方法等的相关培训。据了解，我国民族院校普遍没有这一制度安排，这对新型教学模式的引进和推广是非常不利的，也不利于教学质量和人才培养质量的持续提升。从这个角度来说，民族院校需要在管理理念方面向国内其他优秀高校学习。

十、先试点后推广，稳步推进

拥有优良的模式和一些成功的典范是引发广泛变革的根本所在[21]。混合式教学将面对面教学和线上教学相结合，给教学模式设计带来了无限可能。然而，混合式教学并没有固定的教学设计模板。在具体课程设计中，教师必须考虑特定的教学目标、学生特点和教学环境，其设计必须灵活应对不断变化的需求，这绝非易事。

混合式教学改革是一项复杂的系统工程，其广泛实施需要一个过程。建议先开展试点以积累经验，探索出适合本校学生的混合式教学具体模式设计，并形成示范效应，然后再逐步推广，最后实现广泛覆盖。榜样的力量是无穷的，当先行教师在工作创新上获得成功并得到认可时，会吸引和激励更多教师投身混合式教学。很多教师最初接触混合式教学模式往往是从少数几节课开始实施的，可能一学期也就只对几节课进行混合式教学，但这同样值得鼓励。无论是国外的实践经验，还是我们的调研访谈，都表明教师可以先从一节课或一个知识单元入手探索实施混合式教学。哪节课或哪个主题是学生在课堂上理解起来比较吃力的，这堂课就可以作为教师开展首次混合式教学的最佳选择。由于教师、学生、课程等差异化程度很高，混合式教学实践可能会经常遇到各种各样的障碍，但还是应该鼓励教师坚持下去。当教师意识到为了适应时代和技术的变化，为了更好地提升教学质量，自己有责任和义务从教育者转变为学习者，主动去学习和实施混合式教学模式，并在实践中取得了一些进展或成绩时，就会产生成就感和满足感，进而为其进行教学创新提供动力。

高等教育领域逐渐形成一种观点，认为混合式教学是催化教育变革的潜在力量。但是，在学校层面仍然需要做大量工作，以加深大家对混合式教学潜力的认知与理解。正因为如此，学校必须找到可靠的代言人来宣传混合式教学。在提高教师对混合式教学认识的过程中，高级管理者必须成为支持伙伴。在混合式教学开展过程中，学校需要出台相应的制度和政策文件，为混合式教学提供支持。大学需要制定体现本校价值观、原则和方向的政策，混合式教学必须展现出与学校价值观相符的特征，并能强化学校目标。只有这样，政策才能规划出大学的战略方向，确定改革重点，并合理配置资源。为确保政策规定得以贯彻执行、政策目标得以实现，学校高级管理者必须阐述发展愿景，并做好资源投入准备，以此表明他们对改革的支持。此外，推动混合式教学不是单个学院或者教务部门能够承担和胜任的，必须由学校领导牵头，汇聚全校各层级的力量，才能取得理想效果。激励也许是促进变革的最有利因素，学校可以考虑对参与混合式教学改革的单位和教职工给予经费、表彰和奖励，在职称晋升时将教学奖励和教学表彰纳入考量范围。这种支持既能保障混合式教学再设计这一创新能长期保持活力并获得成功，也能保证学校教育教学方式方法的顺利转型。

在推行混合式教学的准备阶段，各高校需要对自身拥有的教师、设施、设备等相关教学资源进行统计、整理，并进行准确、客观的评估，制定符合本校客观实际的具体实施方案。例如，如果学校当前的硬件条件有限，可通过实行不同课程对教学资源进行轮换使用的方式，挖掘、提升现有教学资源的利用潜力。同时，可以通过试点收集各方意见和建议，在总结经验的基础上，逐步完善，分批推广。作为一项教学理念和教学技术的重大转变，混合式教学模式改革必然有一个循序渐进的过程，不可能一蹴而就。对于高校和教师来说，面对混合式教学这一大趋势，既不能视而不见、逃避退缩，也不能急于求成。

我国民族院校管理类专业正在进行的混合式教学实践实现了教学模式的创

新，对提升人才培养质量发挥了重要作用。新冠疫情的暴发和持续为中国高等教育领域混合式教学模式快速发展提供了巨大的需求和空间，目前混合式教学模式正处于快速的粗放式发展阶段，难免存在一些问题。后续我们计划继续跟踪民族院校混合式教学的开展情况，同时跟进国外高校、国内双一流高校的最新进展，不断扩大学生调查问卷的样本量，并加入随堂观察和师生深度访谈环节，以取得更有价值的研究成果。针对在本书研究基础上提出的对策建议，我们将选取一些课程进行针对性改进，并跟踪调研评估具体的教学成效。希望通过剖析民族院校管理类专业混合式教学的实践经验，为中国高校混合式教学的发展提供借鉴和参考。

参 考 文 献

[1] 孟霆，姜海丽，刘艳磊．美国高校基于线上线下混合式教学模式的经验及启示［J］. 黑龙江高教研究，2021，39（4）：80-84.

[2] SWAIL W S. Higher education and the new demographics：Questions for policy［J］. Change Magazine，2002（4）：15-23.

[3] 马健云．高校混合式教学发展现状及保障制度研究［D］. 重庆：西南大学，2018.

[4] 李媛．基于 MOOC 推进大学课堂教学改革策略探讨［D］. 桂林：广西师范大学，2015.

[5] 翟苗，张睿，刘恒彪．高校混合式教学形成性评价指标研究［J］. 现代教育技术，2020，30（9）：35-41.

[6] 教育部．教育部发布《全国普通高校本科教育教学质量报告（2020 年度）》［EB/OL］.［2021-12-17］. http：//www.moe.gov.cn/jyb_xwfb/gzdt_gzdt/s5987/202112/t20211217_588017.html.

[7] 栾文娣．混合式教学评价：研究现状、理论基础、设计与实施［J］. 兰州职业技术学院学报，2022，38（5）：35-37.

[8] 丹尼尔，王志军，等．让 MOOCs 更有意义：在谎言、悖论和可能性的迷宫中沉思［J］. 现代远程教育研究，2013（3）：3—12，27.

[9] 王晶心，冯雪松．基于慕课的混合式教学：模式、效果与趋势：基于 SSCI 和 ERIC 数据库的分析［J］. 中国大学教学，2019（10）：49-55.

[10] 毕经美．国内 MOOCs 文献研究的现状分析与趋势思考：2009—2014 年 CSSCI 和中文核心期刊文献的内容分析［J］. 黑龙江高教研究，2016（3）：134-139.

[11] 何克抗．教育信息化发展新阶段的观念更新与理论思考［J］. 课程·教材·教法，2016（2）：3-10.

[12] 吴筱萌，蒋静，吴杰伟．混合式学习环境下学生网上讨论的成效及影响因素研究［J］. 现代远程教育研究，2011（5）：59-65，78.

[13] 邵婉．基于混合学习模式培养审美情趣的初中古诗词教学设计研究［D］. 温州：温州大学，2019.

[14] 潘秋静，胡永红，阚明坤．"后疫情时代"高等教育教学模式的挑战与创新：访世界知名高等教育研究专家乌尔里希·泰希勒教授［J］. 复旦教育论坛，2020，18（6）：10-16.

[15] 朱雪梅．混合式教学 未来学校教学组织的新模式［N］．中国教育报，2019－06－06．
[16] 曹海艳，孙跃东，罗尧成，等．“以学生为中心”的高校混合式教学课程学习设计思考［J］．高等工程教育研究，2021（1）：187－192．
[17] 邓红章．“互联网＋”时代混合式教学高质量发展的支持服务策略［J］．重庆开放大学学报，2022，34（2）：54－58．
[18] 邓红章．混合式教学教师专业能力体系建构及支持策略［J］．教育评论，2022（3）：106－113．
[19] 加里森，沃恩．高校教学中的混合式学习：框架、原则和指导［M］．上海：复旦大学出版社，2019．
[20] 方俊涛，孙颖，刘爽．学生视角下混合式教学满意度分析［J］．高教学刊，2021（5）：107－111．
[21] 俞福丽，毛永江，王佳利．动物科学类课程混合式教学的学生满意度调查研究［J］．中国家禽，2021，43（10）：116－120．
[22] 刘奎，刘德阳，孙权尚．基于工程教育专业认证的数字媒体技术人才培养研究［J］．许昌学院学报，2018，37（8）：76－77．
[23] 梁兴柱，林玉娥，周华平．结合工程教育认证的数字媒体技术专业评估［J］．软件导刊，2020，19（2）：188－191．
[24] 黄荣兵，张洪，于曦．新工科下基于 OBE 教育理念的软件工程专业课程体系改革探索［J］．成都师范学院学报，2018，34（9）：120－124．
[25] 李玲燕，郭玉坤．基于学生满意度的工商管理类专业混合式教学影响因素研究［J］．创新教育研究，2022，10（6）：1284－1293．
[26] 教育部：将在中西部高校布局建设一批新学院［EB/OL］．［2021－12－27］．http：//www.gov.cn/xinwen/2021－12/27/content_5664802.htm．
[27] 刘洋．混合式教学的困境与优化［J］．教学与管理，2020（18）：104－106．
[28] 王静，方晓峰．基于智慧教室的人机混合教学设计研究［J］．高教学刊，2022，8（17）：1－5．
[29] 王涛，石丹．高等院校课程质量评价指标体系初探：以三亚学院课程“三度”建设为例［J］．河南教育（高等教育），2021（4）：31－33．
[30] 杨秀云．在线学习中日语专业自主学习现状及对策研究［J］．文化创新比较研究，2020，4（25）：136－138．
[31] 陈太忠，曹如军．大学课堂教学评价：学习立场下的检视与反思［J］．应用型高等教育研究，2021，6（4）：52－57．
[32] 易朝红，曾云，陈富．本科生对课堂教学质量评价的调查研究：基于 G 师范大学的调查［J］．大学，2020（35）：48－51．
[33] 高启荣．疫情防控期间高职院校线上教学策略探析：以商务英语专业线上教学为例

[J]. 英语广场，2020 (11)：71－75.

[34] GARRISON D R，VAUGHAN N D. Blended Learning in Higher Education：Framework，Principles，and Guidelines [J]. Journal of Physical Therapy Education，2008 (1)：73－85.

[35] ALBRECHT B. Enriching student experience through blended learning [J]. Blended Learning，2006.

[36] VAUGHAN N，GARRISON D R. How blended learning can support a faculty development community of inquiry [J]. Journal of Asynchronous Learning Networks，2006 (4)：253－260.

[37] THORNE K. Blended learning：How to integrate online and traditional learning [M]. Malaysia：Kogan Page，Limited，2003.

[38] 蒋新花．学生满意度视角下的混合式教学影响因素研究 [D]. 济南：山东师范大学，2018.

[39] LAM C M，PAN Z. Blended learning in social work practice courses：a reflective learning model [J]. The Hong Kong Journal of Social Work，2021，55 (2)：53－68.

[40] DASKAN A，YILDIZ Y. Blended Learning：A Potential Approach to Promote Learning Outcomes [J]. International Journal of Social Sciences and Educational Studies，2020，7 (4)：103－108.

[41] NARISSRA M，PUNYANUNT－CARTER，DE LA CRUZ J J，et al. Investigating the relationships among college students' satisfaction，addiction，needs，communication apprehension，motives，and uses & gratifications with Snapchat [J]. Computers in Human Behavior，2017，116 (8)：523－529.

[42] 伯格曼，萨姆斯．翻转课堂与混合式教学 [M]. 北京：中国青年出版社，2019.

[43] JAGER J D，GBADAMOSI G. Predicting students' satisfaction through service quality in higher education [J]. The International Journal of Management Education，2013，19 (2)：323－349.

[44] HENDA M B. GUIDE for a blended learning system [EB/OL]. [2022－01－03]. https：//arxiv. org/pdf/2007. 04912v1. pdf.

[45] NEGRICEA C I，EDU T，AVRAM E M. Establishing Influence of Specific Academic Quality on Student Satisfaction [J]. Procedia－Social and Behavioral Sciences，2014，116 (1)：4430－4435.

[46] LIN J A，FARROW N，LINDEMAN B M，et al. Impact of near－peer teaching rounds on student satisfaction in the basic surgical clerkship [J]. American Journal of Surgery，2017，96 (2)：237－249.

[47] El－SAID O A，FATHY E A. Assessing university students' satisfaction with on－campus

cafeteria services [J]. Tourism Management Perspectives, 2016, 45 (11): 139-147.

[48] FUTCH L S, DENOYELLES A, THOMPSON K, et al. "Comfort" as a Critical Success Factor in Blended Learning Courses [J]. Online Learning, 2016, 20 (3): 140-158.

[49] PHILLIPS K F, MATHEW L, AKTAN N, et al. Clinical education and student satisfaction: An integrative literature review [J]. International Journal of Nursing Sciences, 2017, 4 (2): 205-213.

[50] DZIUBAN C, GRAHAM C R, MOSKAL P D, et al. Blended learning: the new normal and emerging technologies [J]. International Journal of Educational Technology in Higher Education, 2018, 15 (1): 3.

[51] OWSTON R. Empowering Learners through Blended Learning [J]. International journal on E-learning, 2018, 17 (1): 65-83.

[52] MERETE F, SOFIE K K, SEVALD H. Communication in mental health nursing - Bachelor Students' appraisal of a blended learning training programme - an exploratory study [J]. Bmc Nursing, 2018, 17 (1): 1-20.

[53] HELSA Y, DARHIM D, JUANDI D, et al. Blended learning in teaching mathematics [J]. Aksioma Jurnal Program Studi Pendidikan Matematika, 2021, 10 (2): 733.

[54] RUSLY N, AZIZ A A, NGADIRON S. A case study on the application of web-based blended learning [J]. Journal of Information System and Technology Management, 2020, 5 (17): 20-27.

[55] 彭芬，金鲜花．高校混合式教学的研究主题、发展脉络与趋势分析：基于 CiteSpace 的知识图谱研究 [J]. 中国大学教学，2021 (Z1)：100-105.

[56] 祝智庭，孟琦．远程教育中的混合学习 [J]. 中国远程教育，2003 (19)：30-34，79.

[57] 何克抗．从 Blending Learning 看教育技术理论的新发展（上）[J]. 中国电化教育，2004 (3)：5-10.

[58] 何克抗，李晓庆．新时代教育技术学科发展面临的机遇与挑战：兼论教育部撤销部分高校“教育技术”本科专业的反思 [J]. 现代远程教育研究，2019，31 (3)：12-17.

[59] 于歆杰．论混合式教学的六大关系 [J]. 中国大学教学，2019 (5)：14-18，28.

[60] 王溶花，胡梅梅，许烜．混合式教学研究综述 [J]. 西部素质教育，2020，6 (5)：128-129.

[61] 宋蔚，姚继东．混合式教学研究现状综述 [J]. 北京城市学院学报，2020 (1)：47-49.

[62] 冷静，易玉何，路晓旭．职前教师协作写作中反思能力发展轨迹研究：基于认知网络分析法 [J]. 中国电化教育，2020 (3)：93-99.

[63] 冯晓英，郭婉瑢，宋佳欣．教师混合式教学能力发展模型：原则、准备与策略 [J]. 开放教育研究，2021，27（5）：53－62

[64] 张倩苇，张敏，杨春霞．高校教师混合式教学准备度现状、挑战与建议 [J]. 电化教育研究，2022，43（1）：46－53.

[65] 江凤娟．混合式教学环境中大学生学习的行为意愿影响因素研究 [J]. 电化教育研究，2021，42（6）：105－112，128.

[66] ABRAMS Z I. Asynchronous CMC，Collaboration and the Development of Critical Thinking in a Graduate Seminar in Applied Linguistics [J]. Canadian Journal of Learning and Technology / La revue canadienne de l'apprentissage et de la technologie，2005，31（2）：23－47.

[67] 甘健侯，杨宇，赵波．创新混合教学模式，推进高等教育在线教学改革 [J]. 学术探索，2017（4）：140－144.

[68] 赵萌萌，薛林贵．"线上线下混合式"微生物学课程教学改革与实践 [J]. 微生物学通报，2021，48（11）：4432－4443.

[69] 郑静．国内高校混合式教学现状调查与分析 [J]. 黑龙江高教研究，2018，36（12）：44－48.

[70] 王梅．OBE 理念下课程思政在韩语翻译教学中的应用探索 [J]. 山东农业工程学院学报，2022，39（1）：120－123.

[71] 张晓昱，郑鹏飞．"学"与"习"相混合的教学模式改革研究：以"翻转课堂"为例 [J]. 商丘职业技术学院学报，2021，20（6）：68－72.

[72] 张顺生．服务工作场所学习：现代学徒制中的混合学习模式变革 [J]. 职业技术教育，2021，42（11）：26－30.

[73] 叶荣荣，余胜泉，陈琳．活动导向的多种教学模式的混合式教学研究 [J]. 电化教育研究，2012，33（9）：104－112.

[74] 罗映红．高校混合式教学模式构建与实践探索 [J]. 高教探索，2019（12）：48－55.

[75] 张锦，杜尚荣．混合式教学的内涵、价值诉求及实施路径 [J]. 教学与管理，2020（9）：11－13.

[76] 韩森．基于慕课和雨课堂的高校思政课混合式教学：以"毛泽东思想和中国特色社会主义理论体系概论"慕课为例 [J]. 现代教育技术，2018，28（7）：65－70.

[77] 罗薇，彭兵．基于 SPOC 混合式教学模式的探究 [J]. 电脑知识与技术，2021，17（17）：128－129，140.

[78] 梅鲁海．高职教育混合式教学模式绩效评估量化体系实证研究 [J]. 职业技术教育，2021，42（32）：48－52.

[79] 毛军权．在线教学的未来发展：动向、反思与行动 [J]. 中国电化教育，2020（8）：27－32.

[80] 张红霞．高校学生用户对在线教学平台的持续使用意愿研究 [J]. 中国教育信息化，2021 (22)：7-13.

[81] 黄秀华，徐桑．基于 MOOC 的高校混合式教学发展研究 [J]. 计算机教育，2018 (4)：121-125.

[82] 林耿堃，龚庆．混合式教学现状、教学满意度及发展研究 [J]. 国家林业和草原局管理干部学院学报，2021，20 (3)：43-51，63.

[83] 李海东，吴昊．基于全过程的混合式教学质量评价体系研究：以国家级线上线下混合式一流课程为例 [J]. 中国大学教学，2021 (5)：65-71，91.

[84] 李逢庆，韩晓玲．混合式教学质量评价体系的构建与实践 [J]. 中国电化教育，2017 (11)：108-113.

[85] 王杨．基于"雨课堂"项目化课程混合式教学的效果与评价 [J]. 职教论坛，2020 (2)：70-75.

[86] 郭建东．混合式教学评价指标体系的构建与应用研究 [J]. 成人教育，2020，40 (12)：19-25.

[87] 刘威童，汪潇潇．混合式教学满意度影响因素研究 [J]. 现代教育技术，2019，29 (1)：107-113.

[88] 沈伟玲．蓝墨云班课混合式教学满意度实证分析 [J]. 教育教学论坛，2021 (30)：50-53.

[89] 方俊涛，宋靓靓，宋正刚．混合式教学满意度研究：以重大公共突发事件发生期间天津市大学生为例 [J]. 产业与科技论坛，2021，20 (22)：97-99.

[90] 李慧芳．混合式教学模式满意度研究 [J]. 计算机时代，2021 (7)：85-87，91.

[91] 陈健．混合式教学模式下地方本科院校大学生心理健康课学生满意度的实证研究 [J]. 教育现代化，2020，7 (1)：173-175.

[92] 黄甫全，游景如，涂丽娜，等．系统性文献综述法：案例、步骤与价值 [J]. 电化教育研究，2017，38 (11)：11—18，25.

[93] 韩广俊．问卷调查法在定量与定性研究中的应用 [J]. 才智，2015 (10)：343.

[94] 杨祯．后疫情时代以智慧实验室为依托的混合式实验教学模式探索 [J]. 黑龙江教育 (理论与实践)，2022 (11)：53-56.

[95] 刘徽，滕梅芳，张朋．什么是混合式教学设计的难点：基于 Rasch 模型的线上线下混合式教学设计方案分析 [J]. 中国高教研究，2020 (10)：82-87，108.

[96] MEANS B，TOYAMA Y，MURPHY R，et al. The Effectiveness of Online and Blended Learning：A Meta-Analysis of the Empirical Literature [J]. Teachers College Record，2005，115 (3)：1-47.

[97] BOYLE T，BRADLEY C，CHALK P. Using Blended Learning to Improve Student Success Rates in Learning to Program [J]. Journal of Educational Media，2003 (2)：165-178.

[98] 余胜泉，路秋丽，陈声健．网络环境下的混合式教学：一种新的教学模式 [J]. 中国大学教学，2005 (10)：50 - 56.

[99] 单妍，李志厚．基于教育高质量发展的混合式教学模式建构 [J]. 教育理论与实践，2019，39 (35)：48 - 51.

[100] 吴明隆．结构方程模型- AMOS 的操作与应用 [M]. 2 版．重庆：重庆大学出版社，2020.

[101] 何克抗．运用“新三论”的系统方法 促进教学设计理论与应用的深入发展 [J]. 中国电化教育，2010 (1)：7 - 18.

[102] 陈瑶．混合学习理论下成人教育教学模式的探索 [J]. 中国成人教育，2017 (5)：93 - 95.

[103] 黄荣怀，等．混合式学习的理论与实践 [M]. 北京：高等教育出版社，2006.

[104] 崔允漷．有效教学：理念与策略（上）[J]. 人民教育，2001 (6)：46 - 47.

[105] 陈玲玲．有效教学的类型、问题及改进建议 [J]. 教学与管理，2019 (6)：4 - 7.

[106] 黄春生．工作满意度、组织承诺与离职倾向相关研究 [D]. 厦门：厦门大学，2004.

[107] 翟雪松，尹吉明，林莉兰．结构方程视角下我国翻转课堂满意度模型构建 [J]. 高教探索，2015 (5)：65 - 72.

[108] 金勇进，王华．中国顾客满意度指数体系的构建 [J]. 统计与信息论坛，2005 (2)：5 - 9.

[109] 梁剑寒．商家负面评论反馈对顾客购买意愿的影响 [D]. 厦门：厦门大学，2014.

[110] 白长虹，刘炽．服务企业的顾客忠诚及其决定因素研究 [J]. 南开管理评论，2002 (6)：64 - 69.

[111] OLIVER R L. A Cognitive Model of the Antecedents and Consequences of Satisfaction Decisions [J]. Journal of Marketing Research，1980，17 (4)：460 - 469.

[112] DAVIS F D. Perceived usefulness perceived ease of use，and acceptance of information technology [J]. Mis Quarterly，1989，13 (3)：340 - 391.

[113] WEBER R. Understanding information systems continuance：an expectation - confirmation model [J]. MIS Quarterly，2001，25 (3)：351 - 370.

[114] 曹高辉，虞松涛，张煜轩，等．消费者持续参与在线评论意愿实证研究 [J]. 管理评论，2017，29 (11)：148 - 158.

[115] 巨铭．基于学习风格理论的高职商务英语差异化教学策略研究 [J]. 考试与评价（大学英语教研版），2018 (2)：125 - 128.

[116] 衷克定，刘洋．基于学习风格理论的在线导学策略设计与实践 [J]. 开放教育研究，2012，18 (3)：83 - 89.

[117] 康淑敏．学习风格理论：西方研究综述 [J]. 山东外语教学，2003 (3)：24 - 28.

[118] 桑新民．多媒体和网络环境下大学生学习能力培养的理论与实验研究 [J]. 中国远程教育，2000 (11)：22-26.

[119] 谭顶良．学习风格的研究及其在教学实践中的应用 [J]. 江苏高教，1998 (5)：56-58.

[120] 金美福．教师自主发展论 [D]. 长春：东北师范大学，2003.

[121] 李平．为深度学习而教 [D]. 南京：南京师范大学，2014.

[122] BIGGS J. Individual differences in study processes and the Quality of Learning Outcomes [J]. 1979，8 (4)：381-394.

[123] 郭华．深度学习及其意义 [J]. 课程·教材·教法，2016，36 (11)：25-32.

[124] 崔允漷．指向深度学习的学历案 [J]. 人民教育，2017 (20)：43-48.

[125] 李秀明，乜勇．促进民族地区深度学习的混合式教学模式构建与应用研究 [J]. 电化教育研究，2021，42 (5)：101-107.

[126] 李志义，朱泓，刘志军，等．用成果导向教育理念引导高等工程教育教学改革 [J]. 高等工程教育研究，2014 (2)：29-34，70.

[127] 张广兵，董发勤，谢鸿全．成果导向教育模式之溯源、澄清与反思 [J]. 黑龙江高教研究，2021 (5)：12-15.

[128] 国务院．质量发展纲要 (2011—2020 年) [J]. 中国品牌，2012 (3)：12-21.

[129] 杨敬舒．金融客户关系管理 [M]. 北京：中国财富出版社，2016.

[130] 赵国栋，原帅．混合式学习的学生满意度及影响因素研究：以北京大学教学网为例 [J]. 中国远程教育，2010 (6)：32-38，79.

[131] 王海忠，于春玲，赵平．品牌资产的消费者模式与产品市场产出模式的关系 [J]. 管理世界，2006 (1)：106-119.

[132] 余承海，姚本先．论高校教师的教学能力结构及其优化 [J]. 高等农业教育，2005 (12)：53-56.

[133] 方旭，崔向平，杨改学．慕课学习支持服务满意度研究：基于结构方程模型的视角 [J]. 开放教育研究，2016，22 (5)：76-85.

[134] 张大均，冯正直，郭成，等．关于学生心理素质研究的几个问题 [J]. 西南师范大学学报 (哲学社会科学版)，2000 (3)：56-62.

[135] 田澜．我国中小学生学习适应性研究述评 [J]. 心理科学，2004 (2)：502-504.

[136] 冯廷勇，刘雁飞，易阳，等．当代大学生学习适应性研究进展与教育对策 [J]. 西南大学学报 (社会科学版)，2010，36 (2)：135-139.

[137] 冯建英，穆维松，傅泽田．消费者的购买意愿研究综述 [J]. 现代管理科学，2006 (11)：7-9.

[138] 张成龙，李丽娇，李建凤．基于 MOOCs 的混合式学习适应性影响因素研究：以 Y 高校的实践为例 [J]. 中国电化教育，2017 (4)：60-66.

[139] 余敏，管小宁．浅析服务企业的顾客忠诚 [J]．财经界，2009 (4)：49.
[140] 郭超华．体验性知识学习及其教学实现 [D]．武汉：华中师范大学，2021.
[141] 万梦君．大学生专业满意度测评研究 [D]．湘潭：湘潭大学，2015.
[142] 徐彤薰．基于高校教学的混合式教学形式和教学效果研究 [D]．北京：清华大学，2019.
[143] 吴岩．建设中国“金课” [J]．中国大学教学，2018 (12)：4-9.
[144] 秦超，王昕．地方民族高校大学生“慕课+翻转课堂”混合式学习的质性研究 [J]．黑龙江高教研究，2020，38 (7)：150-154.
[145] 张晨．七成教学内容将被机器取代 [N]．新华日报，2017-06-13.
[146] 靳卫萍．经济学原理课程思政的初步实践 [J]．中国大学教学，2020 (Z1)：54-59.
[147] WINDHAM C. Father Google and Mother IM：Confessions of a Net Gen Learner [J]. Educause Review，2005，40 (5)：42-58.
[148] 尹睿，徐欢云．在线学习投入结构模型构建：基于结构方程模型的实证分析 [J]．开放教育研究，2017，23 (4)：101-111.
[149] 李炜．MOOC 背景下三种常见混合式教学模式的比较研究 [J]．现代教育技术，2018，28 (S1)：5-10.
[150] 鲍宇，李希妍，赵玉钧，等．翻转课堂教学个性化改进方法及其实证研究 [J]．电化教育研究，2020，41 (1)：107-114.
[151] 李志河，刘丹，李宁，等．翻转课堂模式下的深度学习影响因素研究 [J]．现代教育技术，2018，28 (12)：55-61.
[152] 陈珂．高校混合式教学模式下的课程设计：基于 118 条学习者日志的实证研究 [J]．青年记者，2021 (6)：118-119.
[153] 胡科，刘威童，汪潇潇．混合式教学课堂中生师互动的影响因素分析 [J]．高教探索，2021 (3)：72-79.
[154] 党建强．师生互动理论的多学科视野 [J]．当代教育科学，2005 (11)：14-17，35.
[155] HJMP A，JVT A，TW A，et al. Real-time teacher-student interactions：A Dynamic Systems approach [J]. Teaching and Teacher Education，2014，37 (1)：183-193.
[156] 薛薇．SPSS 统计分析方法及应用 [M]．北京：电子工业出版社，2005.
[157] 蒋小花，沈卓之，张楠楠，等．问卷的信度和效度分析 [J]．现代预防医学，2010，37 (3)：429-431.
[158] 温忠麟，侯杰泰，马什赫伯特．结构方程模型检验：拟合指数与卡方准则 [J]．心理学报，2004 (2)：186-194.
[159] 王丽娜，李莎莎．结构方程模型在修正和中介作用分析中的误区和对策 [J]．中国卫生统计，2017，34 (2)：361-363.

[160] 周燕，李泓欣．区域科技创新竞争力评价研究［J］．技术与创新管理，2018，39（1）：27-33.

[161] 李昌峰，徐冬婷，张姗姗．基于结构方程模型的行业文明服务满意度测评［J］．统计与决策，2021，37（18）：81-84.

[162] 李东和，郭梦莹，刘力．舆情下旅游形象感知变化及其对游客出游意向的影响：以武汉为例［J］．湖南人文科技学院学报，2022，39（1）：62-69.

[163] 阮海波．民众社会心态对政府满意度的影响：基于国家与社会关系的视角［J］．江汉大学学报（社会科学版），2021，38（5）：63-76，127.

[164] 张灿．游客生态旅游感知价值对行为意向影响机制研究［D］．徐州：中国矿业大学，2021.

[165] 杨群祥．市场营销概论：理论、实务、案例、实训［M］．高等教育出版社，2019.

[166] WU J H，TENNYSON R D，HSIA T L. A study of student satisfaction in a blended e-learning system environment［J］．COMPUTERS AND EDUCATION，2010，55（1）：155-164.

[167] 张蓓，林家宝．大学教学满意度影响因素实证分析：基于学生期望与学生感知质量的视角［J］．复旦教育论坛，2014，12（4）：59-65.

[168] 但菲，王小溪，刘笑男．基于结构方程的高校学前教育专业学生教育实习满意度模型［J］．学前教育研究，2018（10）：36-45.

[169] 孙友然，杨森，江歌．基于结构方程的高校实践教学满意度模型构建研究［J］．高教探索，2016（1）：74-81.

[170] 田美，陆根书．学生感知的课堂学习环境、学习方式与对教学质量满意度的关系分析［J］．复旦教育论坛，2016，14（1）：38-44.

[171] 陆根书．课堂学习环境、学习方式与大学生发展［J］．复旦教育论坛，2012，10（4）：46-55.

[172] 李华，魏一通．混合式教学中学生学习行为评估体系构建与应用研究［J］．中国电化教育，2020（10）：58-66.

[173] KERKA S，ERIC C H. Incidental learning［J］．Trends and issues alert，2000（18）：3-4.

[174] 吕宛青，葛绪锋．高校学生对混合式教学接受意愿的实证研究：基于 TAM 和 TPB 的整合模型［J］．云南大学学报（自然科学版），2020，42（S1）：97-105.

[175] 莫勒，休特．无限制的学习：下一代远程教育［M］．上海：华东师范大学出版社，2015.

[176] SCHRIRE S. Interaction and cognition in asynchronous computer conferencing［J］．Instructional Science：An International Journal of Learning and Cognition，2004（32）：475-502.

[177] 杨彦军，童慧．基于 MOOC 的混合教学中大学生学习适应性研究［J］．中国信息技术教育，2015（21）：115－118.

[178] RODRiGUEZ－ARIZA P L. Blended learning in higher education：Students' perceptions and their relation to outcomes［J］．Computers & Education，2011（3）：818－826.

[179] BOELENS R，WEVER B D，VOET M. Four key challenges to the design of blended learning：a systematic literature review［J］．Educational Research Review，2017（3）：1－18.

[180] JEONG A C. The Combined Effects of Response Time and Message Content on Growth Patterns of Discussion Threads in Computer－Supported Collaborative Argumentation［J］．Journal of Distance Education，2004，19（1）：36－53.

[181] MEYER K A. When topics controversial：Is it better to discuss them face－to－face or onine?［J］．innovative Higher Education，2006，31（3）：175－186.

[182] 张玉荣．混合式教学中学习参与对线上学习平台持续使用意愿影响研究［J］．高教学刊，2019（14）：59－61.

[183] 涂丽，乐章．城镇化与中国乡村振兴：基于乡村建设理论视角的实证分析［J］．农业经济问题，2018（11）：78－91.

[184] 许亚锋，姚军．在线教育能促进教育公平吗?：基于网络公选课的实证研究［J］．电化教育研究，2018，39（4）：38－45.

[185] 吴康宁．学生仅仅是“受教育者”吗：兼谈师生关系观的转换［J］．教育研究，2003（4）：43－47.

[186] 常文静．高校推进混合式教学改革的师生准备情况调查研究［D］．太原：山西师范大学，2019.

[187] 教育部新闻发布会介绍 2021 年春季学期学校疫情防控等［EB/OL］．［2021－02－24］．http：//www. gov. cn/xinwen/2021－02/24/content _ 5588564. htm.

[188] 教育部高教司：高校教学改革改到深处是课程，改到痛处是教师［EB/OL］．［2022－06－26］．http：// www. moe. gov. cn/fbh/live/2021/52921/mtbd/202102/t20210224 _ 514644. html.

[189] 朱亚丽，曲杰娟，孙中芳．学生中心与混合式教学：公共教育学课程教学模式探究［J］．山西青年，2022（6）：13－15.

[190] 钱文娟．基于蓝墨云班课的混合式学习评价在高职院校公共课程的研究［J］．职教论坛，2018（6）：69－72.

[191] 把思想政治工作贯穿教育教学全过程［N］．人民日报，2016－12－09（10）．

[192] 杨宁．后疫情时期 BOPPPS 教学模式在高校线上＋线下教学互动衔接中的应用［J］．产业与科技论坛，2021，20（10）：164－165.

[193] 帕尔菲曼．高等教育何以为“高”：牛津导师制教学反思［M］．北京大学出版

社，2011.
[194] 安德森 . 学习、教学和评估的分类学：布鲁姆教学目标分类学修订版 [M]. 上海：华东师范大学出版社，2008.
[195] 布朗，罗迪格三世 . 认知天性 [M]. 北京：中信出版社，2018.
[196] 李文昊，祝智庭 . 改善情感体验：缓解大规模疫情时期在线学习情绪问题的良方 [J]. 中国电化教育，2020 (5)：22-26，79.
[197] 于春燕，郭经华 . MOOC 与混合式教学理论及实务 [M]. 北京：清华大学出版社，2018.
[198] 唐芳云 . 切实提升教师课程思政建设的意识和能力 [N]. 广西日报，2020-07-16.
[199] 管恩京 . 混合式教学有效性评价研究与实践 [M]. 北京：清华大学出版社，2018.
[200] 丁华 . 混合式教学模式下大学生学业评价改革研究 [J]. 中国大学教学，2021 (5)：72-76.
[201] 孔旭红 . 基于学习者身份建构视角的高校混合式教学设计探讨 [J]. 教育评论，2022 (10)：134-138.
[202] SPADY W G. Outcome-Based Education：Critical Issues and Answers. [J]. American Association of School Administrators，1801 North Moore Street，Arlington，VA 22209 (Stock No. 21-00488；$18.95 plus postage)，1994.
[203] 丁原春，李红梅，董术发，等 . 基于 OBE 理念的专业培养目标及能力指标的建置 [J]. 黑龙江畜牧兽医，2016，510 (18)：228-230.
[204] 范圣法，黄婕，张先梅，等 . 基于“产出导向 (OBE)”理念的本科教学培养体系探究 [J]. 教育理论与实践，2019，39 (24)：6-8.
[205] 杨晓宏，郑新，田春雨 . 线上线下混合式一流本科课程的内涵、建设目标与建设策略 [J]. 现代教育技术，2021，31 (9)：104-111.
[206] 教育部 . 2020 年全国教育事业发展统计公报 [EB/OL]. [2022-01—20]. http://www.moe.gov.cn/jyb_sjzl/sjzl_fztjgb/202108/t20210827_555004.html.
[207] 刘燚，张辉蓉 . 高校线上教学调查研究 [J]. 重庆高教研究，2020，8 (5)：66-78.
[208] 冯晓英，王瑞雪，吴怡君 . 国内外混合式教学研究现状述评：基于混合式教学的分析框架 [J]. 远程教育杂志，2018，36 (3)：13-24.
[209] GRAHAM C R，WOODFIELD W，HARRISON J B. A framework for institutional adoption and implementation of blended learning in higher education [J]. Internet & Higher Education，2013，18 (7)：4-14.
[210] CONSORTIUM N M. 2014 NMC Technology Outlook for Australian Tertiary Education [R]. New Media Consortium，2014.
[211] FUTCH L S，DENOYELLES A，THOMPSON K，et al. “Comfort” as a Critical Success Factor in Blended Learning Courses [J]. Online Learning，2016，20 (3)：

140－158.

[212] 韩锡斌，葛文双．中国高校教师信息化教学能力调查研究 [J]. 中国高教研究，2018 (7)：53－59.

[213] 杨洁，白雪梅，马红亮．探究社区研究述评与展望 [J]. 电化教育研究，2016，37 (7)：50－57.

[214] 张倩，马秀鹏．后疫情时期高校混合式教学模式的构建与建议 [J]. 江苏高教，2021，240 (2)：93－97.

[215] CHICKERING A W，GAMSON Z F. Seven principles of good practice in undergraduate education [J]. Biochemical Education，1999 (80)，140－141.

[216] 马龙海．大学教师专业发展的途径探析：基于教学的视角 [J]. 中国高教研究，2010 (11)：62－64.

[217] 李晓东．"慕课"对高校教师教学能力的挑战与对策 [J]. 南京理工大学学报（社会科学版），2014，27 (2)：89－92.

附录　管理类专业混合式教学调查

亲爱的同学，为了更好地提升教学质量，希望您能帮助我们填写混合式教学调查问卷。您的帮助将促使我们更好地了解您的学习需求，您填写的任何信息不会对外泄露，请根据您自己本学期的学习感受，如实填写，衷心感谢！

1. “混合式教学”是指将在线学习与常规的课堂面授教学相结合的教学模式；

2. 请结合本学期某一门实施混合式教学的具体课程填写本问卷；

3. 问卷填写时间为 5 分钟左右；

国家民族事务委员会《管理类专业混合式教学改革》课题组

一、基本信息

1. 您的性别：

A. 男　　B. 女

2. 您所在的学校：

A. 西南民族大学　　B. 中央民族大学

C. 中南民族大学　　D. 西北民族大学

E. 北方民族大学　　F. 大连民族大学

G. 青海民族大学　　H. 其他

3. 您是少数民族吗？

A. 是　　B. 否

4. 您就读的专业是：

A. 工商管理　　B. 人力资源管理

C. 市场营销　　D. 会计学

E. 财务管理　　F. 物流管理

G. 公共管理　　H. 行政管理

I. 双语行政管理　　J. 其他专业

5. 您现在的年级是：

A. 大一　　　B. 大二　　　C. 大三　　　D. 大四

6. 您在本调查中评价的混合式学习课程名称是（________）？

7. 本门课程的性质是：

A. 通识必修课　B. 通识选修课　C. 文理基础课

D. 专业必修课　E. 专业选修课　F. 其他课程

8. 您认为本门课程的难易程度：

A. 很容易　B. 比较容易　C. 一般

D. 比较难　E. 很难

9. 本门课程教师职称情况：

A. 讲师或助教　B. 副教授　C. 教授　D. 不清楚

10. 您更喜欢哪种教学模式：

A. “线下”面对面课堂教学模式

B. 单纯的“线上”网络教学模式

C. “线上”＋“线下”混合教学模式

11. 本学期，您课程表中的课程实施混合式教学的比例？

A. 不到 1/5　B. 1/5 到 1/3　C. 1/3 到 1/2

D. 1/2 到 2/3　E. 2/3 以上

二、教师形象量表

项　目	很不满意	不满意	一般	满意	很满意
12-1. 我对该课程教师的职业态度					
12-2. 我对该课程教师的学术能力					
12-3. 我对该课程教师的教学能力					
12-4. 我对该课程教师的性格特征					

三、学生期望量表

项　目	非常不期望	不期望	一般	期望	很期望
13-1. 我期望学校开展更多的混合式教学课程					
13-2. 我期望教师在教学中继续引入网络教学平台					
13-3. 我期望教师在教学中引入新的学习资源					
13-4. 我期望教师进一步完善教学设计					

四、价值感知量表

项　　目	完全不符合	不太符合	一般	比较符合	完全符合
14－1. 混合式教学能激发我的学习积极性和主动性					
14－2. 混合式教学能够提高我分析问题、解决问题的能力					
14－3. 混合式教学提高了我的自主学习能力					
14－4. 混合式教学提高了我的创新能力					
14－5. 混合式教学增加了与同学、老师的交流和沟通频率					
14－6. 混合式教学能帮助我更好地掌握知识					

五、学生学习方式量表

项　　目	完全不符合	不太符合	一般	比较符合	完全符合
15－1. 通过浏览、阅读教学资料（PPT、电子板书、教学视频等）					
15－2. 争取达到在线学习时长的要求					
15－3. 通过自主复习梳理课程知识点					
15－4. 通过各类网络工具与教师、同学进行交流讨论					
15－5. 积极参与课堂问题讨论，进行线下交流					

六、质量感知量表

项　　目	完全不符合	不太符合	一般	比较符合	完全符合
16－1. 课程内容紧抓前沿、注重理论联系实际，具有启发性和吸引力					
16－2. 学习平台上的课程内容丰富，信息量大					
16－3. 线上线下的学习氛围很好					
16－4. 线上资料中的资料、表格、图片、视频等清晰、合理					

（续）

项　　目	完全不符合	不太符合	一般	比较符合	完全符合
16－5. 在线学习过程中，资源检索、学习导航、学习记录等体验良好					
16－6. 在线学习过程中，教师辅导到位，能够及时反馈和沟通					

七、学生适应性量表

项　　目	完全不符合	不太符合	一般	比较符合	完全符合
17－1. 相比传统教学，我能及时掌握新的知识点					
17－2. 相比传统教学，我更能准时完成课后练习和课后作业					
17－3. 相比传统教学，我更希望接受混合式教学方式					
17－4. 我认为混合式教学模式下学习更加轻松					
17－5. 我认为混合式教学更能提高我的学习成绩					

八、学生满意度量表

项　　目	完全不符合	不太符合	一般	比较符合	完全符合
18－1. 我对混合式教学的课程内容很满意					
18－2. 我对混合式教学的教学平台的界面设计和功能设置很满意					
18－3. 我对教学资源的丰富性很满意					
18－4. 我对教学设计、专业知识以及教学活动组织等方面很满意					
18－5. 我对和同学教师之间的交流很满意					

九、学生抱怨量表

项　　目	完全不符合	不太符合	一般	比较符合	完全符合
19－1. 当发现教学存在问题时，我会在平台讨论区表达我的不满					
19－2. 对教学存在的问题在社交平台（微信、QQ等）进行转发评论					
19－3. 当发现教学存在问题时，我会面对面告诉该课程老师或同班同学					

十、学生忠诚量表

项　　目	完全不符合	不太符合	一般	比较符合	完全符合
20－1. 我对混合式教学的发展前景充满信心					
20－2. 我会建议更多的同学来参与混合式学习					
20－3. 如果还有混合式教学课程，我会继续关注和参与					
20－4. 我会在期末组织教学评价时如实反馈我的看法					

十一、对混合式教学的建议与看法

21. 在线下课堂您认为哪些活动更有助于知识学习和能力提升（可多选）?

A. 教师讲授　B. 教师答疑　C. 案例讨论　D. 小组合作

E. 总结汇报　F. 习题练习　G. 其他

22. 线上（网络）学习过程中，你觉得比较可取的学习活动是（可多选）?

A. 通过视频、资料自主学习　B. 在线测试

C. 讨论交流　D. 案例分析　E. 其他

23. 每周老师教学任务发布后，一般情况下，您每周线上学习的时间安排?

A. 马上安排时间集中学习

B. 根据任务内容，每天安排时间重复观看

C. 在每周课堂教学前，赶时间集中完成

D. 分散在一周中，找碎片时间完成

E. 不固定，方便的时候就看，与教学进步不匹配

24. 如果有一门课程要采用混合教学模式，需要同学们在教师的指导下开展课外网上自学，您认为每周课外自学时间多长为最合适？

A. 1小时以内　　B. 1～2小时　　C. 2～3小时　　D. 3小时以上

25. 您觉得学习平台上哪些资源对您有帮助（可多选）？

A. 教学计划　　B. 教学课件　　C. 课程视频　　D. 参考资料

E. 课后练习　　F. 答疑　　G. 讨论　　H. 其他

26. 您认为在混合式教学过程中主要存在哪些问题（可多选）？

A. 师生互动少　　B. 提供学习资料过少

C. 学习任务难度大　　D. 教师提供学习帮助少

E. 讨论课数量过少　　F. 线上交流过少

G. 对学生要求不够严格

H. 考核方式不够科学（考核方式太复杂）

I. 网速太慢　　J. 其他

27. 如果针对上一题目，设计者做出了改进，您是否愿意继续进行混合式学习？

A. 是　　B. 否

28. 如果针对上一问题您持肯定回答可不做此题，若持否定回答，原因您认为是哪些（可多选）？

A. 缺乏自控力　　B. 缺乏计划性

C. 和教师交流困难　　D. 和同学交流困难

E. 不习惯这种学习方式

F. 登录平台存在困难，宿舍难以上网

G. 其他

29. 您对混合式教学有什么意见和建议？

____

____

____

____

____

再次感谢您的大力支持！祝您学习进步！

后　记

本专著是本人主持的多项教改课题——国家民族事务委员会2019年教改项目《OBE理念下工商管理专业课程混合教学模式设计研究（19013）》、西南民族大学2019年校级教育教学研究与改革重大培育项目《OBE理念下工商管理专业课程混合教学模式设计研究》、西南民族大学2023年校级一流本科课程建设项目《宏观经济学》等的研究成果基础上完善而成的，也是近年来本人负责的西南民族大学西方经济学课程教学团队对管理类专业课程混合式教学模式进行的一系列实践和研究的梳理性小结。其中，第一章、第三章、第四章、第五章、第七章由西南民族大学郭玉坤教授撰写；第二章、第六章、第八章由四川大学韩冰副教授撰写。

习近平总书记指出："要把立德树人的成效作为检验学校一切工作的根本标准，真正做到以文化人、以德育人，不断提高学生思想水平、政治觉悟、道德品质、文化素养，做到明大德、守公德、平私德。"本人于2003年进入西南民族大学经济与管理学院任教，迄今从事高校课堂教学工作已超过20年。在这20年教学期间，为了提升课堂教学质量，完成立德树人使命，尽量做到不误人子弟，本人一直坚持学习先进教学技术、进行教学改革创新，不断探索新的教学模式。近年来，主持省部级教改项目3项、校级教改项目6项；2014年出版教研专著《管理类专业课堂教学评价指标体系研究》（中国农业出版社，独著），出版教材《经济法（第二版）》（西南财经大学出版社，副主编）；2021年出版省级"十四五"规划教材《企业战略管理》（吉林大学出版社，副主编）；2023年出版教材《经济法基础与实践探究》（中国商务出版社，第一主编）；并于2020年获得西南民族大学首届教学创新比赛三等奖、2021年获得西南民族大学第二届教学创新比赛一等奖和第二届四川省普通本科高校教师教学创新大赛三等奖等各类教学奖励。深知自己资质平平，便以勤补拙，多年来潜心耕耘。

本专著依托的教改项目于2019年10月立项，课题研究正值三年疫情，这给本项目的调研带来巨大挑战。本项目能够按计划顺利开展，离不开众多领导、同仁的大力支持和无私帮助，在这里代表课题组向他们表示诚挚的感谢。他们是中国人民大学公共管理学院吕萍教授、西南财经大学工商管理学院白云升教授、电子科技大学经济与管理学院副院长李强教授、中央民族大学管理学院朱金强博士、中南民族大学管理学院院长张劲松教授、大连民族大学经济管理学院副院长何宏伟教授、青海民族大学公共管理学院副院长李毅教授、山东管理学院朱庄瑞教授等，以及西南民族大学公共管理学院院长刘毅教授、商学院院长康杰教授、人事处处长袁蕴教授、国家安全研究院院长李永政副教授、图书馆副馆长陈顺强、邓添予博士、赵新军博士、龚碧凯博士、洪舒蔓博士、褚刚博士、林玲老师等。本人从 2021 年开始在学校和学院担任教学督导工作，在日常听课、教学研讨以及各类教学比赛中，从众多专家和专业老师身上学习到很多混合式教学的经验，将这些经验运用到本专著中，丰富了本专著的内容，在此对各位督导同仁和各位教师一并表示感谢。

在课题研究过程中，西南民族大学公共管理学院的众多研究生参与了项目的调研和资料整理工作，他们分别是农村发展专业的武航宇、聂静梅、张子云、邹梦君，土地资源管理专业的龙星宇、周燕、郭沛伯、萧锦恩、李玲燕、彭雨晗等。其中，土地资源管理专业的李玲燕同学承担了本书研究的部分实证分析工作，彭雨晗同学承担了本书的校稿工作。在此，对众多同学的辛勤付出表示由衷感谢。

本研究得到西南民族大学公共管理学学科建设经费和西南民族大学中央高校基本科研业务费专项基金项目（2022SJL09YB）的资助。

虽然在课题研究和书稿撰写过程中，我们做了大量的案头工作和实践调研，但由于本人能力有限，且管理类专业混合式教学问题涵盖的研究领域宽、涉及的实践层面广、技术更新快，加之我国混合式教学模式研究与实践尚不成熟，很多技术细节仍未有定论，导致书中难免有错漏之处，敬请广大读者批评指正。本专著的出版不是我们探索混合式教学的终点，而是一个新的起点，我们希望能得到更多宝贵意见和建议，共同为我国高校专业课程混合式教学的研究和实践贡献力量，以更好地提升我国高校专业人才培养质量。热诚欢迎和期待各位同仁、朋友来信探讨交流：77528934@qq.com。

郭玉坤

2024 年 12 月于成都